JN057303

英語教育の科学

三ラウンド・システムの理論と
中高大での教育実践

竹蓋順子 編著

学術研究出版

はじめに

本書は，千葉大学または文京学院大学の竹蓋幸生研究室に所属し，竹蓋幸生先生のもとで，英語教育の際に心に留めておくべき教授理念をはじめ，教授設計や教授過程，指導原理などについて学び，教育者として，そして研究者としての道を歩み続けているものが中心となって執筆しています。

竹蓋幸生先生は2014年4月30日に逝去されました。2014年といえば，1964年に開業した東海道新幹線が50周年を迎えた年です。この東海道新幹線に対する先生の思い入れは深く，東京駅を利用するときは，18，19番ホーム下の記念碑をよく見に行かれたものでした。そこには「東海道新幹線　この鉄道は日本国民の叡智と努力によって完成された」という言葉が刻まれています。先生は新幹線を，叡智と努力によって完成された「システム」を象徴するものだと認識されていました。システムは，それを構成するひとつひとつのモジュールが完成されたものでなければならず，さらにそれらがある目的を達成するためには適切に組み上げられていなければなりません。そのことが目に見える形で具現化されているものが新幹線だというのです。そして「英語教育も新幹線と同様にシステムでなければならない」という強い心念を持たれておりました。

1963年，フルブライト奨学金を得て留学したオハイオ州立大学にて，まずは音響音声学の研究を本格的に始められました。以降30年にわたり，「言語の4技能の中でリスニングはもっとも基礎的であり，かつスピーキング，リーディング，ライティングの技能に大きく転移するもの」という認識に基づき，音響音声学に加え，英語教育学，言語学，認知心理学，学習心理学，教育心理学，情報工学，脳科学，文学，経営学などの知見を学ぶことと並行して，数多くの基礎研究を重ね，リスニング力を効果的に養成するための指導理論の構築に力を注がれました。「三ラウンド・システム（3R）」はこのようにして構築され，3Rの構造やその効果について纏められた『英語教育の科学』が出版されたのが1997年のことです。それから四半世紀経った今，竹蓋幸生先生の教え子が中心となって，ここにその続編を出版する運びとなりました。

本書の執筆陣は，アメリカから帰国し千葉大学で博士課程の学生を指導するようになった竹蓋先生から厳しいご指導を受けてきました。竹蓋研究室で一貫して重視されたのは，根拠に基づいて科学的に思考するように努める姿勢でした。とくに，(1) 実践的に検証されていない，いわゆる机上論に飛びつかないこと，(2) 枝葉末節にとらわれず大局を見るように努めること，そして，(3) 繰り返し観察され，実証されている事柄であれば，他分野の知見であっても積極的に採り入れ，学際的な研究を推進すること。これらのことは，繰り返し強調されていました。

竹蓋先生は，目の前にいる学習者たちを発奮させ，潜在的な学習力を引き出すことに非常に長けていました。また，やるべきことに対するこだわりは誰よりも強く，妥協を許さず，たゆまぬ努力を重ねていました。そして，常に目の前の学習者のことを最優先に考え，ある程度の成功を納めてもそれに満足することなく，「学習者に心から喜んでもらうことが教師としての最大の喜びだ」と，更なる高みを目指し続けていました。これが竹蓋先生の教授理念の柱と言えます。

ところが現実には，学習者に喜んでもらうのは容易なことではなく，目の前の学習者の反応に一喜一憂する私たちに，こんな言葉をかけてくれたものです。「我々教師は，学生が楽をするために苦労しなければならない。つまり，我々の仕事は，時間や労力を惜しまず，教材（コースウェア）を制作するための最高の音声言語素材を探して教材化し，学習方法や指導法を研究して，より良い英語教育総合システムを構築することだ。そして，学術界の国際語である英語の運用能力を高めたい，あるいは仕事で必要となる高度な英語力を身につけたい，といった学習者の目標に，達成感と充実感を持たせながら，できるだけ短期間で到達させられるよう，あらゆるサポートをすべきである。そのような教師の努力は，すぐには学生に伝わらなかったとしても，卒業して 10 年経つ頃にはきっと理解してもらえるはずだ」。私たち教え子は，竹蓋先生から学んだ指導の厳しさや教育への情熱を受け継ぎ，先生の教えに恥じないよう，これからも研鑽したいと考えています。

最後に，全 6 章からなる本書の構成をご紹介します。まず我が国の英語教育の問題点を考察したのち，その問題点を解決するためのひとつの方策として 3R の導入を提案します。続いて，約 40 年にわたって継続されている 3R に基づいたCALLシステムの開発史，3Rコースウェア（教材）の制作方法，それらを使用した指導実践，そして3Rの定量的・定性的評価について解説します。また，巻末には，本文には含められなかった補足資料として3つの付録をつけてあります。付録A，Bには，学習者や教師の皆さんからたびたび寄せられる質問とそれらへの回答をまとめています。そして，付録Cは3Rコースウェア制作時のチェックリストです。第4章と第5章で大学生や高校生，中学生を対象として制作された3Rコースウェアが紹介されていますが，そのような教材を独自に作りたい方は，第2章，第3章を参照したうえで付録Cのチェックリストで手順を確認し，全体スケジュールを意識しつつ遺漏のないように作業を進めるよう努めてください。

「聞く」というのは受動的な行動ではありません。また，「いつ，どこで，誰が，どのように，何をした」といった事実を部分的に聞き取れるようになることが最終目標でもないはずです。たとえば，社会から求められている論理的，建設的な批判能力を養成するためには，(1) 複数のものを比較している話を聞くのであれば，それらの相違点を整理したうえで優劣を考える，(2) ある事柄の原因と結果についての話を聞くのであれば，その因果関係をまとめる，あるいは，(3) Aさんの主張に対しBさんが反論している会話であれば，双方の主張の根拠や正当性を聞き取る，といったことが必要となります。こうした例を考えれば，話を「聞く」とき，部分的に英語を聞き取れるようになるだけでは不十分であり，話の全体を俯瞰し，客観的かつ分析的に聞けるようになることが「聞く」ことの最終目標のひとつであることがわかるでしょう。

このような能動的な活動であるリスニングの技能を効果的，効率的に養成する方法を探究しておられる指導者，そして学習者の方々に本書をご賢覧いただき，教育実践の場，あるいは学習の場で活かしていただければ幸甚の至りです。

2022年1月18日

執筆者一同

著者一覧

高橋 秀夫	4章, 6章3節
椎名 紀久子	5章3節
土肥 充	5章1節, 7節, 6章2節, 3節
長谷川 修治	1章
竹蓋 順子	2章, 3章, 6章3節, 付録A, B, C
武谷 容章	5章5節
与那覇 信恵	5章2節, 6章1節, 3節
桑原 市郎	5章4節
岡崎 伸一	5章6節
阿佐 宏一郎	5章2節, 6章1節

なお, 2章, 3章, 6章1節, 3節, 付録A, Bは竹蓋幸生先生の遺稿を参照して執筆されたものである。

目 次

第1章

英語教育の問題点

概　要

本章では，我が国の英語教育の問題点について具体的な事例をあげて考察する。まずは，一般人が持つ英語教育に対する批判の代表例について分析し，英語教育の専門家はその批判にどう答えているかを確認する。次に，その問題の背後にある英語と日本語との言語間の距離，日本人が英語に熟達するのに必要な学習時間数，学習語彙の量と質という現実を浮き彫りにする。そして，近年の英語教育の流れを概観し，日本人が達成すべき目標へ向けて為すべきことを明らかにする。

1.1　英語教育に対する批判

教室で学習する英語と実際に社会で使用される英語が違うと，学習者は自分の学習していることの真価を認めにくくなる（Wilkins, 1976, p. 13）といわれる。この言葉を反映するかのように，「ゆとり教育」の只中，大学生の学力低下が指摘されはじめた1990年代の後半（苅谷，2003；佐藤，2001），「受験英語はいらない―なぜ，勉強しているのに使えないの」と題した『AERA』（朝日新聞出版，7/26, 1999）の特集記事があった。その要旨は次の3点（原文のまま）にまとめられる。

① 中学・高校と6年間も英語を学ぶのに，ちっともしゃべれない。外国人が近寄ってくると逃げてしまう。
② 最近のTOEFLの試験は，日本は165か国中150位と悲惨な結果だった。アジアでは，朝鮮民主主義人民共和国と並ぶ最下位クラスだ。
③ いまの英語教育ではだめ，という思いはすでに親達の常識になっている。

まず，①からは，我が国の英語教育が，中高で6年もの時間をかけても「しゃべれない」という「実用性」に対する批判であることがわかる。これは，「何年も学校で英語を勉強しているのに，ちっともしゃべれるようにならない」というのが「英語教育批判の典型例」であるとする金谷（2008, p. iii）の指摘と一致する。日本人の持つ一般的な願望は，英語で「日常会話」ができるようになりたいということなのかもしれない。また，「しゃべれない」原因は，「受験英語」に傾倒した英語の授業にあるという主張が，上述の特集記事のタイトルからうかがえる。

次に，②からは，海外の大学・大学院に留学する際に利用される実用英語技能試験であるTOEFLを指標とした場合，我が国の英語教育は，アカデミック英語としても通用しないのではないかという懸念が感じられる。この記事の約10年後にあたる2008年のTOEFL iBTの結果（Educational Testing Service, 2009）でも，参加30アジア諸国（含特別行政区）の中で，日本は中国，韓国に及ばず，朝鮮民主主義人民共和国より下位で，下から3番目である。さらにその

10年後，2018年の結果（Educational Testing Service, 2019）でも，参加35アジア諸国の中で30人以上受験者がいる29か国中，同様に下から3番目である。国によって受験者の学力層に違いがあるのかもしれないが，結果は一貫して変わらないようである。

さらに，③からは，学校での英語教育に対する保護者の厳しい目と諦めに近い意識がうかがえる。実際に，2006年9～10月に小学生の保護者を対象に実施したベネッセコーポレーションの調査（有効回答数4,718名：配布数5,847通，回収率80.7%）でも，「英語を苦労せずに好きになった保護者でさえ，7割近くが，受けてきた英語教育は役に立たなかったと感じており，苦労をした，しないにかかわらず，英語が好きでないという保護者は，9割以上が役に立たなかったと感じている」（直山，2007, p. 28）。このような意識が，英語教育の効果向上を願い，「小学校英語」の早期化・教科化を推進する原動力のひとつになっているのかもしれない。

1.2　英語教育の専門家の意見

前節では，我が国の英語教育に対して一般によくある批判をとりあげて考察したが，英語教育の専門家はこれらの点についてどのように考えているのであろうか。まず，「英語教育批判の典型例」として問題点の一番目にあげられる，「中学・高校と6年間も英語を学ぶのに，ちっともしゃべれない」という意見に対し，山田（2009, p. 81）は次のように述べている。

> 学校英語教育だけで英語が話せるようになるなど，言語習得の本質を考えれば，あり得ない。

山田（2009, p. 68）では，「言語習得の本質」という点に関して，「言語の習得には膨大な時間がかかること」があげられている。そして，「学校英語教育で英語の習得を完結させることなど論外」で，「中学校や高等学校での英語教育は，どこをどう押しても基礎的な訓練の段階を超えることはできない」と述べられている。要するに，「外国語学習は，学習者の側の長期間にわたる持続的な努力と忍耐を必要とするもの」(三浦, 2009, p. 156) だということになる。

次に, 問題点の二番目にあげられている, 我が国の英語教育は, アカデミック英語として「使える英語」のレベルに達していないのではないかという批判に対してはどうであろうか。斎藤 (2009, p. 83) によれば, 学校教育を受けただけで高度な英語力を身につけるのが不可能なことは, 平泉・渡部 (1975), 川澄編 (1978, 1988, 1998), 江利川 (2008) などを参考に, 明治以来の英語教育史と英語教育論争史をほんの少し勉強すればすぐにわかることだという。たとえば, アカデミックな世界で苦労した例として, 古いところでは明治34(1901)年, 夏目漱石のイギリス留学中の日記に以下のような記述がある。

> 日本人ノ英語ハ大体ニ於テ頗ルマヅシ, 調子ガノラヌナリ変則流ナリ, 折角ノ学問見識モ是ガ為ニ滅茶々ニ見ラルヽナリ残念ノ事ナリ。(夏目, 1966, p. 33)

漱石の世代は, 授業そのものを英語で行う「正則英語」ではなく, 英語で書かれた教科書を使って勉強したに過ぎない「変則英語」の時代であった。上記の日記の一節に対し, 太田 (1995, p. 205) は, 漱石自身, 日本にいる間に話し言葉としての英語にあまり習熟できなかったため, 外国に行った時, 自分の学問見識を過小評価されて, 非常に残念な思いをしたようだ, と述べている。しかし, 先の山田 (2009), 三浦 (2009), 斎藤 (2009) などによれば, 学校英語だけで「使える英語」を身につけることは, そう簡単ではないことがわかる。

さらに, 三番目の問題点としてあげられている,「いまの英語教育ではだめ」という保護者の厳しい目と諦めに近い意識についてはどうであろうか。これが早計な判断であることはすでに自明であるが, この点に関連して, 竹内 (2003) は, 英語および英語以外も含めた「外国語学習の成功者」によって著された学習法に関する書籍 69 冊 169 名の分析をしている。その結果,「多くの成功者がメタ認知方略に対して言及している」という。たとえば, その内容は次のようなことである。

> なぜその外国語を学ぶのか, 具体的な必要性を認識する／対象外国語の

> 使用・学習機会を最大限増やすよう努力する／毎日外国語を使わなくてはいけないような状況に自らを追いつめる／ある一定期間，集中的に学習する／大量に触れる／日常性を犠牲にして学ぶ／成果は熱中と努力の賜物であると認識する／ノルマを自らに課す／小さな目標を立て，成果を認識しながら進む／学習に投入した時間や自腹を切ったお金に比例して外国語は上達すると認識する／進歩や成果は直線的ではないことを認識する（竹内，2003，pp. 141-142）

竹内（2003）は，「英語の達人」18 名に対するインタビューも行っている。ここで，「英語の達人」とは，日本で生れて，12 才以降に本格的な英語学習を開始し，留学経験があるとしても時期的に遅くて豊富でなく，家庭環境として英語の使用が日常的ではないにもかかわらず，現在は英語を使う仕事をしていて，その英語能力が「きわめて高い」ことに加え，「例外的高度外国語学習能力保持者」（Exceptionally Talented Language Learner: ETLL）的要素がない，という条件を満たす人を指している。そのインタビューの結果からわかったことは，「被験者のほぼ全員（17 名）に共通していたのが，『寝ても覚めても』英語を勉強するという，いわゆる集中型の学習形態を，学習過程の一時期において体験している」（p. 113）ということであった。日本人にとって，「使える英語」を身につけるのがいかに大変であるかを示す例といえる。

1.3　言語間の距離

それでは，なぜ日本人は「使える英語」を身につけるのが大変なのであろうか。成田（2013，p. 26）によれば，「日本人が『英語が使える』ようにならないのは，実は，世界の言語の中でも，『英語が日本語との言語差があまりにも大きい』ことが最大の原因」であるという。英語と日本語の具体的な言語差としては，以下のような点があげられる。

・［英語と日本語は］文法が（構造や統語操作など）全ての面で正反対な「鏡像言語」（mirror image languages）の関係になっている。

・[日本語は]（カタカナの借用語を除き）語彙も英語と共通性がない。
・[英語は] 発音も母音の種類と数が2倍以上なだけでなく，運用時には劇的な音韻変容が起こる。
・[英語と日本語は] プロソディー（音調）的特徴が全然違う。

成田 (2013) は，このような「言語差」がTOEFLの成績に影響を与えると述べている。その結果として，英語と同じゲルマン語で文法・語彙も近いオランダが毎年トップで，ほかの北欧・中欧諸国や，英語に言語上歴史的な影響を及ぼしたフランスが続き，ほかのロマンス語諸国，遠い親戚のスラブ語諸国の順になる (pp. 26–27) というのである。一方で，日本語能力検定試験においては，「（文法と漢字をベースとする語彙が日本語とほとんど同じ朝鮮語を使う）韓国が断トツ1位で，（漢字を使う）台湾，中国がこれに次ぐ」(p. 27) ということである。外国語の習得には，このような「言語差」すなわち「言語間の距離」が，有利にも不利にも働くということを考慮しなければならない。

1.4　学習時間数

それでは，「言語間の距離」という視点から，「言語差」の大きい英語と日本語で互いの言語を「使えるレベル」になるまで熟達するには，どの程度の学習時間を要するのであろうか。先の竹内 (2003) で報告された「外国語学習の成功者」や「英語の達人」は，ストイックに，ある時期は「寝ても覚めても」勉強したようであるが，熟達するまでの総学習時間数がわかると有益である。「逆は必ずしも真ならず」かもしれないが，ひとつの目安として，英語を母語とする者が日本語を含む外国語を習得するのに必要とされる時間を示した資料 (National Virtual Translation Center, 2007) がある (**表 1.1**)。

表 1.1 は，米国の外交をつかさどる国務省の Foreign Service Institute (FSI) という語学研修機関が作成した，言語の習得困難度を学習時間数で表したものである。FSI は米国の外交を担う人員に外国語を身につけさせるための機関であり，FSIの学生は40歳近くの英語母語話者で，正規の言語学習に適性を持ち，他の数種の外国語に関する知識がある。学習は6人以下の少人数クラスで行わ

表 1.1　英語母語話者にとって外国語習得に要する時間

カテゴリー I：英語と密接な関連性のある言語 23-24 週（575-600 授業時間）	
アフリカーンス語	ノルウェー語
デンマーク語	ポルトガル語
オランダ語	ルーマニア語
フランス語	スペイン語
イタリア語	スウェーデン語
カテゴリー II：英語とは著しい言語的 そして／あるいは 文化的違いのある言語 44 週（1100 授業時間）	
アルバニア語	リトアニア語
アムハリ語	マケドニア語
アルメニア語	* モンゴル語
アゼルバイジャン語	ネパール語
ベンガル語	パシュトー語
ボスニア語	ペルシャ語
ブルガリア語	ポーランド語
クロアチア語	ロシア語
チェコ語	セルビア語
* エストニア語	シンハラ語
* フィンランド語	スロバキア語
* グルジア語	タガログ語
ギリシャ語	* タイ語
ヘブライ語	トルコ語
ヒンディー語	ウクライナ語
* ハンガリー語	ウルドゥー語
アイスランド語	ウズベク語
クメール語	* ベトナム語
ラオス語	コーサ語
ラトビア語	ズールー語
カテゴリー III：英語母語話者にとって例外的に難しい言語 88 週（国内での学習 2 年目）（2200 授業時間）	
アラビア語	*** 日本語**
広東語	朝鮮語
標準中国語	
他の言語	
ドイツ語	30 週（750 授業時間）
インドネシア語，マレー語，スワヒリ語	36 週（900 授業時間）

注.「*」は，同じカテゴリーにある他の言語より英語母語話者が学ぶのに概してやや難しい言語を示す。National Virtual Translation Center (2007) をもとに作成。

れ，1 週間あたり 25 時間の授業で，1 日 3 ～ 4 時間の指定された自習が求められる。

この表から，日本語は「カテゴリーⅢ」の「英語母語話者にとって例外的に難しい言語」に分類されることがわかる。そして，「*」が付いている。その意味するところは，「同じカテゴリーにある他の言語より英語母語話者が学ぶのに概してやや難しい言語」ということである。そして，英語母語話者が日本語に熟達するのに要する時間は，88 週で 2,200 授業時間である。「言語差」と TOEFL の成績との関係で，先に引用した成田（2013，pp. 26–27）の指摘にほぼ重なることがわかる。

これに対し，一般的な日本人は学校教育の中で英語の学習にどれくらいの時間を割いているのであろうか。新学習指導要領（文部科学省，2017a; 2017b; 2018）によると，小学校から高校までの英語（外国語活動を含む）の授業時間数は，最大限に見積もった場合，**表 1.2** のようになる。小学校では 1 単位時間は

表 1.2　小学校から高校までの英語（外国語活動を含む）の授業時間数

学校	学年	教科等	科目	標準単位数	授業時数
小学校	3 年	外国語活動	—	1	35
	4 年	外国語活動	—	1	35
	5 年	外国語	—	2	70
	6 年	外国語	—	2	70
				小計	210
中学校	1 年	外国語	—	4	140
	2 年	外国語	—	4	140
	3 年	外国語	—	4	140
				小計	420
高等学校	—	外国語	英語コミュニケーションⅠ	3	105
	—	外国語	英語コミュニケーションⅡ	4	140
	—	外国語	英語コミュニケーションⅢ	4	140
	—	外国語	論理・表現Ⅰ	2	70
	—	外国語	論理・表現Ⅱ	2	70
	—	外国語	論理・表現Ⅲ	2	70
				小計	595
				総計	1,225

45 分，中学校と高等学校は 50 分であるが，それぞれ 1 時間として計算すると，小学校・中学校・高等学校の英語の総学習時間は 1,225 時間となる。先ほど確認した英語母語話者が日本語に熟達するのに要する 2,200 時間と比較すると，その 56% 程度にしかならない。加えて，英語学習に対する適性，動機付け，クラスサイズ，集中度，自習時間などの要素も大きく異なる。このような点からも，日本人が英語に熟達するためには，学校教育だけでは学習時間が圧倒的に足りないことが示唆される。

1.5　学習語彙の量と質

前節では学校での学習時間数について考察したが，学習語彙の量と質についてはどうであろうか。まずは，小学校と中学校の学習指導要領改訂の告示があった2017年と高等学校の学習指導要領改訂の告示があった2018年の報道に，「英語」に言及した以下のようなものがあるので確認しておく。

> 小学校段階で600 ～ 700語程度の単語の意味が理解できるように指導する。中学校では，……扱う単語数は現行の1200語程度から1600 ～ 1800語程度に増やす。（The Sankei Shimbun & SANKEI DIGITAL, 2017/2/14）

> 高校卒業時までに目指す語彙数は1800 ～ 2500語。小学校からの合計では最大5千語に達する。これは「英字新聞の8割以上を理解できるレベル」。（石臥，2018/4/22）

このように，学習指導要領が改訂されると，「英語」に関しては「語数」が話題となる。その背景には，Meara (1996)，Folse (2004)，Schmitt (2010)，Nation (2013) などが指摘するように，英語の語彙力と 4 技能の熟達度とには密接な関係があるからである。Cameron (2001) によれば，英語母語話者は 5 歳までにワード・ファミリー（word family）換算で 4,000 ～ 5,000 語を習得しており，1 年につき平均 1,000 語を自分の語彙に追加していくとのことである。ワード・

ファミリー換算とは，辞書の見出し語となっている原形に変化形や派生形（接頭辞や接尾辞の付いたもの）まで含めて1語とする数え方である。一方で，語彙力を質的に見た場合，日本人は時として英語母語話者でも知らないような単語を知っているが，日常生活で頻繁に使用されるような簡単な単語を知らないともいわれる。日本人の英語学習の中心となる，中高英語教科書の語彙を分析した長谷川・中條(2004)，毛利(2004)，長谷川・中條・西垣(2008)は，中高英語教科書には「生活語彙」が不足していることを明らかにしている。

それでは，新学習指導要領で，小学校から高校卒業時までに学習できる5,000語で，どの程度の言語活動ができるのであろうか。先の報道では「英字新聞」への言及があったので，中條・長谷川(2003)より，時事英語で使用される語彙と中高英語教科書語彙の難易度の違いを，British National Corpus (BNC) を基準尺度として調査した結果を紹介する（**図1.1**）。調査当時，中高で学べる英語教科書語彙は基底形（base form）方式で算出すると3,000語程度であったが，時事英語を音声英語と文字英語に分けた場合，それぞれどの程度の語数が必要か理解できる。基底形方式とは，辞書の見出し語のように変化形や複数形は原形や単数形に戻し，品詞の区別はせずに1語として数える方法を指す。

調査方法としては，BNCの頻度上位何語のところで時事英語素材および中高英語教科書の語彙を95%以上カバーできるかを算定することにより，各語彙レベルを推定した。95%カバー率は20語に1語の割合で未知語に遭遇する確率であり，なんとか英語の内容を理解できる閾値とされている（Laufer, 1997, p. 24; Nation, 2001, p. 233）。特定のトピックに多く現れ計測結果に影響を与えやすい固有名詞，数字は除去した上で，音声英語9種，文字英語10種の各10,000語分の素材を2サンプルずつ（映画は4サンプル）用意し，各素材の平均値での比較をした。

新学習指導要領で小学校から高校までで学習できる英語の語彙5,000語は一見すると多いようであるが，**図1.1**からは音声英語のCB (CBS News) とVO (VOA News) の中間レベルであり，AB (ABC News) やBB (BBC News) には語数が足りない。また，日本人の目標値ともいえるTM (*TIME*) やNW (*Newsweek*) を読むには8,000語近く必要であることがわかる。このように，高校までの学校英語教科書語彙だけでは，「使える英語」というにはまだ十分とはいえないことを，学習者のみならず指導者も肝に銘じておかなければならない。

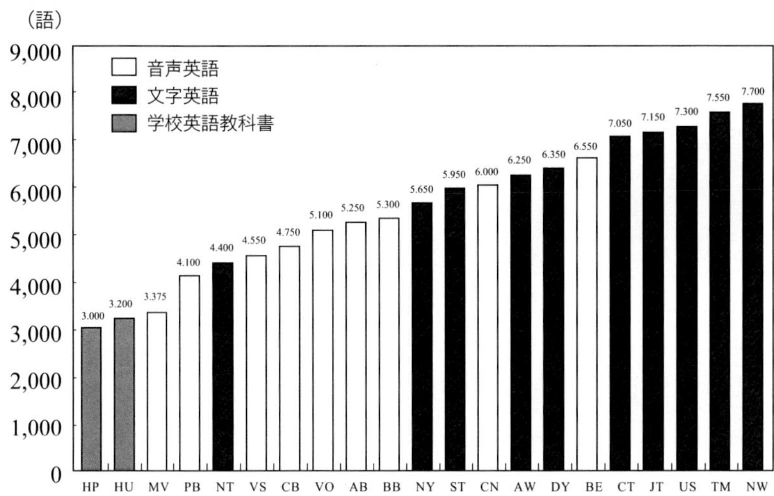

図1.1　BNC尺度による時事英語素材と学校英語教科書の語彙レベルの比較

注．学校英語教科書はHP (Horizon+Powwow)，HU (Horizon+Unicorn)，音声英語はAB (ABC News)，BB (BBC News)，CB (CBS News)，CN (CNN News)，PB (PBS News)，VO (VOA News)，VS (VOA Special English)，BE (やさしいビジネス英語)，MV (映画)，文字英語はTM (*TIME*)，NW (*Newsweek*)，NY (*New York Times*)，US (*USA Today*)，CT (*Chicago Tribune*)，JT (*JAPAN TIMES*)，DY (*Daily Yomiuri*)，AW (*Asahi Weekly*)，ST (*Student Times*)，NF (*News for You*) である。語の数え方は基底形方式。

1.6　近年の英語教育の流れと目標

近年 (2000年以後) の英語教育の流れを見ると，まず2002年に発表された文部科学省による「『英語が使える日本人』の育成のための戦略構想」，および2003年の「『英語が使える日本人』の育成のための行動計画」が注目される。後者においては，日本人全体として，英検，TOEFL，TOEIC等客観的指標に基づく世界平均水準の英語力を目指すことになった。あわせて，中学校卒業段階で英検３級程度，高等学校卒業段階で英検準２級～２級程度が目標とされる。さらに，2002年には，スーパー・イングリッシュ・ランゲージ・ハイスクールの指定14校（2005年度までに100校を目標），2003年には，中高英語教員全員（6万人）を対象に英語力と英語教授力向上のための「悉皆研修」が５年計画で開始され，2006年には，大学入試センター試験にリスニングテストが導入された。

生徒の英語力の目標設定について，直近では「今後の英語教育の改善・充実方策について　報告～グローバル化に対応した英語教育改革の五つの提言～」（文部科学省，2014）が参考になる。その中で言及されている「教育振興基本計画」（2013年６月14日閣議決定）では，中学校卒業段階で英検３級程度以上，高等学校卒業段階で英検準２級～２級程度以上を達成した中高生の割合を50％とすることになった。また，2013年12月に文部科学省で取りまとめた「グローバル化に対応した英語教育改革実施計画」では，高等学校卒業段階における目標にCEFRでB1～B2程度（英検２級～準１級，TOEFL iBT 60点前後以上等）が示されている。新学習指導要領における小学校英語の早期化・教科化とともに，学習内容の変化や学習語彙数の増加を見込んで，目標も高くなっているようである。

大学入試にも大きな変化がある。2021年度入試から「大学入試センター試験」は「大学入学共通テスト」となり，英語の「筆記」は「リーディング」に改称されて，配点が200点から100点になった。一方，「リスニング」の配点は50点から100点になり，「リーディング」と配点が同じでその比重が増加した。新しい大学入試では，実用英語技能検定（英検）やTOEFL iBTなど資格・検定試験を併用し，４技能を評価する予定であった。しかし，実施上の問題点などが指摘されたため，延期されることになり，結局中止になった。Benesse（2019）によれば，これからは知識を使いこなし「コミュニケーションに使える英語力」が重視されるようになるとのことである。このような傾向を踏まえて，小学校から大学までの英語教育も変化が求められるのではないかと考えられる。

我が国の英語教育は，上述した近年の英語教育の流れからも，「使える英語」に向けた実用的な目標が明確である。一方で，この章の冒頭（1.1）で言及した2018年のTOEFL iBTの成績（①リーディング，②リスニング，③スピーキング，④ライティング，各30点満点，⑤合計120点満点）において，日本人英語の平均点はどうであろうか。結果は，① 18 点，② 18 点，③ 17 点，④ 18 点，⑤ 71 点である。それぞれ世界で下位から何％に位置するかで見ると，① 29％，② 29％，③ 15％，④ 22％，⑤ 21 ～ 27％となる。国によって受験者の学力層に違いがあるのかもしれないが，我が国は①～⑤のいずれの項目においても下位層であることには違いない。この現実を前に，日本人にとって効果的な指導はどうあるべきかが問われているといえる。

その対応策として，鈴木・門田（2018, p. 369）は，「聞く」「話す」「読む」「書く」という英語の 4 技能の中で，「聞く」すなわち「リスニング」は「他の 3 つの技能の基礎となるもの」であると述べている。英語の 4 技能間の転移について，どの技能がどの技能に転移するか文献調査を行った竹蓋（1997, p. 71）は，「×読む→聞く」「×話す→聞く」「×書く→聞く」「○聞く→読む」「○聞く→話す」「○聞く→書く」と報告している。転移「大」が○，転移「なし」または「小」が×である。このような結果から，リスニング力の養成が総合的な英語力を向上させるうえで，その基盤となることがわかる。一方において，「今日までリスニング指導のための確固たる教授法は存在していない」（小栗，2011, p. 112）ともいわれる。これらのことから，今後，日本人の英語力向上には，改めてリスニング指導の重要性を見直す必要があるのではないかと考えられる。

第2章

三ラウンド・システムと 3R コースウェア

概　要

前章では，日本の英語教育の問題点として長らく指摘されていることを明らかにしたうえで，英語教育学の専門家としての視点から，言語の 4 技能の中でリスニングがもっとも基礎的，かつスピーキング，リーディング，ライティングの技能に大きく転移する技能であるため，他の技能に先駆けて重点的に学ぶべきであることが示された。

「むずかしいことをやさしく，やさしいことをふかく，ふかいことをおもしろく」。これは，作家，井上ひさしの言葉である。もともとは易しいはずのものも難解にしてしまう英語教師が多いと言われるなか，難しいことを易しく，深く，そして面白く教えることは決して容易なことではない。竹蓋 (1997) は，こうした英語教育の問題点を肝に銘じたうえで，難しい音声言語素材であっても，学習者に達成感を味わわせながら主体的に学習を続けさせ，ひいては各学習者が掲げる高い目標に到達させられる英語教育の実現を目指して指導理論を構築した。それが，「三ラウンド・システム」である。本章では，このリスニング力の効果的な養成に焦点をあてた指導理論，三ラウンド・システムについて解説する。

2.1 コースウェアの定義

本章のタイトルになっている「三ラウンド・システム（3R）」とは，英語教育の総合システムを構成する要素のうちのひとつである「コースウェア」を制作するときに基盤とする指導理論である。この英語総合システムの要素について説明する前に，コースウェアという言葉を定義しておく。まず，英英辞典の *Macmillan English Dictionary* で courseware を調べると "computer programs used for teaching people a subject or skill" と定義されている。また，堀口（2000, pp.235-236）は，「学習ソフトウェアの中で学習の内容と順序が組み込まれていて，学習者の応答に応じながらプログラムが判断（マッチング）しながら最適な流れに沿った学習ができるようにデザインされたプログラム」と定義し，学習者によるキーボードやマウスを使用した入力機能やその入力内容に応じた判断機能が必要になる，と付記している。コースウェアと言えば一般的にはこうした定義が定着しているかもしれないが，本書では，東他（1977, p. 3）の「指導の目的にあった教材と，それにあった指導法とを組み合わせたもの」をコースウェアの定義として採用する。

我々の制作しているコースウェアにも先の堀口の定義に含まれている入力機能や判断機能が存在するものはあるが，これらはテクノロジーが出来ることをさせているに過ぎずコースウェアの本質ではないと考える。また，我々の指すコースウェアはコンピュータが学習媒体である必要もなく，印刷されたテキストと音声ファイルだけでも成立する。本書では，あくまでも第二言語の認知プロセスを意識し，インプットされる音声言語素材を通して第二言語に習熟することを目指して作られた教材をコースウェアと呼ぶこととする。

次に，「3R コースウェア」は，「3R の指導理論に則って，精選された素材を用い，教師がそばについていなくても学習者が最大限の学習効果を得られるように，テキスト，音声，静止画，動画の内容，表示方法，表示場所，表示順序，表示のタイミングなどを定義してコースウェア化したもの」と定義する。

なお，3R コースウェアには聴解力養成のためのものと語彙力養成のためのものがある（竹蓋，2000；竹蓋，2005, pp.77-86）が，本章では聴解力養成のためのコースウェアについてのみ言及する。

2.2　英語教育総合システムの要素としてのコースウェア

竹蓋 (1989) は,「システム」を「多くの要素を適切に組み合わせて, もっとも効率よく特定の目的を達成するもの」(p.188) と定義し, 英語教育においてもシステム的な思考を導入する必要性を説いている。そして英語教育の総合システムとして, 英語教育学, 言語学, 音響音声学, 認知心理学, 学習心理学, 教育心理学, 脳科学, 教育工学, 情報工学など, 数多くの学問分野の知見に基づき構成されたシステムを提唱している。その全体像は, 1989 年に提唱されて以降, 構成要素の名称などは時代とともに変更が加えられているが, 核となる部分は不変である (**図 2.1**)。

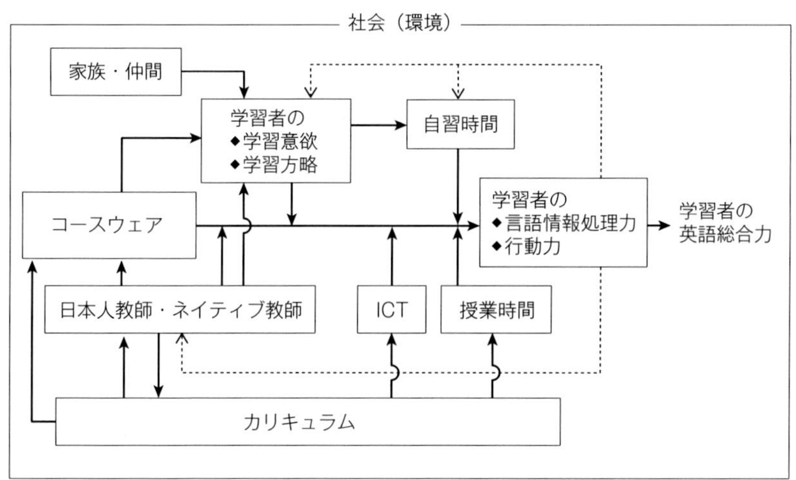

図 2.1　英語教育総合システム (竹蓋, 1987, p.35 を一部改変)

この概念図に示されているように, コースウェアは英語教育総合システムを構成する要素のひとつであり大きな役割を果たすが, 学習者の英語総合力の確実な向上と定着を期待するにはコースウェアに加えていくつかの要素が深く関与する。図中の実線の矢印は, 矢印の先にある要素に対して正または負の影響を与えることを示しており, 破線の矢印は矢印の先にある要素に戻って影響を与えることを示している。たとえば，左端の「コースウェア」から「学習者の言語情報処理力と行動力」の枠に向かって伸びている矢印の直線部分に対して5本の実線の矢印が伸びているが，これは「日本人及びネイティブスピーカーの英語教師」，「学習者の学習意欲と学習方略」，「ICT (Information and Communication Technology)」，「授業時間」そして「自習時間」がコースウェアを使用した学習の最中に影響を与える要素であることを示している。

また，図の最下部にある「カリキュラム」から3本の矢印が出ており，そのうちの一本は「ICT」に向かって伸びている。過去には，教育の場にICTもしくはコンピュータ機器などが持ち込まれることの是非が問われるような時代もあった。そのようななかでも我々は，**第4章**で詳述されているように1980年代からICTを英語教育総合システムに欠かせない要素と考え，教育を実践してきている。それは，人間とテクノロジーはそれぞれ得意分野が大きく異なるため，学習者の英語総合力を向上させるという共通目標のもと，役割を分担して相互補完的に学習を支援することが可能であり，またそれが必要と考えてきたからである。

2000年に入り教育の情報化はわが国の教育機関でも取り組まれてきたが，2020年，新型コロナウイルス感染症対策のため対面授業からオンライン授業への切り替えを余儀なくされたことで状況は一変した。ICTを活用した教育は瞬く間に注目を集め，否が応でも世界的に普及することとなり，同時にインターネットやLANなどの環境も急速に整備されてきた。ICTの環境が広く整備されてきたことは喜ばしいことであるが，テクノロジーを活用する際には留意すべきことがある。それは，目新しいものに飛びつき，テクノロジー主導で学習活動や教材を選んだり教材を開発したりすると失敗する恐れがある，ということだ。どのような教育理念にもとづき，何のために，どのテクノロジーを，どのタイミングで，どうやって使用するのか，といったことの検討から始めることが重要である。なぜなら，テクノロジー主導の教材や活動は，瞬間的には学習者の興味を引くことはできても，学習者が各自の高い目標に到達するまでの長期間にわたって，その興味が続くことは期待できないからである。

なお，「学習者の学習方略」については，Dörnyei and Skehan (2003) によれば，認知，メタ認知，社会，情意の4種の方略に分類でき，広範な分野を包含するとされる。そして，Oxford (1990) が指摘するように，英語の習得に成功している学習者の使用する学習方略を明示的に提示しつつ各学習者に適した方略を模索させ，その使用について訓練することで自律的な学習者へと促すことになると考える。

以上のことを踏まえて**図 2.1** の概念図を俯瞰すると，学習者が置かれた社会環境において，カリキュラムで保障された日本人英語教師やネイティブスピーカーの英語教師による指導や学習支援，ICT，家族や仲間，授業時間や自習時間といった各要素が適切に機能して初めて学習者の言語情報処理能力や行動力が高まることがわかる。そして，実線と破線の矢印で示されている好循環を生み出せると，学習者の学習意欲と英語教師の指導意欲が高まり，学習者の自習時間の増加に繋がるとともに，学習方略が見直され，その結果として学習者の英語総合力が着実に向上する可能性が高まることが示されている。

2.3　三ラウンド・システムに対する外部からの評価

リスニング力を養成することは，言語の総合力を効率的に高めるために最初に取り組むべきであるにも関わらず，第二言語を聞いて理解するという行動は複雑で，習得が難しく (Buck, 2011; Field, 2008; Nation & Newton, 2021)，そのための指導も困難を極める (Brown, 2011; Rost, 2016; Ur, 2013; Vandergrift & Goh, 2012) と言われる。そのようななか，英語教育総合システムの主要素であるコースウェアの基盤となっているリスニングの指導理論，「三ラウンド・システム (3R)」は，前節の冒頭に記したように広範かつ多岐にわたる学問の知見と，竹蓋 (1982, 1989, 1997) などで詳述されている数多くの基礎研究の成果にもとづき堅実に構築された。このため，3R での指導では多方面からの評価の結果，顕著な効果が繰り返し再現されており (本書の**第 5 章**，**第 6 章**参照)，外部からも高く評価されている。たとえば，水光 (2000) は，3R の指導理論に基づいて制作された教材について以下のように評している。

> 筆者が調査した限りでの唯一の例外は，竹蓋幸生教授が開発していた三ラウンド・システムという指導理論とそれにのっとって作成した CD-ROM 教材であった。(中略) この指導理論は，竹蓋幸生著，『英語教育の科学』(アルク, 1997) などを読む限り，理屈にかなっており，教師として

> の個人の経験からも合理性を覚える。その結果，構成は代案が考え難いほど完成度が高い。(p. 8)

さらに，教育メディア学会名誉会長の大八木廣人氏の千葉大学で開催されたシンポジウム (2012/3/17) での言葉を紹介する。

> 私が三ラウンド・システムを評価したのは，この教材の理念が学習心理学上有効な方法だと思ったからでした。特に，日本の大学生の実態に即した方法が編み出されているのではないかと思いました。人は必ず忘れるものであり，学習者の学習意欲を沸き立たせるための褒美が毎回用意されており，知らず知らずのうちに高度な力も付けているなど，この発想は画期的なものだと感じていました。(中略) 私が一番この方式で頭の下がるのは学生に優しいということであります。

このように外部から評価されている 3R コースウェアであるが，次節以降でこれがどのような理論に基づいて作られているのかを What と How に分けて解説していく。

2.4　3R コースウェア制作の What と How

コースウェアを制作することは料理を作ることに似ている。料理が高く評価されるには，高品質の食材 (What) と腕の良いシェフによる調理 (How)，そしてお腹を空かせた人，というすべての要素が揃わなければならない。どれかひとつでも欠けていたら，その料理を食べた人から高い評価を得ることはできない。このため，3R コースウェアを制作する際には，学習効果を確実に期待できるコースウェアとなるように，学習者の分析，音声言語素材の選定 (What)，その調理法 (How) に強いこだわりを持っている。そして，万人とは言わないまでも，多くの人に愛され，親から子，子から孫の代までも通い詰めるレストランが提供する料理のようなコースウェアを目指して，一つ一つ丹念に制作している。次節では，質の高いコースウェアを作り上げるための必要条件である「音声言語素材の選定」について論じる。

2.5　音声言語素材の選定 (What)

2.5.1　インプットを実態に合わせる

3R は，英語力の基礎であるリスニング力を，着実に，そして効率的に養成することを目指して構築された理論であり，これに基づいて制作された 3R コースウェアは，リスニング力だけでなく，音声言語素材に出てくる語彙や文法，異文化情報，コミュニケーションの技術なども効果的に習得できることが判明している。その理由のひとつとして，3R コースウェアでは実態に即した（オーセンティックな）音声を素材として使用していることが挙げられる。

たとえば，Rost (2016, pp.155-156) は，オーセンティックな会話の音声の特徴として次のようなものを挙げている。①自然な発話速度で話される，② uh や um などのつなぎ言葉が挟まれる，③同じ語句が繰り返される，④文法の教科書では誤用とされている表現やスラングが含まれる，⑤先行する単語の語尾の子音と，後続する単語の語頭の母音がまとまって発音される「連結」や，連続する単語が結合する際に音が省略される「脱落」，連続する前後の音韻の影響を受けて別の音韻に変化する「同化」などの音変化が起こる，⑥話し手の声の背後に雑音がある，などである。これに加えて，話し手が話の途中で主張を変えて冒頭とは異なる意見を述べたり，聞き手の常識を覆すような意外な話をしたりすると，聞き手は混乱し，正確に深く理解することが難しくなる。

このような聴解を妨げる要因のすべてが「ノイズ」と呼ばれる（竹蓋，1997, pp.58-63）が，3R コースウェアを制作する際には原則としてこれらのノイズを残したままのオーセンティックな音声言語素材を使用し，その対処法を習得できるようにしていることが，学習者の実践的なリスニング力の養成に大きく寄与している。

市販されているリスニング教材の音声言語には，発話速度を機械的に遅くしたり，録音室で一つ一つの単語が明瞭に発音されたりしているものも少なくない。Gass et al. (2020, p.392) はこのような話し方を foreigner talk と呼び，発話速度を遅くし明瞭に発音することの他に，高頻度語彙を使用し，スラングやイディオムの使用を避ける，短く単純な構文のみを使用する，といった特徴を挙げている。しかし，そのような英語では，いくら長時間聞き続けたとしても実際のコミュニケーションで使えるリスニング力は残念ながら身につかない。現実社会では，foreigner talk のような話し方で話してくれる英語話者と出会うことはなく，録音室のような雑音のない環境でコミュニケーションをとるわけではないからである。テニスに例えるなら，素振りや球出しによる練習も大切ではあるが，それだけでは十分ではなく，相手が本気で打ってきた球や回転をかけた変化球をタイミングよく打ち返す練習を重ねない限り，ラリーが続くようにはならない。これと同じように，実際のコミュニケーションで使えるリスニング力を身に付けるためには，実態に即したノイズのある音声をインプット素材として使用することが最も合理的なのである。

ただし，ここで問題なのは，そのようなオーセンティックな音声は第二言語学習者にとって難度の高い素材であるため，そのまま提供してしまっては学習が成立しないことである。この問題に対処するため，本章の **2.6 節**以降で解説する「調理」をする必要が出てくる。つまり，各タスクの難度を調整したり，適切なヒントを提示したりすることで，学習者がスモールステップで安心して学習を進めていけるよう丁寧にコースウェア化するのである。

2.5.2　素材へのこだわり

どのようなものを学ぶにしても，学習効果を高めるには，学習者が興味やニーズを感じられる内容（トピックやジャンル）で，学習者自身の習熟レベルに合致した教材を選定することが大切であり，それこそが学習者が主体的に，そして創造的に学ぶ潜在能力を引き出すカギと言える。このため，3R コースウェアを制作する際には，まずは対象となる学習者像を絞り，彼らの興味やニーズを分析したうえで，素材を吟味するようにしている。また，教材で扱われている音声言語素材が聞き取れるようになるだけでなく，応用素材にも対応できるようになることを目指し，何度も聞いてみたいと学習者が思うような，奥深く，知的好奇心をくすぐる素材や，異文化の思考や論法がよく現れていて本質的に面白い内容の素材を積極的に探し，採用するように努めている。

学習者のニーズや興味に着目して素材を選定することと並行して，我々は社会から求められているニーズについても調査，分析し，学術目的の英語

(English for Academic Purposes) や職業目的の英語 (English for Occupational Purposes) の素材を使用した教材も制作している。これは，学習者がある時点では英語の必要性を感じていなかったり，気づいていなかったりしたとしても，進級，進学，就職，あるいは転職してからその必要性に気づくことが予測されるからである。

このように，学習者の興味や社会のニーズなどを念頭に素材を絞り込んだ後は，**図 2.2** に示した事柄について検討し，教材化の下準備を行う。本項では，各検討事項について順に解説する。

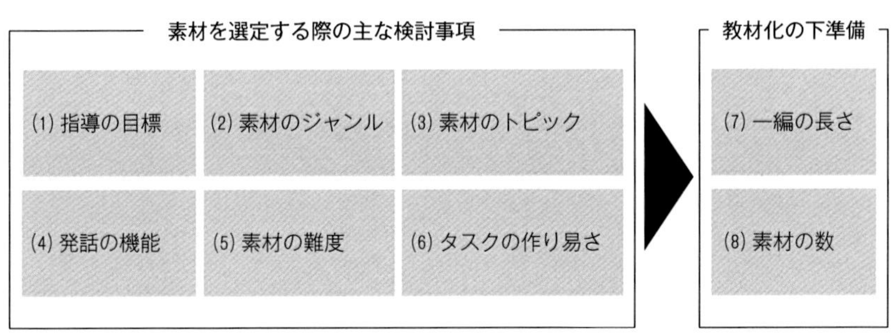

図 2.2　3R コースウェアで使用する素材選定時の検討事項

(1)　指導目標の設定

ここでの指導目標とは，当該の素材を使用して学習者に習得させたい短期的な目標のことである。たとえば，ことばの機能の理解，談話構造の理解，スキーマを活用した聞き取り，間接的表現の理解，話し手の意図や結論の推測，異文化の発想の理解，ジョークの理解，ニュース報道の聞き取り，複数人の学生による会話の聞き取り，地域方言の聞き取り，数字や固有名詞の聞き取り，計測・計量単位の聞き取り，イントネーションやジャンクチャーの聞き取りが出来るようになること，などが考えられる。

これらの中から複数の項目を選定し，これから制作するコースウェアで特に注力して指導する目標を掲げることになる。こうした指導目標を視野に入れて素材を選定しなければ，指導内容が偏り，結果として養成される学習者のリスニング力にも偏りが出てしまうため，常にカリキュラムの全体像を考慮しながら素材を選定する姿勢が欠かせない。

(2) 素材のジャンルの選定

ジャンルごとに使用される語彙や文構造，談話構造などに特徴があるため，基礎的な教育の場面では，特定のジャンルに偏ることなく広く浅く取り上げ，意図的に様々なジャンルの素材に慣れさせることが求められる。一般的には，「物語的，描写的，説明的」を基準にジャンルを分けることが多いが，たとえば，Vandergrift and Goh (2012, p.170) は「会話，インタビュー，語り，逸話，物語，解説，指示，実演，グループディスカッション，プレゼンテーション，講演，セミナー，ニュース報道，ドキュメンタリー，歌，映画，テレビ，ラジオ番組，カウンセリング」という具合に細かく分類しており，Rost (2016, p.149) は「物語／談話，説明文，比較／対象，原因／評価，問題／解決策」に分類している。他にも，大学の講義やニュース報道などのような一方向コミュニケーションなのか，あるいは学生同士や家族間の双方向コミュニケーションなのか，という分類や，双方向コミュニケーションのなかでも，友人同士のカジュアル／インフォーマルな場面での会話なのか，大学の教職員に対して学生が相談するといったフォーマルな場面での会話なのか，という分類もある。

先に挙げた Rost はジャンル別のリスニングの目的を**表 2.1** のようにまとめて

表2.1　ジャンルごとのリスニングの目的 (Rost, 2016, p.149 より抜粋)

ジャンルの種類	リスニングの目的	聞き取るべきこと
1. 物語／談話	起きた出来事，関わった人，出来事に対する人々の反応について知ること	出来事，行動，原因，理由，可能性，目的，時間
2. 説明文	どのように見えたか，聞こえたか，感じたか，といったことを追体験すること	状態，状況
3. 比較／対照	二つのものを比較して，類似点や相違点を見つけること	類似点，共通点，相違点
4. 原因／評価	ある行為の因果関係を理解すること	価値，意義，理由
5. 問題／解決策	提案された解決策の効果についての仮説を立てること	認知，意思

いる。この表の最右端の列にも示されているように，ジャンルの種類によってリスニングの目的や聞き取るべき焦点は異なるため，聞き手は様々なジャンルの教材を通して学習し，それぞれの聴解の方略を学ぶのが望ましいことがわかる。

(3)　素材のトピックの選定

素材の選定にあたってトピックを考慮するのは，ジャンルと同様に，語彙や慣用表現，文構造など，使われる言語要素がトピックによって大きく異なるからである。もちろんトピックは，学習者の興味や認知レベルなどにも深く関わるため，素材を選定する際にはこの面からの考慮が十分になされたかどうかで学習の成功は大きく左右される。なお，ここでの「認知」とは，「記憶，理解，問題解決，思考といった人間の知的なはたらき一般」(植阪，2010，pp.172-173) を指す。

具体的には，たとえば新聞やニュース報道のカテゴリーを見ると，政治，経済・金融，社会・暮らし，ビジネス，国際，文化・芸能，科学，テクノロジー，スポーツ，教育，子育て，医療・健康などのトピックに分けられている。また，TOEFL iBT の Listening セクションで出題されるトピックとしては，生物学，美術，歴史，天文学，科学，ビジネス，文学，音楽，工学，地学，哲学，建築学，心理学，考古学，映画，地理学などがある (Educational Testing Service, 2020) ため，学習者のニーズや関心に照らし合わせて参考にすることができるだろう。

(4)　発話の機能の側面からの選定

Austin (1962) は，その著，*How to Do Things with Words* の中で，言語を発すること自体が，ある行為を行うことである，とする言語行為論を提唱しており，発話の各機能のフレームを理解していることがリスニングの際の情報処理の負担を軽くする，と主張している。会話の機能としては，情報を得る，助言する，謝罪する，同意する，反対する，依頼する，提案する，などがあり，機能によって，聞き手がどのような情報の入手を目指すべきかが異なる。このため，素材のトピックやジャンルなどと併せて，言語の機能についても意識し，カリキュラム全体を俯瞰してバランスの良いインプットとなるように素材を選定することが望ましい。

(5) 素材の難度

学習効果を考えるとき，教材の難度が学習者の習熟度と合致しないことは致命的と言える（土肥他，2001）。たとえ学習者が興味を持ち，自分に必要と考えるトピックやジャンルの素材を選んだとしても，教材として難しすぎると絶望し，せっかく引き出されたやる気も失われてしまう。また逆に，教材が易しすぎても，学習に費やす時間が無駄になってしまいかねない。

そこで，教材で使用する素材を選定する際には素材の難度を推定することになるが，Rost（2016）は音声素材の認知負荷に影響を与える要因を**表 2.2** のようにまとめている。

表 2.2　音声素材の認知負荷に影響を与える要因
（Rost, 2016, pp.158-159 より抜粋）

カテゴリー	具体例
1. 長さ	全体の時間，情報の密度，冗長性
2. 複雑さ	語彙や文構造の難解さの度合い，具体性の有無，文化などに依存した表現の有無
3. 構成	口語か文語か，論理的一貫性の有無，談話標識の有無，視聴覚情報の有無，関連情報の有無，パッセージのなかで情報が提示されるタイミング
4. 表面的な特徴	話し手の方言，躊躇や話の間，背景の雑音，発話速度

表 2.2 の右側の具体例を見るとわかるように，ここに挙げられているものはいずれもコミュニケーションの達成を妨げる「ノイズ」となりうる要素と考えられる。実態に即した素材を使おうとすれば，これだけのノイズが存在する可能性があることになるため，真正性の高い音声言語素材に慣れていない学習者には難しく感じられるため学習が成立しなくなるのではないか，と危惧されるかもしれない。だが，3R コースウェアで指導する場合，伝統的な手法で扱える素材よりもはるかに難しい素材を扱えることが判明している。これは，後述するように，様々な観点に配慮して，難度の高い素材であっても段階的に，確実

に理解しながら学べるようにコースウェア化しているからである。たとえば，伝統的な手法で指導する場合，プリテストで 80 点程度が取れる素材でないと学習者が絶望してしまって指導効果が期待できない（羽鳥・松畑，1980）と言われる一方，3R コースウェアで指導する場合は，プリテストの得点が 11 点以上，21 点未満であるときに最高の学習効果が得られることが報告されている（竹蓋，1997，p. 242）。

表 2.2 に挙げられている事柄に加えて，認知負荷に影響を与える音声素材の要因としては，話されている内容の複雑さや専門性の度合いが挙げられる。学習者にとって発話内容が身近な事柄であれば予測しやすいが，仮に学習者自身の母語であっても理解が難しいような専門的内容や複雑な概念であった場合，母語でない言語で説明されたものを理解することは不可能であることは推して知るべしだろう。このため，素材の難度を考慮する際には内容の専門性の度合い，という視点は欠かせない。

(6)　優れたタスクの作りやすさの検討

3R コースウェアでの学習は，学習者が主体的にタスクを実践していくことによって初めて効果が出る（竹蓋，2005，pp.182-183）。そのため，取り組み甲斐のある，優れたタスクが作れるかどうかはコースウェアの質，そして学習効果に大きく影響する。3R コースウェアでは，ラウンド 1 からラウンド 3 まで様々なタスクを課すが，なかでもラウンド 3 で使用する優れたタスクを作れるかどうかが素材を選定する際の最大の検討事項と言える。ラウンド 3 は話者の意図や話の結論を理解することなどを目標とした最終ラウンドであり，複雑なタスクが要求される。このため，たとえば，事実を淡々と伝えているニュース報道，天気予報，道案内など，内容に深みがない素材の場合，ラウンド 3 のタスクを作ること自体が困難であり，3R コースウェアに適した素材とは言えないことになる。

仮に，素材選定を粗雑にしてしまい，ラウンド 3 でもラウンド 2 と同種のタスクを課すことになった場合，複数個所を正確に聞き取ったうえで情報を整理したり，不足している情報を推論したりする訓練がされないことになる。また，ラウンド 1 での学習がラウンド 2 のタスクに取り組む際のヒントとなり，ラウンド 1 と 2 での学習がラウンド 3 のタスクに取り組む際のヒントとなる，といった有機的な関連も持たせられなくなる。

逆に言えば，深みのある内容で，何度聞いても飽きなかったり，聞き手の想像をかき立てたりするような魅力的な素材を入手できたら，3R コースウェアの制作は半分成功したと言っても過言ではない。それぐらい，素材選びの際の「優れたタスクを作れる素材かどうか」という視点は肝要なのである。

(7) 一編の素材の長さの検討

一編の素材の長さは，教材の難度に影響を及ぼす。素材が長すぎると聞き取りの学習というよりは記憶の訓練になってしまううえ，学習の最中も聞くべき箇所の焦点が絞れず学習の効率が低くなることが予想される。こうしたことを考慮して，3R コースウェアでは一編の素材の長さは 20 ～ 60 秒程度を標準とした上で，内容のまとまりや対象とする学習者の習熟レベルに合わせて決めている。リスニングの指導ではなくリスニング力の評価のためには，数分の長さの音声を使用することはあるが，あくまでも基礎的なリスニング指導を念頭に置く場合，1 分以上の音声言語素材は長すぎると言える。このため，1 分以上の長さの素材を使用する場合には，内容のまとまりや流れに配慮しながら音声を分割することで一編の長さを調整する。

(8) 教材に収録する素材の数の検討

学習している教材の英語を聞き取って理解する力だけでなく，教材以外の音声を聞き取る応用力や，スピーキングやリーディングなどの他技能への転移も期待したいのであれば，ある程度の継続した学習が必要となる。たとえば，TOEIC の得点を 100 点上昇させ，聞く力の上昇分の 60％程度を読解力の向上にも期待したいのであれば，一編 20 ～ 60 秒の素材を 20 ～ 30 編収録された 3R コースウェアが必要となる（竹蓋，1997，pp.215-219）。これは，毎日 40 ～ 50 分，約 1 か月かけて学習するボリュームである。

2.5.3 素材の具体例

これまでに挙げた 8 つの観点を念頭に選定された素材を一編紹介する。これは大学生初中級レベルを対象とした 3R コースウェア，『Introduction to

College Life』で採用されているカリフォルニア大学バークレー校の教員による即興の発話である。

> When I was in Australia, one of the, uh, delightful conversations I had with one of their faculty, I was explaining to him what we had been doing and he looked at me, he, and he said, "Bob, you are a thief."
>
> And I, um, I kind of thought for a few minutes and I said, "What do you mean I'm a thief?" He said, "Well, I knew that engineers, uh, stole from mathematicians, physicists, material scientists and now you're stealing from social psychologists, organizational behavior theorists, and business people."
>
> And I said, "Yes, I am a thief." And that's exactly right. That's what interdisciplinary research is, is to learn from these fields, uh, to bring back what you learn to the field that you really practice in the core of and bring that, uh, new insight into operation.
>
> (『Introduction to College Life』 Unit 2, Part 2)

この音声言語素材について，音声素材の認知負荷に影響を与える要因（**表 2.2** 参照）と，話されている内容の複雑さ，という 2 つの側面から観察すると，まず音声の長さは約 53 秒，発話速度は約 160WPM（words per minute），そして日本人英語学習者向けの頻度順に並べられた英単語リストである新 JACET8000（大学英語教育学会基本語改訂特別委員会，2016）と照合すると上位 4,000 語に入らないのはわずか 8 語であることがわかる。ただし，聞き手のスムーズな聴解を妨げる要因のひとつである間投詞や he, and he said, といった言い直し（Buck, 2011; Rost, 2016；竹蓋，1987）が散見される。このため，この音声言語素材は，音声の長さ，発話速度，語彙の難度の側面からみれば難度は高くないが，音声の表面的な特徴からノイズと見なされる要素があることがわかる。

次に，話されている内容の複雑さ，あるいは専門性の高さの側面から上記の素材を観察すると，この発話は大学教員による学際的研究（interdisciplinary research）についての説明であるため，聞き手が研究者，あるいは研究に携わったことのある学生などであれば実体験をもって理解できるだろうが，そうでない場合は比喩表現の解釈などが難しいと推測される。

以上のことを総合的に判断し，この音声言語素材は大学生初中級レベルの学習者を対象としたコースウェアの素材として採用している。なお，この音声言語素材を用いたコースウェアの制作については**第3章**で詳述しているので参照されたい。

2.6 教材の難度に影響を与える要因と手段 (How)

前節の音声言語素材の選定（What）に続き，本節以降ではその調理（How）について解説していく。学習者が興味やニーズを感じられるような内容で，オーセンティックな素材を選定すると，たとえ身近な日常会話であっても第二言語学習者には理解不能，ということも珍しくない。教材は，難しすぎても易しすぎても，学習者の学習意欲を減退させてしまうため，高い学習効果は期待できなくなる。このため，第二言語として英語を学ぶ学習者を対象としたリスニング教材の開発にも携わっている言語学者である Nunan (2002) も主張しているように，学習者にとって必要な素材を選定したうえで，学習者が感じる難度を下げるような様々な方策を組み込むことにより，知的好奇心とチャレンジ精神を持って取り組め，達成感を味わいながら学習を継続できるようにすることが重要である。

この「難度を調整する」方策が 3R コースウェアの肝と言えるため，ここで図を用いながら解説する。竹蓋 (1997) は，教材の難度を構成する要素には，難度を上げる要因（①～③）と難度を下げる要因・方策（④～⑥）がある，と説いている（**図 2.3**）。コースウェアを制作する際には，想定している学習者の英語の習熟度や認知レベルを念頭に，難度に影響を与える要因と方策を考慮すれば，学習者にかかる負荷を調節できることになる。つまり，ある学習者にとって難しいと思える音声言語素材であったとしても，コースウェアの作り方によっては適切な難度だと感じさせることもできれば，逆に，難度の低い素材を使用して，学習者に難しいと感じさせるコースウェアを作ることも可能と言える。

3R では，前節で解説したように，真正性の高い音声言語素材を使用するため，とくにそのような音声に慣れていない学習者は，平易な内容であっても難

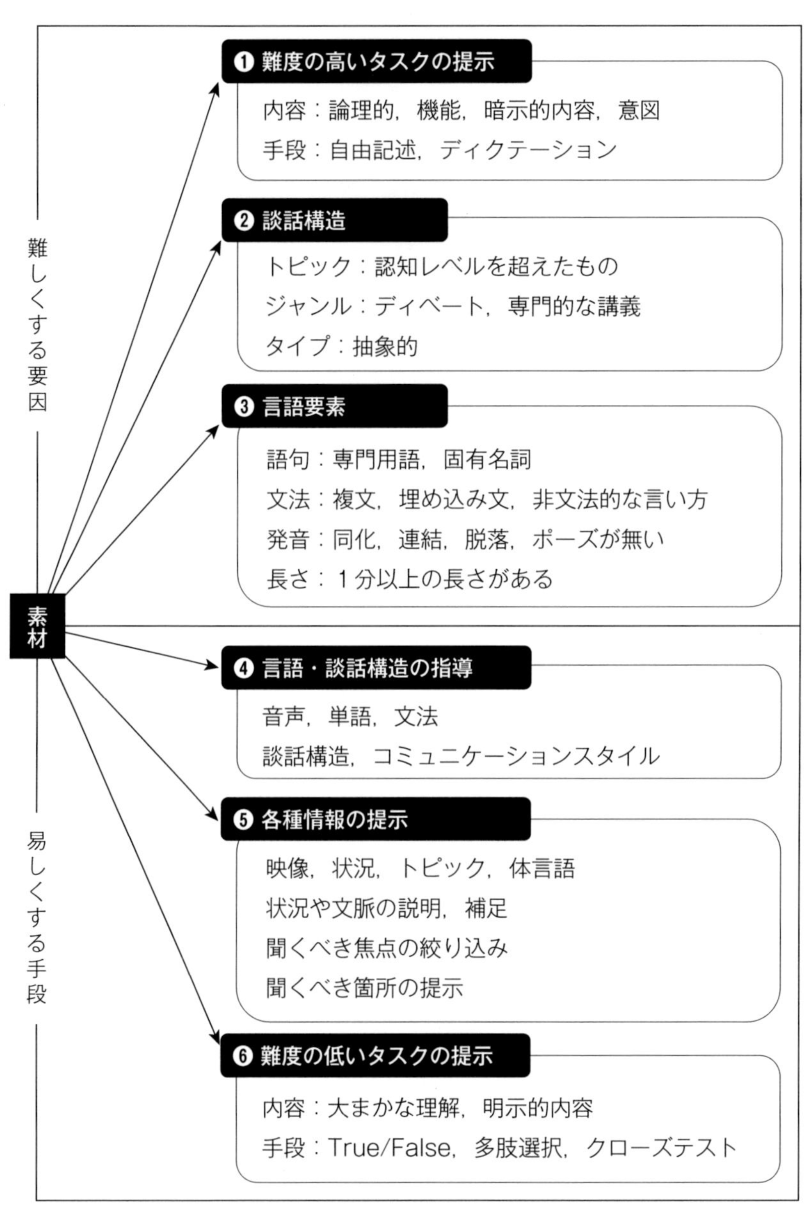

難しくする要因
易しくする手段
素材
❶ 難度の高いタスクの提示
内容：論理的，機能，暗示的内容，意図
手段：自由記述，ディクテーション
❷ 談話構造
トピック：認知レベルを超えたもの
ジャンル：ディベート，専門的な講義
タイプ：抽象的
❸ 言語要素
語句：専門用語，固有名詞
文法：複文，埋め込み文，非文法的な言い方
発音：同化，連結，脱落，ポーズが無い
長さ：１分以上の長さがある
❹ 言語・談話構造の指導
音声，単語，文法
談話構造，コミュニケーションスタイル
❺ 各種情報の提示
映像，状況，トピック，体言語
状況や文脈の説明，補足
聞くべき焦点の絞り込み
聞くべき箇所の提示
❻ 難度の低いタスクの提示
内容：大まかな理解，明示的内容
手段：True/False，多肢選択，クローズテスト

図 2.3　教材の難度に影響を与える要因と手段

しく感じる傾向にある。そのため，コースウェアで提示するタスクを**図 2.3** の①と⑥を考慮して難度が徐々に高くなるように配置したり，②から⑤に示した新出表現の発音や意味，構文の解説，内容理解に直結する画像や図表を適切なタイミングで提示したりするなど，難度を調整する方策を随所で講じている。このようにすることで，無理なく学習を継続でき，最終的に素材を深く理解できるリスニング力が養成されるのである。なお，学習者が感じる難度を適切なレベルに抑えながらコースウェアを制作する具体的な方法については**第 3 章**を参照されたい。

2.7　3R コースウェアの構造

本節で解説する 3R コースウェアの内部構造はやや複雑であるが，これは学習者が難しいと感じる音声言語素材について，表面的な情報を聞き取るだけでなく，話し手の意図や論理までも理解できるようにするためである。ただし，学習者の目に触れるコースウェアは学習者が迷うことなく，もっとも効果的に学習を進められるようにデザインされている。本節では，三ラウンド・システムに基づいたコースウェアの構造について詳しく見ていく。

(1)　学習の行程を３つに分割し，中間目標を設定する

3R コースウェアでは，学習の行程を 3 つに分割しており（ラウンド 1 ～ラウンド 3），学習者は，難度の低いタスクを扱うラウンド 1 から始め，ラウンド 2, 3 と徐々に難度が高くなるタスクに取り組みながら，各ラウンドに設定されている目標の達成を目指して学習を進めていく（**表 2.3**）。ひとつの素材を学習する際，一気にコミュニケーションの最終目標まで到達することを目指すのではない。最初から最終目標を目指してしまうと各タスクの難度が高くなりすぎてしまい，途中で挫折してしまう可能性が高まるため，最終目標の前に 2 つの中間目標を作ることで段階を追って最終目標まで到達させるのである。英語学習には挫折がつきものであり，学習者が挫折しないための工夫や仕掛けが随所で必要とされる。そのための一つの方策として，このように中間目標を作り各ラウンドでのタスクの難度を抑えることで，学習者が達成感をおぼえながら着実

表2.3　3Rコースウェアの各ラウンドの特徴と役割
（竹蓋，1989，p. 177を一部改変）

	ラウンド1 →	ラウンド2 →	ラウンド3
ラウンドの難度	低	中	高
ラウンドでの活動例	繰り返したり，強調して言ったりしている語句を聞き取る	「いつ・どこで・誰が・どのように・何をした」などの具体的な情報を聞き取る	情報が不足している部分を取り上げ，合理的な推論により発話者の暗示していることを推測する
言語理解の程度に関する目標	話されている場面，状況を理解する	詳細な事実を正確に把握する	話者の意図を推測したり，話の結論を理解したりする
ラウンドの役割	ラウンド2のタスクに取り組む際のトップダウン情報処理に寄与する	ラウンド3のタスクでの情報の編集処理に寄与する	当該音声言語素材におけるリスニングの最終目標に到達する

に最終目標まで到達することを可能にしている。

表 2.3 に示したように，3R コースウェアの各ラウンドにはそれぞれ難度の異なる役割が課されており，たとえば，ラウンド 1 では，話されている内容の細部を聞き取ったり話の要点を理解することは求められず，繰り返されたり強調されたりしている語句を聞き取って，話されている場面や状況，話している人の立場や職業などを理解することが目標として設定されている。

続いてラウンド2では，話されている場面や状況を頭においたうえで，「いつ，どこで，誰が，どのように，何をした」などの事実を正確に聞き取ることが目標となっており，それが実現されるようにタスクやヒントが用意されている。また，原則としてラウンド 2 のタスクは，話の一部分を正確に聞き取れれば答えられるようなものとする。

そして最後のラウンドでは，ラウンド 1 とラウンド 2 で聞き取り理解したことを念頭におきつつ，リスニングの最終目標に到達することを目指す。ラウンド 3 のタスクとしては，たとえば複数のものを比較している話であれば，それらの相違点を見つけ出したり，ある事柄の原因と結果についての話であれば，その因果関係を整理したうえで新たな問題が起きないように予防策を考えたり，あるいは，A さんの主張に対し B さんが反論している会話の場合，B さんが反論している根拠と理由を推測させるようなものが考えられる。そのため，ラウンド 3 では部分的に話を聞き取るだけでは不十分であり，全体を通して話に矛盾がないかといったことも含め，客観的かつ分析的に聞くことが求められる。

このように各ラウンドでの目標を明示し（**表 2.3** 参照），その目標が達成されるよう難度を調整しながらタスクやヒントを作成し，有機的な関連を持たせられるよう適切に配置している。このため，学習者は，各種ヒントや情報を参照しながらひとつずつタスクをこなしていけば，達成感を味わいながら学習を継続することができるのである。

(2)　分散学習の形態をとる

実態に即した，真正性の高い音声言語素材を使用する教材で，それほどの心理的負担を感じずに学習を進められたとしても，学習終了後，ほどなくして学んだ内容を忘れていってしまったのでは実用力に結びつかないことになる。そのため，3R コースウェアでは，学んだことが長期間定着するように分散学習のスタイルを導入している。

本書における分散学習とは，同一素材での学習を連続して集中的に行うのではなく，複数回に分け，その各回での学習の間に他の素材を使用する学習をはさむことによって断続的に学習する形態を指す。分散学習による分散効果は古くから知られており，Ebbinghaus (1913) の無意味綴りを使った実験の報告まで遡ることができる。以来，分散学習と対を成す集中学習との比較実験は数多く実践され，分散学習することにより頑健で長期間持続しうる効果がもたらされることが繰り返し検証されている (Baddeley, 1990; Dempster, 1987)。

表 2.3 では，3 段階の学習目標を定めて学習する 3R コースウェアの構造を示したが，学習の過程では，ひとつの素材についてラウンド 1，2，3 と連続して学習するのではない。**図 2.4** に則って学習の流れを説明すると，素材 1 から素材 3 という 3 種の素材について，ラウンド 1 のタスクを通して大まかに理解することを目標に学習し，それらを終えたらラウンド 2 の学習に入る。その後も同様に，素材 1 のラウンド 2 の学習の後に素材 2 と 3 での学習を行うことで，

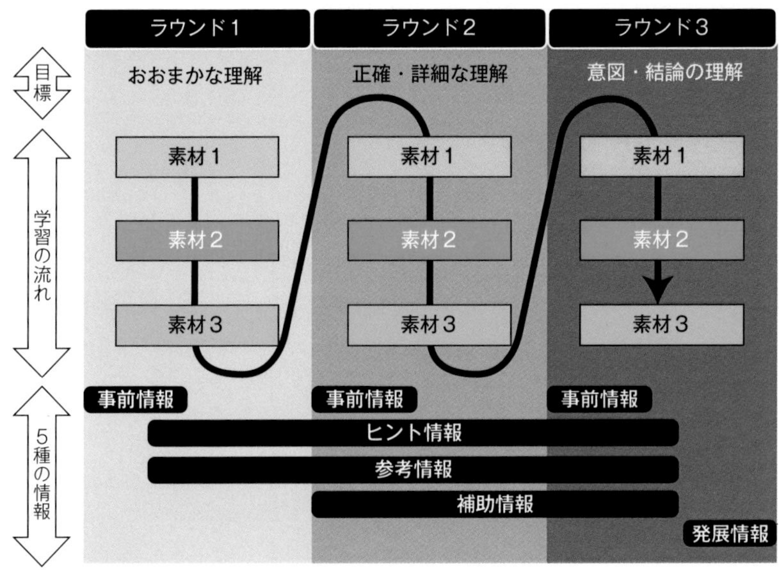

図 2.4　3R コースウェアの学習の流れと各種情報を提示するタイミング（竹蓋，1997，p.96 を一部改変）

ひとつの素材について断続的に学習する，という分散学習が実現されるように設計されている。

このように学習を分散させる構造にすると，素材 1 で学んだことを，素材 2，3 の学習に取り組むうちに忘れてしまい効率が悪いように思えるかもしれない。ところが実際には，先に引用した Baddeley（1990）や Dempster（1987）も報告しているように，前に学んだ内容を忘れかけた頃に復習することになるため，学習結果は逆に強く定着していくことになる。また，後述するように（**図 2.6** 参照），3R コースウェアでは聞くべき焦点を変えながら 1 つの素材を何十回も聞くことになるが，連続的ではなく断続的であるため，長期的な観点から高い学習効果及び効率が期待できるのである。

なお，図 2.4 に書かれている「素材 1，2，3」は，たとえば素材 1 はフードコートでの友人同士の会話，素材 2 は買い物をしている親子の会話，素材 3 は自宅での夫婦の会話，などのようにお互いに関連のない発話のこともあれば，長めの会話・報道・講義などを本章の **2.5.2 項**に示したような視点で適切な長さに区切った音声言語素材の場合もある。**図 2.4** の 5 種の情報については，「(4)各種情報の内容と役割」で解説する。

(3)　タスク間，ラウンド間，コースウェア間に有機的関連を持たせる

ラウンド 1 から 3 で提示するタスクは難度や目標が異なることはすでに解説したが，それぞれのタスクはお互いに無関係なものではない。タスクの難度が段階的に高まるように配置されているのはもちろんのこと，ひとつのタスクの解答が得られれば，後続のタスクを容易に解くことができるように有機的な関連を持たせている。タスク間の有機的関連については，たとえるなら数学の図形の面積を求める問題の構成と似ている。すなわち，何のヒントもないまま，「この図形の面積を求めよ」と問われる場合と，まずは補助線の引き方を考えさせる小問があり，それに続いて，その補助線を利用しながら面積を求める問がある場合とでは，結果的に面積を正しく求められる人数に大きな差が出ることは想像に難くないだろう。

こうした有機的関連は，3R コースウェアのあらゆる場面で配慮され，具現化されているが，そのうちの一例として，各ラウンドのタスクを通して，情報のボトムアップ処理，トップダウン処理，そしてそれらを調整する編集処理の手法が習得されるようにしていることも挙げられる。このボトムアップとトップダウンの情報処理は，もともとは Norman and Bobrow (1975) により提唱された情報処理モデルで定義されている処理法であるが，言語の読解や聴解の認知プロセスにもあてはまるとされる。具体的には，ボトムアップ処理は，入力される情報という刺激にもとづき，低次レベルから高次レベルへの処理をしていく過程であり，言語処理においては単語の認知，構文の理解，談話の理解というように，小さな単位の認識から，より上位の概念や枠組みを理解していく処理法を指す (Vandergrift & Goh, 2012, pp. 17-21)。

次に，トップダウン処理においては，スキーマという長期記憶に貯蔵されている高次なレベルの知識を用いて予測する。そして，インプットされる情報とその予測を照らし合わせて検証し，必要な修正を加えながら情報を理解してい

く処理を指す。このスキーマとは認知心理学の用語であり，谷口（1992）によれば内容スキーマと形式スキーマに分けられ，内容スキーマが個人の持つ背景知識や経験の枠組みを指す一方，形式スキーマはパラグラフの構成や談話など言語に関する知識全般を指し，両スキーマの活用は言語情報をスムーズに理解したり，長期的に記憶に留めたりすることに繋がるとされる。

最後に，情報の編集処理とは，ボトムアップとトップダウンにより処理される情報を高速で編集する，メタ認知を駆使した処理を指す。このメタ認知とは，「みずからの知的な活動を一段上から客観的にとらえ，行動を調整すること」（植阪，2010, p. 173）であり，メタ認知によるモニタリングとコントロールの働きにより，コミュニケーションの達成を妨げる種々のノイズに対応しながら音声言語情報を高速に理解することが可能になると考えられている。

3Rコースウェアは，これらの情報処理法が効果的に習得されるように，おもにラウンド1でトップダウン処理，ラウンド2でボトムアップ処理，ラウンド3で編集処理の方法や重要性について学べるように構成されている。有機的な関連という側面からみると，まず，ラウンド1のタスクに取り組むことで教材の内容について大まかに理解できるようになり，それがラウンド2でのタスクの実践の際，トップダウン処理のための情報として使えるのである。次に，ラウンド2のタスクに取り組むことで，表面的ではあっても詳細な理解ができ，それがラウンド3のタスクの実践の際には，ボトムアップ処理のための情報として利用できる。最後に，ラウンド3では，ラウンド1で学んだ大まかな理解とラウンド2で得た詳細な理解の両者を活用し，調整しながら情報の編集処理をすることで，最終的な目標を達成することができるようになるのである。

以上，見てきたように，実態に即した真正性の高い音声を聞き取って深く理解するための情報処理手法について3Rコースウェアを通して体得することで，実際のリスニング場面でも活用できる言語情報処理力が養成されていくのである。

(4)　各種情報の内容と役割

3Rコースウェアでは，学習者が主体的に考えながら学習に取り組めるように，その場に適した情報がタイミングよく提示されるようになっている（提示されるタイミングについては**図 2.4**の「5種の情報」の黒帯を参照のこと)。その情報には，事前情報，参考情報，補助情報，発展情報，ヒント情報と呼ばれるものがあり，いずれも，scaffolding（足場かけ）で活用される「学習を支援する情報」と捉えることができる。Scaffolding は，"process that enables a child or novice to solve a problem, carry out a task or achieve a goal which would be beyond his unassisted efforts"（Wood et al., 1976, p. 90）と定義されており，3R コースウェアで言えば，学習者が単独では解決できないタスクがあったとき，以下に示すような適切な支援を得ながら，学習者が主体となってタスクの解決に向かうことができるようにするプロセスのことを指す。

図 2.5に示した5種の情報についてひとつずつ見ていく。まず事前情報は，素材の内容や場面と関連のある映像や文字による解説などの情報を指す。これらは，学習者の持つ内容スキーマを活性化させ，学習全体を通してトップダウン情報処理の資料として利用されることが期待されている。

次に，参考情報は簡易的な辞書の情報のことで，素材の中に出てくる単語，熟語，慣用表現などの綴り，日本語での意味，発音について，必要に応じて参照できるようにしている。この辞書は，効果的，効率的なリスニング学習の補助となるように素材のなかに出てくる活用形のまま抜き出されている。たと

図2.5　3Rコースウェアで提示される各種情報

えば，本章の **2.5.3 項**に掲載した素材に出てくる conversations，explaining，thought といった語を参考情報として提示する際は，conversation，explain，think と原形に戻すことなく，そのまま抽出する。そして，それらの音声情報についても活用形の発音を提示する。これは，このような参考情報とすることによって，素材を聞いている最中に当該語彙を知覚できる確率が高まるからである。また，参考情報における別の配慮として，Web 辞書などにリンクして学習者自身に適切な語義を探させるのではなく，当該素材のなかで使われている語義のみを提示していることが挙げられる。これにより，学習が効率化されるだけでなく，辞書引きによる語義選択の誤りが回避されることになる。

続いて補助情報としては，当該タスクで聞き取るべき英語表現の中に見られる文法事項や異文化関連の情報，それにコミュニケーションの技術関連の情報を提供する。たとえば，講義は「導入，本題，結論」という構成で話されることが多い，といった形式スキーマの知識も提供することで，事前に学習者の頭の中に枠を作り，その枠にはめ込む形で予測しながら講義を聞いていく態度を育成するようなことも補助情報の役割のひとつである。

発展情報では，当該トピックで頻出する単語や熟語を追加的に学習する。これは，教室の外で，コースウェアで学んだ音声言語素材と同様のトピックの場面に出遭ったときにボトムアップ処理で活用できる語彙を増やすためである。ここで提示する語彙は，オーセンティックな英語を聞く時に役立つ形で習得されるように，単語を単体で提示するだけでなく，チャンク（4 語前後の意味を成す語群）もしくは短めのセンテンスで用例を提示する。さらに，単語と用例には自然に発音された音声をつけ，何度でも聞けるようにしておく。

最後に，ヒント情報であるが，これは学習者が選択的に利用する上記 4 種の情報とは異なり，タスクに取り組む際に学習者が必ず利用することが想定されている。ヒント情報は，原則として各タスクにつきヒント 1 からヒント 3 の 3 つが作られており，これらをひとつずつ活用しながらタスクに取り組むことによってリスニングの応用力をつけていくことが期待されている。前述のように，この 3 つのヒントにはそれぞれ異なる役割があり，最初のヒントは，トップダウンの情報処理を行うために利用できる情報で，2 番目のヒントはボトムアップの情報処理を行うために利用できる細かな情報，そして 3 番目のヒントは素材中のどこに焦点を当てたらよいか等の直接的なアドバイスとすることが多い（本書 pp.65-68 参照）。学習者は，いずれのヒントもしっかりと理解し，その内容を頭に置いたうえで改めて音声を聞いて考えるというサイクルを繰り返すことが期待されている。

(5) 音声言語素材を聞くタイミングと回数

3R での学習中は，ひとつの素材について注目すべき焦点を変えて繰り返し聞くことになるが，学習者が集中して，主体的に聞かなければ意味がない。各タスクに取り組む際に学習者に期待されている音声言語素材を聞くタイミングと回数については**図2.6**に示す。まず，音声言語素材を複数回聞いてから（**図2.6**の①）タスクを読み，自分で解答を考えてから再度複数回音声を聞く（②）。そ

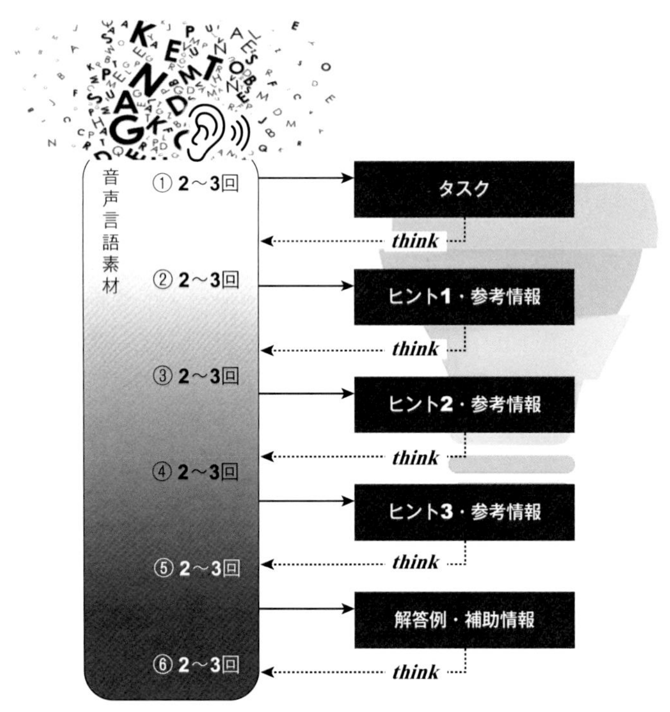

図2.6　各タスクに取り組む際に音声言語素材を聞くタイミングと回数

の後，ヒント 1 を読み，必要に応じて参考情報を参照してから改めてタスクの解答を考え，音声を聞く（③），という具合に，ヒントをひとつ読むたびに音声言語素材を聞いてタスクに取り組むことを繰り返す。

このように取り組むことで，①から⑥に示した少ない方の回数で見積もっても，ひとつのタスクにつき 12 回繰り返して聞くことになる。もちろん，ひとつの音声言語素材につき，ひとつのタスクしかないわけではないため，ラウンド 3 の学習を終えるまでに何十回も同じ素材を聞くことになる。そんなに繰り返し聞いたら飽きてしまうのではないか，あるいは，何回聞いても分からないものは分からないままなのではないか，と思われるかもしれないが，こうした心配は杞憂である。それは，ヒント情報をもとに毎回異なるポイントに焦点を当てながら聞いたり，単語，文法，談話構造の情報などさまざまな参考情報を参照してから音声を聞かせることで，学習者が主体的に考えながら解答例に近づいていくように設計されているからである。そして，このような scaffolding（足場かけ）により，ヒントやその他の各種情報を活用しながら各タスクの解答例に自分でたどり着けるようになるだけでなく，教材とは別の音声言語素材も聞き取って理解できる応用力が身につくように配慮されている。

2.8　第二言語習得プロセスのなかでの 3R 学習の位置づけ

3R コースウェアは，学習者が自律学習用の教材として使用しても高い効果が期待されることは以前から報告されている（水光，2000，2002）が，**図 2.7** に示すように，コースウェアでの学習を核とした上で，前後に図に示されているような予習と復習を行うことで三ラウンド・システムのコースウェアに期待される最大の効果を引き出すことができる。

とくにコースウェアで学習する音声言語素材が，専門的な内容であったり，学習者自身にとって馴染みのない分野であったりした場合は，前もって素材に関連した背景知識をインプットすることで，素材の内容を想像し予測する力を高める必要がある。3R コースウェアのなかでも事前情報が提供されるが，そちらはあくまでも学習者の既知の内容スキーマを活性化させるものであり，**図 2.7** の予習はそれよりも一歩踏み込んで，学習者にとっての新しい知識の収集や学習を指す。

また，3R コースウェアでの学習の後には，コースウェアで習得した技能や知識を試用したアウトプット活動や人間同士のインタラクションなどを適切な形で組み込むことによって，言語の音声理解や発信をほぼ同時に行いながらコミュニケーションが行えるようになっていく。このため，この予習，学習，復習から成る学習プロセス全体を念頭においた授業設計やカリキュラム開発が求められる。

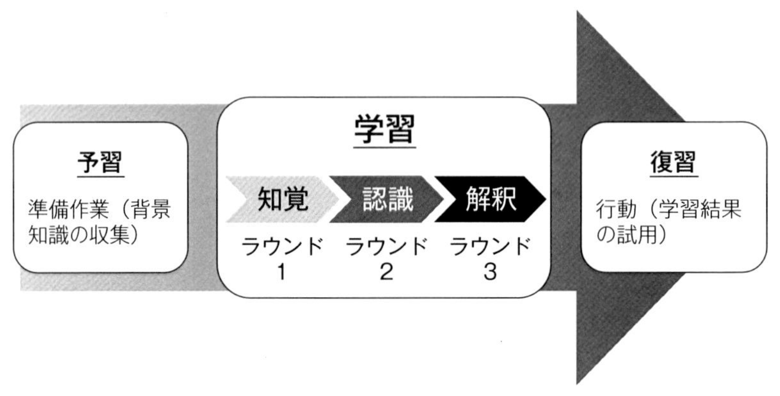

図 2.7　3R コースウェアを中核とする学習プロセス

続いて，**図 2.7** に示した 3R コースウェアを中核とする予習，学習，復習のプロセスを Gass et al. (2020) が提唱する第二言語習得モデル (**図 2.8**) に照らし合わせて見てみる。これは，「インプット，気づき，理解，内在化，統合，アウトプット」という流れになっており，現在広く受け入れられているモデルである。

図 2.8 の第二言語習得のプロセスについて順を追って見てみると，まず周囲の発話 (Ambient Speech) があり，学習者がその発話に気づき，注意を向けることで言語として知覚され (Apperceived Input)，理解を伴うインプット (Comprehended Input) となる。続いて，インプットによって与えられるメッセージについて，言語の文法形式とそれが表す意味の繋がりが深く理解されて内在化する (Intake)。さらに，形式と意味の繋がりである文法規則が学習者の長期記憶にとどまり，中間言語と呼ばれる第二言語学習者の文法システムに統

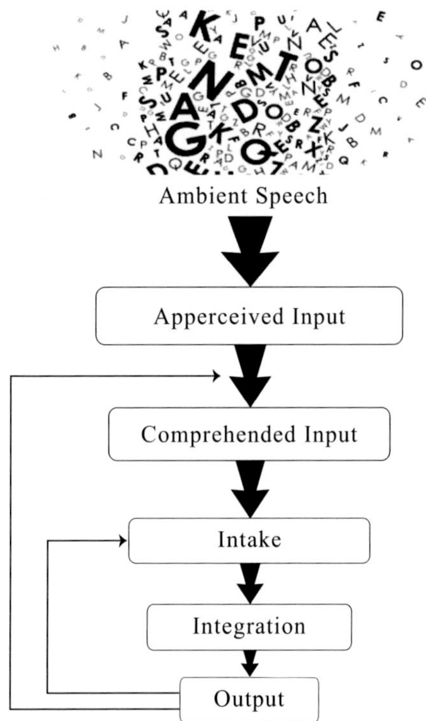

図2.8　第二言語習得のモデル（Gass et al., 2020, p.579を一部改変）

合され（Integration），それがアウトプットに繋がる，というプロセスを示している。図中の語句を囲う枠の大きさと矢印の太さに示されているように情報量は下方にいくほど減少する。このため，アウトプットの量を増やすと共にその質を高めるためには，インプットの質と量について慎重に検討し，充実させる必要があることがわかる。

また，Ambient Speech から Output までの流れは一方向に進むわけではない。Output から2本の矢印が出て循環しているが，その矢印のうち1本は Apperceived Input と Comprehended Input の間に向かって伸びており，アウトプットしたからこその気づきを促進する役割を持つことが示されている。2本目の矢印は Intake に向かって伸びており，Output がメタ言語による仮説検証やリフレクションの役割を持つことも示されている。このように，アウトプット活動をするからこそ内在化や統合が進み，アウトプットの質の向上に繋がっていくとされている。

このような第二言語習得のプロセスの全体像を念頭におくと，周囲の発話から内在化するまでの過程は3Rコースウェアを使用して学習を続けることにより実現可能となり，**図2.7**に示されている復習活動を3Rコースウェアでの学習と組み合わせることにより，統合やアウトプットにまで繋げ，さらにそれらの活動を幾度となく循環させることによって目標とする英語総合力の習得を目指すことになる，と言える。

以上，本章では，3Rコースウェアの基盤となる三ラウンド・システムについて概観してきたが，ここで再度強調したいのは，英語教育は総合システムとして捉えるべきであり，コースウェアはその総合システムを構成する要素のひとつだということである（**図2.1**参照）。このシステム的思考に関連して，二人の言葉を引用したい。まずは，2019年4月12日，認定NPO法人ウイメンズアクションネットワーク理事長である上野千鶴子氏が東京大学の入学式で述べた祝辞の一部である。二つ目に紹介するのは，教育心理学を専門とする教育システム開発の第一人者，Walter Dickの言葉である。

> あなたたちはがんばれば報われる，と思ってここまで来たはずです。（中略）そしてがんばったら報われるとあなたがたが思えることそのものが，あなたがたの努力の成果ではなく，環境のおかげだったことを忘れないようにしてください。あなたたちが今日「がんばったら報われる」と思えるのは，これまであなたたちの周囲の環境が，あなたたちを励まし，背を押し，手を持ってひきあげ，やりとげたことを評価してほめてくれたからこそです。（上野，2019）

> The instructor, learners, materials, instructional activities, delivery system, and learning and performance environments interact and work with each other to bring about desired student learning outcomes. Changes in one component can affect other components and the

> eventual learning outcomes; failure to account adequately for conditions within a single component can doom the entire instructional process. (Dick et al., 2008, p.1)

ここで上野氏が述べているように，学習者が目標を達成するためには学習者自身の力はもちろん欠かせないが，その力が引き出され，学習者が精進し続けられるのは，さまざまな環境が整備され，相互に作用し合った結果であり，決して各要素が単体で機能しているわけではない。そして，Dick et al. も重要視しているように，教育において望ましい学習成果をもたらすには，各構成要素（**図 2.1** に示した学習者，コースウェア，社会環境，カリキュラム，日本人教師とネイティブスピーカーの教師，ICT，家族・仲間，学習時間）を最高の状態で機能させることと並行して，教育プロセス全体を俯瞰しながら要素間の関係を調整する，というシステム的思考が欠かせないのである。

第3章

3R コースウェアの制作の実際

概　要

前章では，三ラウンド・システム（3R）の指導理論と 3R を基盤として制作されるコースウェアの構造について解説した。これは，3R コースウェアを使用して指導する教員やコースウェア制作者だけでなく，学習者の方にも一読をお勧めしたい。スポーツや楽器の練習と同様に，自分がやっていることの背景にある理論や理念，またその結果として期待できる成果などを知ることは，学習への大きな動機づけとなり得るからである。

本章では，まず，3R の定義する教授設計および教授過程に基づいた，質の保証されたコースウェアを制作するために欠かせない準備として 8 つの過程を挙げ，具体例を示しながら各過程での作業について解説する。続いて，コースウェアの主な構成要素である，音声言語素材，各ラウンドのタスクやヒント情報，ユニットテスト，学習者への声かけ文などについての定義や執筆時の留意事項を，執筆すべき順序に沿って解説する。そして最後に，コースウェア制作時の英語教師を中心とした協力体制について言及して締めくくる。

3.1　コースウェア制作のための準備

本書でいう「コースウェア」は，前章でも述べたように，3Rの指導理論に則って精選された素材を用い，教師がそばについていなくても学習者が最大の学習効果を得られるように，提示内容，提示方法，提示順序，提示の物理的な位置とタイミングなどを定義して教材化したものを指す。コースウェアは，一般的にはパソコンで学習する教材が想定されるが，我々は学習のメディアをパソコンやスマートフォンに限定せず，印刷テキストと音声ファイルで構成される3Rコースウェアも制作してきている。ただし，本章ではパソコンやスマートフォンなどを使って学習するコースウェアに絞り，その制作方法を解説する。

3Rコースウェアを制作する際には，まずは**表3.1**に示す8つの準備過程が必要となる。ただし，場合によってはこれらのうちのいくつかの作業を省略できることもあるが，省けると思われる場合であっても念には念を入れて表中の過程のすべてについて今一度確認することを強く推奨する。こうした下準備の段階から遺漏のないように進めることが，最終的に，質の保証されたコースウェアを決められた期限までに完成させることに繋がるからである。それでは，この8つの過程について，順を追って説明する。

表3.1　3Rコースウェアを制作するための準備過程

(1) 課題の把握と制作目的の設定
(2) 学習者のプロファイリング
(3) コースウェアの制作体制の確定
(4) 制作スケジュールの確定
(5) 素材の収集
(6) 素材の使用部分の選定
(7) 素材の分割
(8) 素材の書き起こし

(1)　課題の把握と制作目的の設定

コースウェア制作の準備過程のなかで最初に行うのは，制作側が考える現状の課題を見極め，制作の目的を定めると共に，指導対象とする学習者群をできるだけ具体的に定義することである。制作の目的とは，これから制作する教材を使用した指導を通じて最終的に実現したいことを指す。たとえば，「2020 年度からプログラミング教育が必修化され，全ての小学生がプログラミングを学ぶ時代になっていることからもわかるように，プログラミング力の素養を持つことが前提とされる職業が増加傾向にある。そのような職業で求められる最新の技術を習得し続けていくには，英語のマニュアル動画を視聴したり，英語でコミュニケーションを取りながら理解したりする状況が想定されるが，そうした場面で使用される英語を聞き取れない大学生が多い。ところが，そのような状況にある大学生を対象とした教材はほとんど存在しない。そのため，プログラミング関連の知識を習得するために必要なリスニング力の養成を目指す大学生を対象としたコースウェアを制作する」といった制作の目的を最初の段階で決め，この前提のもと，次項以下で扱う事柄について検討していく。

(2)　学習者のプロファイリング

続いて，学習者のプロファイリングを行う。プロファイリングといえば，犯罪捜査の場面で犯罪の特徴から犯人像を推論し，犯人を絞り込んでいくための手法として広く知られているが，マーケティングの手法にも応用されており，顧客の属性や特徴を推論することで，各顧客に対して最適なサービスを提供するのである。これを教育現場にあてはめて考えれば，コースウェアを制作する際にも事前に学習者のプロファイリングを行うことが有効であるのは自明であろう。指導対象の人物像が絞り込まれるほど，その学習者にはどのような事前情報が有効か，なじみのある専門用語はどのようなものか，理解しやすい比喩やたとえはどのようなものか，どんなアプローチをすれば心に響くのか，といったことが推測しやすくなるからである。

プロファイリングの手順としては，指導対象とする学習者群に質問紙調査や診断テストを実施し，学習者のニーズや関心，英語の習熟度，文法知識の深さ，受容語彙力，発信語彙力などを調査分析する。このようにして明確になったターゲット像は，コースウェアを制作する関係者全員で共有し，制作の方向や内容に一貫性を持たせるように努める。以下に，プロファイリングの具体例を示す。

- 人物像：大学の工学部1年生。海外滞在経験はない。大学院への進学率は8割。研究者，技術者を志望している学生が多い。英語学習に割ける時間は1日30 ～ 60分。
- 知識：TOEIC Listening & Reading Testのスコアは500から550点。受容語彙サイズ（聞く，読むときに使える語彙量）は3,500から4,500語。発表語彙サイズ（話す，書くときに使える語彙量）は1,800から2,000語。リスニングの指導を受けた経験はほぼ無いに等しく，リスニングに対する苦手意識が強い。
- 期待：工学部では学部4年次生になると英語での研究発表（質疑応答を含む）が求められるため，その時までには苦手なリスニングを克服したいと思っている。
- 理解：リスニング力を向上させることの必要性は理解しているが，具体的に何をすべきかがわからない状態。

(3) コースウェアの制作体制の確定

コースウェアを制作する体制は，制作にかけられる予算により変わってくる。つまり，予算との兼ね合いで現実的な制約が出てくるため，どのように体制を組むかを検討しなければならない。たとえば，素材となる動画を撮影するにあたって，潤沢な予算があれば，プロのカメラマン，音声スタッフ，インタビュアーを雇用したり，動画や音声の編集，発話の書き起こしを業者に発注したりすることも可能となる。その一例として，文部科学省の科学研究費JP12040205（特定領域研究「外国語CALL教材の高度化の研究」）の助成を受けてコースウェアを制作した際の体制を**表3.2**と**表3.3**に示す。アメリカのカリフォルニア大学バークレー校で教職員や大学生を対象としてインタビュー動画を収録し，College Lifeシリーズ（『Introduction to College Life』『College Life』『College Life Ⅱ』）のコースウェアを制作した際の協力体制である。

表3.2に示した体制では，教師や学生に加えて，技術スタッフのディレクター3名を始めとする業者が雇用されており，本格的な制作体制であったことがわかる。しかし実際には，それほど潤沢な予算がある場合は少なく，素材収集の過程も含め，すべての作業を複数の英語教師で分担して進めることも多い。その

場合，誰がどの作業を，いつまでに，誰とどのように協力しながら進めるのか，といったことをあらかじめ決めておき，各人が責任と自覚をもって作業に関わるようにする。

表 3.2　3R コースウェアの素材収集時の協力体制の例

役割	人数	担当者
1. インストラクショナル・デザイナー	1 名	日本人英語教師
2. 技術スタッフのディレクター	3 名	業者
3. カメラマン・照明スタッフ	1 名	業者
4. 音声スタッフ	1 名	業者
5. 写真撮影者	2 名	日本人英語教師
6. インタビュアー	1 名	日本人英語教師・UCB* の学生
7. 現地コーディネーター	2 名	UCB の教職員
8. 現地スタッフ	3 名	UCB の学生
合計	**14 名**	（延べ人数）

注. UCB は University of California at Berkeley の略。

表 3.3　3R コースウェア執筆時の協力体制の例

役割	人数	担当者
1. インストラクショナル・デザイナー	1 名	日本人英語教師
2. インタビューの書き起こし	3 名	UCB の学生
3. 書き起こしたインタビューの見直し	7 名	日本人及びネイティブスピーカーの英語教師
4. コースウェア執筆者	4 名	日本人英語教師
5. デバッグ担当者	24 名	日本人英語教師・学生
合計	**39 名**	（延べ人数）

いずれにしてももっとも重要な存在は，**表 3.2** 及び**表 3.3** の最上段に書かれているインストラクショナル・デザイナーであり，この場合，3R を熟知した監修者ということになる。教育心理学者のガニェも強調しているように，コースウェアを制作する際にはエンジニアではなくインストラクショナル・デザイナー（ID）が主導し，ID の基準ですべての制作過程を進めることが肝要である。(Gagné et al., 2004, p. 3) たとえ革新的な技術を使ったインタラクティブな教材

が開発され，最初はその目新しさに学習者が惹きつけられたとしても，インストラクショナル・デザインが欠如していては学習者の興味は薄れていき，長期的な学習効果は期待できないからである。

(4) 制作スケジュールの確定

実際にコースウェアの制作を始める前に，コースウェアを完成させるまでの間にどのような過程があるのかを確認し，各過程の開始時期と完了時期を決めておく必要がある。制作の過程には，大きく分けると，①素材の収集および編集（動画の収録と編集，静止画像の収集と編集，辞書情報の音声録音と編集），②コースウェア執筆（タスク・ヒント・解答例・補助情報の執筆，辞書情報・発展情報・ユニットテストの作成），③執筆内容の確認と校正（各タスクがタスクとして成り立っているか，タスクと解答例がかみ合っているか，ヒントが適切か，といったタスク単体でのテストと，コースウェア内のすべてのタスクを俯瞰したときに有機的なつながりがあるか，情報が重複したり欠落したりしていないか，などを確認する総合テスト），そして④誤字脱字の修正を含む最終デバッグ，などがある。このうち，①については前章で解説したため，本章の **3.2 節**では②から④の過程について詳説する。

制作スケジュールについては，プロジェクトマネージャーの立場にある人（多くの場合，英語教師）が，全体のスケジュールを立案，把握し，各過程が順調に進んでいるかを随時確認しつつ適宜スケジュールを調整し，予定した時期にコースウェアを完成させるよう努めることになる。

(5) 素材の収集

制作スケジュールが確定した後は，いよいよ素材を収集する段階に入る。事前にプロファイリングされた学習者像を念頭におき，その学習者像が知的好奇心を持って視聴するであろうと推測されるトピック・ジャンル・難度の素材を収集する。素材は，英語教師自身でインタビュー取材を行って録画したり，大学などでの講義を録画したりする場合もあれば，著作権フリーの動画や音声を素材として選定したり，素材を購入して使用するような場合もある。インタビュー取材の場合は，先方と協議したうえで契約書を交わし，綿密なスケジュールを組んで収録し，他で作られた動画，画像，音声を教材に使用するのであれば，著作権や肖像権などを侵害しないよう，慎重に事務処理を行う必要がある。

(6)　素材の使用部分の選定

自ら撮影したものにしろ，購入して用意した素材にしろ，収集した素材については，手元にあるものをすべて使おうとするのではなく，対象とする学習者の英語習熟度や認知発達レベル，専門知識の有無などを念頭におきながらコースウェアで使用する部分を選定する。インタビュー取材を行う場合を例に挙げると，コースウェア化するのに最低限必要な発話だけを収録するのではなく，できるだけ長めに収録しておき，その中から教材として使用する部分を精選するようにしておかねば良い教材を制作することは難しい。

たとえば，College Life シリーズ（『Introduction to College Life』『College Life』『College Life Ⅱ』）のコースウェアを制作した際には，カリフォルニア大学バークレー校の教職員や学生，計 27 名に対して，英文トランスクリプションにして延べ 38,605 語にのぼるインタビューを実施した。そのようにして撮影された素材の中からコースウェアで使用する箇所を精選したわけだが，実際に各コースウェアで使用されている総語数と，素材全体に占める割合を**表 3.4** に示す。

表 3.4　撮影された素材全体に占める各コースウェアの語数の割合

	語数 (words)	収録素材全体 に占める割合（%）
Introduction to College Life	2,862	7.4
College Life	4,266	11.1
College Life Ⅱ	4,012	10.4

この表の最右列を見ると，各コースウェアでは収録素材全体の 10％前後が使用されるに留まっていることがわかる。前章で言及したように，コースウェアの What（素材）は学習の成否に大きな影響を与える要因のひとつとなるため，素材の候補はできるだけ多めに用意し，その中から対象者のプロファイリング結果を念頭に，時間をかけて丁寧に選定することが大切なのである。

(7) 素材の分割

素材の使用部分を選定した後は，その素材を，ユニット，パート，セクション等に分割する。分割する際には，まずは音声の長さでおおよその分割場所に見当をつけ，続いて内容面での区切りを探すことで，各パート，セクションが同じぐらいの長さになることを目指す。一編の音声の長さは，教材の難度に大きく影響を与えるため，想定されている学習者の習熟度と照らし合わせながら決める。具体例として，大学生初中級用コースウェア，『Introduction to College Life』のなかの Unit 2 で扱われている各セクションの音声の長さと単語数を**表 3.5** に示す。平均すると，1 セクションの音声の長さは約 14.4 秒（SD = 5.0），総語数は約 39.3 語（SD = 13.5）であり，各セクションの長さは均等にすることが望ましいものの，実際には話の内容の区切りに影響を受けるため，とくに即興の発話の場合，長さにばらつきが出ることがわかる。

表 3.5 『Introduction to College Life』の 1 セクションの長さと語数

	発話者	Section 1	Section 2	Section 3
Part 1	Professor Ruud	12 (33)	13 (28)	—
Part 2	Professor Bea	14 (42)	21 (48)	17 (49)
Part 3	Professor Filippenko	6 (15)	18 (45)	11 (31)
Part 4	Professor Resh	12 (27)	6 (20)	15 (48)
Part 5	Professor Williams	16 (51)	25 (61)	—
Part 6	Professor Dickinson	18 (61)	15 (36)	11 (34)

注. 音声の長さの単位は秒。括弧内の数字は総語数。"—" は Section が存在しないことを示す。

(8) 素材の書き起こし

コースウェア制作の準備過程の締めくくりとして，発話音声を書き起こす作業を行う。即興で行うインタビューなど真正性の高い素材である場合，発話者本人に書き起こしてもらうか，誰かが書き起こしたものを本人に確認してもらうことが理想的である。それが叶わない場合，次善の策として英語のネイティブスピーカーに書きおこしを依頼することになるが，一人の英語のネイティブスピーカーが複数回聞いたとしても，聞き間違えたり，聞き漏らしたりすることがあり得るため，複数のネイティブスピーカーに依頼し，正確を期すことが望ましい。

なお，はじめから字幕がついている素材を使用する場合，書き起こす作業は必要ないことになるが，その字幕が機械的に自動字幕生成されたものなどであれば，複数人で見直す必要がある。たとえば，YouTube ではアップロードした動画に自動で字幕を付けることができたり，Web ブラウザの Chrome では音声がリアルタイムで文字化されるようになっていたりと，自動字幕生成機能は我々にとって身近な存在になった。そして，その精度は年を追うごとに高くなってきているが，それでも，発音が不明瞭であったり，背景音の音量が大きかったりするような，いわゆるノイズが含まれる 3R コースウェアで使用する素材（**2.5.1 項**参照）においては，この先も機械がすべてを正確に認識できるようになるとは考えにくく，人間による入念な確認作業は今後も欠かせないと考える。

3.2　コースウェアの執筆

前節で解説したコースウェア執筆のための準備を終えたら，いよいよ 3R コースウェアを執筆する段階に入る。コースウェアの主な構成要素は，音声言語素材に加えて，タスク，ヒント情報，その他の各種情報，そしてユニットテストである（**図 3.1**）。

図 3.1　3R コースウェアの主な構成要素

いずれの要素を作成する際にも留意しておかねばならないのは，学習者が効果的に学べるような情報の提示法である。情報は，教師の目から見て有益なものに思えたとしても，それらをすべて与えれば良いというわけではない。その文脈において必要なものを精選してタイミングよく提供することで，初めてその情報は生きてくる。また，同じ情報を提供するとしても，提示の仕方によっても与える印象と学習効果は大きく変わる。コースウェア制作時には，このことを常に頭に置くと共に，より良いコースウェアにするべく何度も見直す作業が必要となる。

本節では，*Listen to Me!* シリーズの『Introduction to College Life』に出てくる以下のトランスクリプションを例にとり，コースウェアを執筆する順序（**表 3.6** 参照）に従って，具体例を示しながら作業内容や留意事項について解説する。

【トランスクリプションの例】

Section 1

When I was in Australia, one of the, uh, delightful conversations I had with one of their faculty, I was explaining to him what we had been doing and he looked at me, he, and he said, “Bob, you are a thief.”

Section 2

And I, um, I kind of thought for a few minutes and I said, “What do you mean I’m a thief?” He said, “Well, I knew that engineers, uh, stole from mathematicians, physicists, material scientists and now you’re stealing from social psychologists, organizational behavior theorists, and business people.”

Section 3

And I said, “Yes, I am a thief.” And that’s exactly right. That’s what interdisciplinary research is, is to learn from these fields, uh, to bring back what you learn to the field that you really practice in the core of and bring that, uh, new insight into operation.

（『Introduction to College Life』Unit 2 Part 2, 139 words）

表3.6　3Rコースウェアを執筆する順序

(1) 音声言語素材の正確な内容理解
(2) 事前情報の作成
(3) キーワードの選定
(4) 参考情報の作成
(5) ラウンド 1 のタスク・解答例の作成
(6) ラウンド 3 のタスク・解答例・補助情報の作成
(7) ラウンド 2 のタスク・解答例・補助情報の作成
(8) 各ラウンドのヒント情報の作成
(9) 発展情報の作成
(10) ユニットテストの作成
(11) 学習者への声かけ文の作成

(1)　音声言語素材の正確な内容理解

まずは素材全体を聞き，表面的な言語表現だけでなく，話し手が伝えようとしているメッセージ，行間に隠された話者の意図まで正確に把握する。もちろん，前節までの準備段階において素材の選定や分割を行う際，素材内容はおおよそ理解できているはずだが，自分では気づかないうちに独りよがりの解釈に陥っていることも珍しくはない。あとになって解釈の間違いに気づいた場合，作業を一からやり直さなければならなくなるため，この段階で素材を完全に理解することを目指す。発話の書き起こしの際と同様，実際に発話した人に話の意図を確かめるのが理想的だが，それが難しい場合は複数の英語のネイティブスピーカーに確認することが望ましい。

また，完全に理解できたと思って作業を進めていても，途中で解釈の間違いに気づくようなことも，どうしても出てくる。その場合は，臆することなく，すべての作業をやり直すことが肝要である。

(2)　事前情報の作成

事前情報は，コースウェアのなかで，音声言語素材を提示する前に与える情報であり，細かいことではなく話の全体像をおおまかに把握することを促せるものが相応しい。たとえば，素材の内容や話されている状況と関係が深く，話の理解を促進させるような動画や静止画がありうる。ただし，動画の場合は事前に与えるには情報処理の負担が大き過ぎて，学習者によっては上手く処理できない可能性があるため，話の内容と関係の深い写真やイラストを提示するほうが望ましい場合が多い。もちろん，動画や静止画だけでなく，教師が話術を駆使して学習者に身近な事柄と音声言語素材の内容を結び付ける話をするようなことも事前情報となり得る。

いずれの形態をとるにしても，事前情報は，教材中の言語情報だけでは十分に理解できないときに，話されている場面や状況を把握したり，内容を推測したりするために，音声だけでなく視覚情報も積極的に活用することを学ばせるためのものでもある。このことを念頭におき，当該の音声言語素材に適した事前情報を準備したい。

(3) キーワードの選定

キーワードは，ラウンド１において音声言語素材で出現する順に並べて提示され，素材内容を推測させるタスクのヒント情報として使用される。キーワードを選定する際には下記の点に留意する。

① 並んでいるキーワード群を見ただけで音声言語素材の内容を大まかに推測できるような単語や語句を選定する。

② ７つ前後のキーワードを選定する。ラウンド1のタスクでは，キーワードをいったん頭に入れたうえで素材を聞かせるためワーキングメモリ（Baddeley, 2000）の容量の限界を考慮する必要がある。このため，ワーキングメモリの保持量の限界とされる７つ前後の表現を選定する。

③ ②と同様にワーキングメモリの容量を考慮し，各キーワードは原則として4語以内のできるだけ短い表現を選定する。

④ 学習者にとって既知と思われる表現を選定する。キーワードをワーキングメモリに入れ，聞こえてくる音声言語素材と突き合わせるタスクに取り組むためには，視覚情報として得たキーワードの情報を脳内で音声化し，音韻ループに送らなければならない。そのため，提示するキーワードは少なくとも学習者が音声化できる表現でないと，タスクのヒントとしての意味をなさないことになる。

⑤　できるだけ明瞭に発音されていたり，繰り返し言っていたりする表現を選定する。キーワードとなる表現は話し手が強調して発話するため，自然と繰り返したり，大きな声や高いトーンで発音したりする場合が多いからである。

⑥　音声言語素材全体から満遍なくキーワードを選定する。キーワードが一部にかたまって出現すると，音声を聞いてひとつずつ確認していくラウンド 1 のタスクの難度が高くなってしまうからである。

⑦　音声言語素材を聞かず，書き起こしたトランスクリプションだけを見ながらキーワードを選定すると失敗する確率が高い。明瞭に発音されていない表現もキーワードとして選んでしまうからである。学習者がそのようなキーワードを学習の初期段階で提示され，「これを聞き取りなさい」と言われたら，それだけで学習する気力を失ってしまいかねない。このため，キーワードは音声言語素材を聞きながら慎重に選ぶようにする。

以上の留意点にもとづき，前述の『Introduction to College Life』Unit 2, Part 2 の素材のキーワードとして選定された表現は以下のとおりである。

☐ delightful conversations	☐ interdisciplinary research
☐ you are a thief	☐ learn from these fields
☐ engineers	☐ bring back
☐ stole from	☐ that new insight

(4)　参考情報の作成

参考情報とは，3R 教材に組み込まれた簡易的な辞書情報のことである。参考情報には，対象となる学習者にとって未知であると推測される単語や熟語，慣用表現などを選定し，素材の文脈で使われている語義，和訳を付与する。原則として，WORDS の辞書には 1 語の単語を，PHRASES の辞書には 2 語以上の語句を掲載する。参考情報を作成する際には下記の点に留意する。

①　学習者の語彙力は，プロファイリングの段階でおおよその見当はついているはずだが，当然ばらつきがあるため，語彙力が低いほうの対象者に合わ

せて多めに選定する。

② 文字で提示された時には難なく理解できても，オーセンティックな発話のなかで提示されると聞き取りにくい表現（たとえば，綴りと発音に乖離のあるpsychologyや音変化して発音されるin terms ofなど）も少なくない。このため，トランスクリプションを見て機械的に選定するのではなく，音声言語素材を聞きながら選定する。

③ 参考情報は，できるだけ効率的に，学習者が音声言語素材を理解することを助けることが目的である。このため，通常の辞書のように発音記号や，いくつもの語義，用例などを提示することはせず，当該の音声言語素材で使われている語義を示すだけに留める。

④ 通常の辞書では，各単語は原形で示されることが多いが，この参考情報では音声言語素材で使われている語形のまま提示する。たとえば，conversationsやstoleなどをconversationやstealといった原形に戻さずにそのまま抽出し，さらにその表記の語の発音が聞けるようにしている。これは，学習者の認知負荷を軽減するためと，参考情報の中で提示される発音と，素材の中で発せられている発音を出来る限り寄せることにより，リスニング力を養成しようとしている学習者にとって有益な情報とするためである。

⑤ コースウェアのなかで音声言語素材を聞きながら，学習者が必要に応じて参考情報を調べやすいよう，素材のなかでの出現順に並べて提示する。

⑥ WORDS, PHRASESのソフトウェアのなかでの機能としては，画面に表示されている英語表現のうち，ひとつを選んでクリックすると，その表現の発音が聞け，少し遅れて和訳が画面に表示される。綴り，発音，和訳が表示されるタイミングをずらしているのは，クリックしてから提示されるまでの間に学習者が和訳を考えたり，思い出したりすることによる「テスト効果」が期待されているからである。画面に表示されているものを受動的に眺めているだけでは学習にはならない。このような表示のタイミングのズレを活用して，自分から積極的に考え，仮説を検証することが学習であり，ひいては教室外でも使える英語力へと繋がるのである。

【参考情報の例】

WORDS

delightful	楽しい

conversations
faculty
explaining
thief
thought
stole
mathematicians

PHRASES

when I was in Australia	オーストラリアにいたとき

delightful conversations
I had with ...
what we had been doing
kind of thought
for a few minutes

(5) ラウンド 1 のタスク・解答例の作成

ラウンド 1 の学習者の目標は，提示される言語素材の内容，その言語活動の行われている状況や環境を大まかに理解することである。また，ラウンド 1 で学習した内容は，ラウンド 2 以降でのトップダウン処理のために活用されることが期待されている。そのため，ラウンド 1 のタスクで提示する解答例は，発話全体の要約になっていてはいけない。ラウンド 1 の時点で発話を上手に要約できるぐらい聞き取れるのであれば，その学習者にとってこのコースウェアは易しすぎると言えるからである。そのため，解答例としては，事前情報や提示された画像やキーワード，そして学習者が聞き取れた一部の情報などをもとに答えられる程度の内容にとどめる必要がある。そして，ラウンド 1 では部分的に発話が聞き取れたり，発話の状況が把握できたりすれば十分であり，安心して次のラウンドに進むことを学習者に促すのである。

【ラウンド1のタスクと解答例の例】

TASK 以下のキーワードは，今聞いたインタビューの中ですべて使われています。ここではどのようなことが話されているでしょうか。大まかでよいので大胆に推測してみよう。

delightful conversations	interdisciplinary research
you are a thief	learn from these fields
engineers	bring back
stole from	that new insight

ANSWER 泥棒についての会話，工学者，学際的研究とはどのようなものか，など。

(6) ラウンド3のタスク・解答例・補助情報の作成

ラウンド1のタスクを作成した後は，ラウンド2ではなくラウンド3のタスク作成に入る。ラウンド3の目的は，コミュニケーションの目的を達成させることである。ラウンド2より先にラウンド3のタスクを作成するのは，最終的な目標を明確にしたうえで，その目標に到達させるために必要な情報を聞き取らせるタスクをラウンド2で課すことができるようになるからである。

タスク，ヒント，解答例などを執筆する際に留意すべきことは，情報を精選し，無駄な言葉は削ぎ落として簡潔な文章を提示することである。教師としては，ついたくさんの情報を詰め込みたくなりがちだが，過ぎたるは及ばざるが如し。提示される情報量が多すぎると学習者は処理できず，やる気を削いでしまいかねない。

自分の言いたいことを相手に確実に伝えるためには，KISSの原則にもとづいて発信すると良いと言われる（Whitlatch et al., 2006）が，KISSとはKeep it short and simple. の頭字語であり，これは3Rコースウェア全体を通して心掛けられていることである。とくにタスクとヒントを作成する際には，ノイズカットとフォーカスの概念を常に念頭におき，メッセージに関係のない余分な情報を徹底的にそぎ落とすと共に，言いたいことを強調するために表現にコントラストをつける。

具体例としては，一文一意に留意し，ひとつのセンテンスに2つ以上の情報を含めないようにすることで，学習者に間違いなくタスクやヒントの意図が伝わるようすることが挙げられる。また，原則として，ひとつのタスクのなかで複数の質問をすることを避け，学習者が聞くべき焦点を絞りやすいようにすることも大切である。これについて修正前と修正後のタスクを示して説明する。

＜修正前＞

TASK　この先生は，ブラックホール内ではなぜ重力が強く，またその結果，どのようなことが起こる，と言っているかを聞いてみよう。

＜修正後＞

TASK　この先生は，ブラックホール内での重力が強い理由について何と言っていますか。

まず，修正前のほうを見ると，ひとつのタスクのなかで「重力が強い理由」と「その結果として何が起こるのか」という2つの質問を投げかけているため，ひとつの質問だけにフォーカスを当てるように修正している。次に，「聞いてみよう」という指示の言葉は，このコースウェアのなかでは学習者はすでに了解していることなので省く。タスクを作成していると，あれもこれも聞き取らせたいと欲張ってしまったり，タスクの中身にばかり注目し，表現がわかりにくくなってしまったりと近視眼的になりがちである。そのため，このように俯瞰的な視点で校正することで，学習者が混乱することなくタスクを理解し，集中して取り組めるようにする必要がある。

ただし，「原則として，ひとつのタスクのなかで複数の質問をすることを避ける」と前述したが，現実には提供するタスクの数に制限があったりする都合上，ひとつのタスクで複数の質問をせざるを得ないこともある。その場合は，上記のタスクの例で言えば，「この先生は，ブラックホール内での重力が強い理由について，何と言っていますか。また，重量が強いためにどのようなことが起こる，と言っていますか」というように，あくまでも一文一意の原則に則って二つの文に分けてタスクを提示するようにする。

【ラウンド3のタスク・解答例・補助情報の例】

TASK Bea先生が Yes, I am a thief. と言っています。自分がコソドロであることを認めた理由は何ですか。

ANSWER 工学とは学際的研究（応用科学）であり，他のさまざまな分野の知見を学び，自分の分野で応用し，役立てているから。

CONFIRM 次のように言われていることを確認しよう。

And I said, "Yes, I am thief." And that's exactly right. That's what interdisciplinary research is, is to learn from these fields, uh, to bring back what you learn to the field that you really practice in the core of and bring that, uh, new insight into operation.

★ 学際的研究について説明するのに，まずは「You are a thief. と言われた」というショッキングな話を持ち出して聞き手の気を引いたうえで，わかりやすい例を示しながら話しています。このようなコミュニケーションのテクニックを，みなさんも真似してみよう。

上記のCONFIRMの英文の下に記されている★から始まる文章は，3Rの補助情報である。具体的には，内容関連のもの，つまりエピソード関連のものと，言葉や表現法，またはその学習法関連のものとがある。教室で行われる従来の英語教育では，発音や単語，文法構造といった形式的でミクロな部分に焦点をあてた解説や指導に終始することが多く，談話の内容を通して言葉やそれを使う人間を洞察するという知的な楽しみを経験できないことが多かった。解説とは，そのような英語教育の欠点を補うために，言葉のミクロな面に加えてマクロな面について説明をするものである。この解説が呼び水となって，学習者が自分でも談話の内容構成や言葉の選び方，組み合わせ方を味わい，さらに人間の心の葛藤のようなものも自分から主体的に考察してみたいと思えるようになることが期待されている。

(7) ラウンド2のタスク・解答例・補助情報の作成

ラウンド2では，ラウンド1で理解した大まかな全体像を頭におきながら，詳細な事実を正確に把握することを目指す。たとえば，いつ，どこで，誰が，どのように，何をした，といった具体的な情報をひとつずつ聞き取っていく。ラウンド 1 では，少し長めの音声（30 ～ 60 秒程度）で学ぶが，ラウンド 2 では，Part をいくつかの Section に分割し，10 ～ 20 秒程度の音声について集中的に学習する。ラウンド 3 のタスクは既に作成してあるので，ラウンド 3 のタスクに取り組むために必要とされる情報をラウンド 2 のタスクを通して聞き取らせるようにする。

【ラウンド 2 のタスク・解答例・補助情報の例】

TASK　Bea 先生は，誰と交わした会話について話題にしていますか。

ANSWER　オーストラリアで会った大学教員と交わした会話について。

CONFIRM　次に言われていることを確認しよう。
When I was in Australia, one of the, uh, delightful conversations I had with one of their faculty, ...

★ one of the で始まる部分は英語として不自然な感じがしますね。ここは in one of the delightful conversations I had with one of their faculty, ... と in を補って考えましょう。

★ faculty はイギリスでは「学部」という意味で使われることがありますが，アメリカでは「教職員」という意味で使われることが多いので注意しましょう。また，faculty は集合名詞なので複数形の - s を付けないで one of their faculty と言っています。

(8)　各ラウンドのヒント情報の作成

次に，(6)，(7)で作成したラウンド 3 とラウンド 2 のタスクと解答例にあわせて，各タスクで提示されるヒントを作成する。ひとつのタスクにつき，原則として 3 つずつのヒントを作る。ヒント情報は，タスクを提示した後すぐに解答例を示すのではなく，考えの道筋や似たような例，焦点を絞って聞くべき場所，解答するのに必要な情報の一部などを与えて，あくまでも学習者が主体的，創造的に思考しながらタスクに取り組むことを促すためのものである。

3R コースウェアでは，ヒント情報の働きを無視してタスクの効用を語ることはできない。なぜなら，形式的にはタスクが各ラウンドの目標達成のための問題解決作業となっているが，実質的にはヒント情報を活用して課題解決の方法を学ぶことが真の学習に繋がるからである。

前述の通り，各ラウンドには目標が定められており，それらの目標達成に向けてタスクやヒントが提示される。そのため，自ずとヒントの内容はラウンドごとに異なる内容となる。**表 3.7** にラウンドごとのヒント情報作成の目安を示す。

表 3.7　ラウンドごとのヒント情報作成の目安

ラウンド 1 のタスクで提示するヒントの例
- 事前情報の使い方
- コンテクストとしての映像の見方
- キーワードの聞き取り

ラウンド 2 のタスクで提示するヒントの例
- 数字や固有名詞，内容語，熟語，慣用表現関連の情報
- 文構造の理解を助ける情報
- チャンク（4 語前後の意味のある語群）の提示

ラウンド 3 のタスクで提示するヒントの例
- 談話の流れ
- 組み合わされた情報の解釈
- 論理的思考の理解（事実関係の確認，論理の矛盾の発見）
- 因果関係の発見
- メタファーの解釈
- 間接的表現の理解
- 異文化の考え方の解釈

ひとつのタスクにつき 3 つのヒントを提示するが，徐々にタスクの解答に近づけるように，ヒントの内容だけでなく提示の順序にも配慮する。3 つのヒントにはそれぞれ役割があり，原則として，HINT 1 が聴解にあたってトップダウンの情報処理に使えるもの，HINT 2 はボトムアップの情報処理に使えるもの，そして HINT 3 ではとくに注意を向けるべき場所を示す。これについては**表 3.8** を参照されたい。

実際にヒントを作成する際は，上記の役割を念頭においたうえで音声言語素材やタスクごとに柔軟に考え，各ラウンドの目標達成に寄与するようなヒントを作成する。**表 3.9** に具体的なヒント情報の例を示す。

表3.8　提示順序を基準としたヒント情報作成の目安

HINT 1の役割（例）
- 内容スキーマを活性化させる
- 聞くべき箇所の大まかな位置を示す

HINT 2の役割（例）
- 語彙，慣用表現，文法構造などの説明
- 通常とは異なる使い方をしている表現についての解説

HINT 3の役割（例）
- 聞くべき箇所を「～という表現の後」などと具体的に指示する
- 語彙，慣用表現などの補足説明

表3.9　具体的なヒント情報の例

- **聞くべき箇所の焦点を定める**
  「前半（中盤・後半）に注意して聞いてみよう」「～の後に注目して聞こう」
- **談話の構造，流れ**
  「目的と言語構造」「機能と言語構造」「besides, nevertheless, since などの談話標識」など
- **コンテクスト**
  「対話の状況，場所，時間帯，季節」「ことばの前後関係」「登場人物の関係」など
- **世界知識，常識**
  「歴史，地理，文化関連の知識」「生活の知恵」「ヤード・ポンド法とメートル法の単位換算」など
- **コミュニケーションの技術**
  「ニュース報道の特徴（5W1H）」「スポーツのルールや専門用語」「表現のスタイル（formal ／ informal ／ colloquial ／ slang）」など
- **言語的情報**
  「単語，熟語，慣用表現，諺」「文法構造」「チャンクの提示」など
- **異文化の知識**
  「価値観の違い」「宗教的な儀式」「和製英語と異なる意味や発音」など
- **「聞く」という行為の特徴**
  「数の聞き取り方」「聞き取りにくい部分を推測する必要」「焦点を絞って聞くことの重要性」など

ヒント情報が提示されるときのソフトウェアの動作としては，3つのヒントが1ページにまとめて提示されるのではなく，1ページにつきひとつのヒントが表示されるようにしてある。これにより，**図 2.6** に示したように学習者はヒントをひとつ読んでは，その内容を頭に置いたうえで音声言語素材を聞き，タスクに解答する努力をしてから次のページに進むことが可能となっている。

(9) 発展情報の作成

発展情報では，音声言語素材の内容に関連した語彙や慣用表現などを追加学習させることで，コースウェアで学習した素材そのものだけでなく，それと似たような場面や状況の英語も聞き取れるような応用力，実用力をつけていく。

前述した通り，本章で紹介しているコースウェアはシリーズ化されており，『Introduction to College Life』，『College Life』，『College Life Ⅱ』は，内容面及

【発展情報の例】

次のレベルの教材『College Life』で使われている表現を予習しよう

- the students who apply to UC Berkeley
  UCバークレー校に出願してくる生徒
- We have courses where only five students and an instructor meet.
  一人の教員にたった5名の学生しかいない授業がある。
- We can only accept 27% of the students.
  我々は，それらの生徒のうち27%しか受け入れられない。
- My staff is scheduling the course offerings.
  私のところの職員が授業科目の予定を組んでいる。
- There are over 350 student groups.
  350を超える学生団体がある。
- We have 6,000 course offerings each term.
  毎学期，6,000種の授業科目を開講している。

び音声面の双方において徐々に難度が高くなるように作られている。そして，スムーズにひとつ上のコースウェアに進めるように，『Introduction to College Life』の発展語彙では，『College Life』で使用されているインタビューの中での英語表現を予習するように構成しており，有機的な関連を持たせている。

(10)　ユニットテストの作成

3R コースウェアでは，ラウンド 3 までの学習を終えるとユニットテストの受検へと進むように構成されている。ユニットテストの狙いは学習成果の厳密な評価ではなく，高得点を取得させて継続学習意欲を向上させることが主目的であるため，指示に従いながらラウンド 3 まで主体的に学習に取り組んでいれば正解できるような設問を作成する。

テスト形式は，音声を聞き（一度しか聞けない設定），設問に対する解答として 4 つの選択肢の中から最もふさわしいものをひとつ選ぶ，という形式で 10 問出題する。画面に表示する設問文と選択肢の言語は，当該コースウェアの難度レベルによって英語にするか日本語にするかを検討する。そして，テストで使用する音声言語素材は，当該コースウェアの中で使われている音声言語素材そのもの，あるいは同様のトピックやジャンルで同程度の難度の音声言語素材を使用する。

(11)　学習者への声かけ文の作成

学習者への声かけ文については，他の教材では存在しないこともあるが，3R コースウェアでは不可欠のものである。それは，3R コースウェアが主に自習で使用されることが前提となっており，コースウェアのなかで学習者への声かけを適切なタイミングで行うことによって，たとえリスニングが苦手な学習者であっても，気負わず，楽しみながら学習を継続できるように配慮しているからである。また，3R コースウェアの構造やタスクは他の教材と異なる部分が多いため，背後にある理念や学習者がタスクに取り組むときの望ましい姿勢などについてもコースウェアのなかで適宜伝えている。以下，学習者への声かけ文の例をいくつか示す。

● **ラウンド1の開始時**

学習のステップはラウンド1からラウンド3まであります。ラウンド1では細かい点に気をとられず，どのようなことが言われているかを理解するようにしよう。おおよそトピックは何かということが推測できれば充分です。

● **ラウンド1キーワードの聞き取りタスクの解説**

キーワードはいくつ聞き取れましたか。全部聞き取れなくても心配しないでください。聞き取れないから勉強するのです。また聞けた人も気を抜かないでください。聞き取りはキーワードの聞き取りだけではありません。

● **ラウンド1の終了時**

まだ詳細な理解はまったく必要ありません。多い，少ないにかかわらず，どのような情報でも自分の得たすべての情報を使って大胆におおよそのことを推測する習慣をつけることが大切です。

● **ヒント提示時**

ヒントは各問に3つずつ準備されています。ひとつ見るたびに英語を聞き，自分で解答を見つける努力をすることが，聞き取り力を向上させる秘訣です。答えが分かったと思う人も面倒がらずにヒントを参照して考え方の道筋を確認しよう。

● **空所補充タスクの解答確認時**

このタスクの目的はテストではありません。無作為に選定された空所に入る単語を含む4語前後の語群（チャンク）を学ぶことによって，実用のコミュニケーション活動に必要な「単語より大きな単位」を使った，ノイズに対応できる情報処理能力を養成していくことにあります。そのために，ヒントに示されているチャンクは頭の中で繰り返し言ってみて，完全に覚えてしまおう。

3.3　コースウェア制作時の協力体制

教科書や新聞などの場合，印刷されて読者の手に渡る前に校閲を担当する人がいる。この校閲担当者は，記載内容に誤りがないよう地名や人名，史実などの資料を確認したり，全体のストーリーに矛盾はないか，誤字脱字はないか，などを細かく点検したりする。しかも，こうした作業は一度で終わるわけではなく，著者とやり取りをしながら初校，再校，念校と何度も繰り返し行うことで正確な情報を，自信をもって伝えられるように心がけている。3R コースウェアを制作する際にも，Web 教材であれ，印刷物の教材であれ，できるだけ多くの校閲の役割を果たす人の目を通すことで，事実と異なる内容や誤解を招くような表現が残っていないか，表示されている画像がタスクに取り組む際のヒント情報になっているか，など細心の注意を払って何度も確認している。

たとえば，コースウェアのタスク，ヒント，解答例，解説を執筆する手順を時系列に沿って見てみる。下記 (1) から (7) の手順は分かりやすいように簡略化されているが，執筆の際には，おおよそこのような流れをとっている。T1 (教師 1) がコースウェア執筆の主担当教師，T2 が副担当の教師，T3 と T4 が執筆協力者，S1 ～ 10 (学生 10 名) がデバッグ協力者という位置づけである。

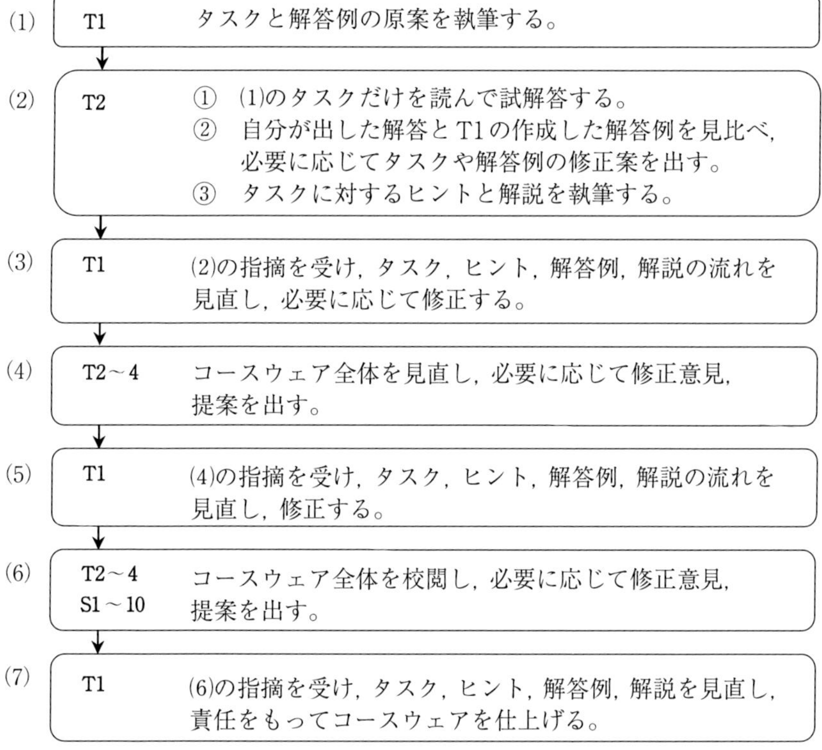

(1)
T1
タスクと解答例の原案を執筆する。
(2)
T2
① (1)のタスクだけを読んで試解答する。
② 自分が出した解答と T1 の作成した解答例を見比べ，必要に応じてタスクや解答例の修正案を出す。
③ タスクに対するヒントと解説を執筆する。
(3)
T1
(2)の指摘を受け，タスク，ヒント，解答例，解説の流れを見直し，必要に応じて修正する。
(4)
T2～4
コースウェア全体を見直し，必要に応じて修正意見，提案を出す。
(5)
T1
(4)の指摘を受け，タスク，ヒント，解答例，解説の流れを見直し，修正する。
(6)
T2～4
S1～10
コースウェア全体を校閲し，必要に応じて修正意見，提案を出す。
(7)
T1
(6)の指摘を受け，タスク，ヒント，解答例，解説を見直し，責任をもってコースウェアを仕上げる。

このように，3R コースウェアとして学習者に提供する教材は，常に英語教師，英語学習者（学生），校閲担当者の三者からの視点を持ち，複数人が，それぞれ複数回見直すようにしている。また，コースウェア執筆の工程においては，関連文献などで証拠固めを行うと共にネイティブスピーカーの英語教師に確認することで，情報の正確性を期す努力も欠かせない。

こうしたコースウェアの制作過程を見ると，多くの教師や学生が関わっており，複雑で面倒だと思われるかもしれないが，いずれもコースウェアの質を担保するためには必要なことである。仮に 3R のことを熟知している教師がいて，時間をかけて一人だけでコースウェアを完璧に仕上げようとしたとしても，それは不可能と言える。時間をおいて何度か入念に見直したとしても，そもそも素材の解釈を間違えていて解答が出ないタスクを作成してしまったり，タスクとその解答例が噛み合っていなかったりしても，自分では気付けないことがあるからである。自分以外の英語教師や英語学習者に見直してもらうと，皆がそれぞれの視点で誤りや誤解を招くような表現について指摘してくれたり，さらには，より良いタスクやヒントを提案してくれたりする。

各ラウンドのタスクを見直す際のポイントとしては，ラウンド 2 の場合，話者の発言を正確，詳細に聞き取ることを目的としたラウンドであることを念頭に，たとえば，タスクと解答例の整合性の有無に加え，ヒントは学習者を解答例に導けるような内容になっているか，与えるヒントの順序は徐々に解答例に近づくように配列されているか，次のラウンド（ラウンド 3）のタスクを解答する際の助けになるタスクとなっているか，などが挙げられる。このように多くの視点から，複数の熟練した教師と学習者が確認することにより，コースウェアの精度を高めていくことができる。

一方，ラウンド 3 のタスクには唯一の正解があるわけではないため，解答例はあくまでも数ある解答のうちのひとつであり，別の解答もあり得ることを常に意識しながら執筆する姿勢，体制が求められる。身近な例を挙げると，小学校の国語の試験で，「学校から下校する子供同士の挨拶の言葉をひらがな 5 文字で答えなさい」という設問に対して，「さようなら」ではなく「じゃあねぇ」と解答する子供もいるのである。幾度となく設問を見直した教師が，「さようなら」以外の解答はないと思ったとしても，別の人の視点で見たときに予想外の別解答が出てきて，タスクの表現やヒントの再検討を迫られる，といったことは決して珍しくない。

以上，本章で見てきたように，3R コースウェアを執筆する際には，間違いを無くす努力をすることはもちろん，タスク，ヒント，解説などの内容にバラエティを持たせ，教材としてのコースウェアに深みを持たせるためにも 3R のことを熟知した複数の英語教師が協力して作業を進める必要がある。そして，コースウェア全体を見直す段階では，当該コースウェアの対象者（プロファイリングされた学習者像にあてはまる学習者）の協力も不可欠であることを忘れないようにしたい。前述の国語の問題にみられるように，教師の視点と学習者の視点がまったく違うことは恒常的に起こりうることだからである。

「むずかしいことをやさしく，やさしいことをふかく，ふかいことをおもしろく」。第 2 章の冒頭で引用した井上ひさしの言葉だ。これを実現することは至難の業ではあるが，だからこそ英語教育はやりがいのある仕事と言える。

第4章

三ラウンド・システムに基づいたCALLシステムの開発

概　要

CALLシステムの開発は，1期：大型コンピュータの利用（1950～70年代），2期：パソコンの利用（1980年代），3期：マルチメディアの利用（1990年代），4期：インターネットの利用（2000年代以降）の4期に大別される。この進化は大型コンピュータと端末にテープレコーダやスライドプロジェクタを接続した大掛かりなシステムから，汎用のパソコンを使った文字中心の学習，音声・映像の提示の実現を経て，インターネットの発達により，それまでの教室での学習に限定されない，時間的，空間的制限のない学習環境の提供を可能とした歴史でもある。千葉大学のCALLシステムもまさに，この歴史をたどった。本章では「三ラウンド・システム」以前に開発されたCALLシステムを含め，その経緯を振り返るとともに，千葉大学で現在利用されているCALLシステムの全体像について紹介する。

4.1 CALLシステムの開発史(1)：試作機

千葉大学においてCALLシステムの最初の試作機が開発されたのは竹蓋(1981)，竹蓋(1983)に遡る。これらのシステムは大型コンピュータとテレタイプライタと呼ばれる端末を電話回線で結んだシステムで，テレタイプライタの紙面上に印刷される文法，英作文，対話シミュレーション等の問題に対し，学習者がキーボードから解答を入力すると，コンピュータが学習者の入力を分析，評価してフィードバックをヒントとして印字して与えるというものである。このシステムによる対話のシミュレーションによる学習例を以下に示した。

>1- 1 WHAT'S THE MATTER WITH YOU? YOU LOOK PALE.
I DON'T FEEL TOO WELL.
>YUKIO NO, YOU ARE NOT RIGHT.
>USE THE FOLLOWING HINT.
>SPLITTING HEADACHE
>NOW TRY AGAIN.
>1- 1 WHAT'S THE MATTER WITH YOU? YOU LOOK PALE.
I'VE HAD A SPLITTING HEADACHE.
>YUKIO NO, YOU ARE NOT RIGHT.
>USE THE FOLLOWING HINT.
>THIS MORNING
>NOW TRY AGAIN.
>1- 1 WHAT'S THE MATTER WITH YOU? YOU LOOK PALE.
I'VE HAD A SPLITTING HEADACHE SINCE THIS MORNING.
>YUKIO YOU ARE RIGHT!!
>1-2 THAT'S TOO BAD. DO YOU HAVE A FEVER?
YES.
>YUKIO NO, YOU ARE NOT RIGHT.
USE THE FOLLOWING HINT.
>TAKEN MY TEMPERATURE
>1-2 THAT'S TOO BAD. DO YOU HAVE A FEVER?
I DON'T KNOW. I HAVEN'T TAKEN MY TEMPERATURE YET.
>YUKIO YOU ARE RIGHT!!

学習者が最初に登録した名前がコンピュータからのフィードバックに使用されており，動機付けにも配慮している。提示できるヒントは 1) 文構造，2) 文型，3) 難しい単語，4) 主語，5) 述語動詞，6) 重要構文，7) 全単語，8) 正解の前半部分と豊富で，コンピュータの発話に対して答えるという一見無理難題に見える対話のシミュレーションでも，学習者が興味をもって，無理なく正解にたどり着けるように配慮されている。本システムは Takahashi (1984)，竹蓋 (1986) ではパソコンで稼働するものに移行されている。

パソコン化されたこのシステムは文法，作文等，文字を使った学習には有効に使用できたが，自然言語の大きな特徴である音声の提示ができなかった。当時のパソコンは「ピー」という音しか出せなかったのである。そこで竹蓋 (1987) は当時 SONY から発売されたリピータと呼ばれる音声再生機を学習者が操作し，解答をパソコンに入力し，パソコンがその解答を評価するという英語聴解力養成用の半自動式 CALL システムを開発した。リピータとは名刺大のカードの下部に張り付けられた音声テープに録音された音声を専用の再生機を使用して音声提示を行うもので，音声の長さは 3 秒以内，カードは初級から上級まで 2700 枚あった。この CALL システムでは多肢選択式，空所補充式，ディクテーション式による学習が可能で，ディクテーション式でのフィードバック情報には Pattern Markup (Pusack, 1983) と呼ばれる手法が導入された。正解である Do you know where this address is? に対し，学習者が Do you know what this adress? と入力した場合のフィードバック情報例を**図 4.1** に示した。リピータを使った半自動音声提示型 CALL システムは，その後，ハンドヘルド・コンピュータに内蔵されたマイクロカセット・データレコーダを音声出力装置とした使用したシステム (高橋・竹蓋，1987) や AD/DA 変換ボードを装着したパソコンによる自動音声提示型 (Takahashi, 1992) に拡張されている。

いま聞いた英文を入力して，リターン・キーを押してください。
　　　Do you know what this adress?　(学習者の入力)
ヒント　Do you know____ this ad_ress __?
答が少し違っています．ヒントを参照してもう一度聞いて下さい。

図 4.1　Pattern Markup によるフィードバック情報の提示例

音声の提示が可能になったと言っても，言語が使われている環境を考えれば学習者への動画の提示は不可欠である。しかし 1980 年代，1990 年代前半の汎用のパソコンでは音声の提示が限度であった。そのようななか，高橋 (1989)，高橋・竹蓋 (1989) は NEC 中央研究所 (当時) が開発したマルチメディア情報提示機器 (小川・佐原，1988) の提供を受け，マルチメディア型 CALL システムの開発を開始した。マルチメディア情報提示機器とは汎用の MS-DOS パソコンをビデオ・プロセッサ，光ディスク，磁気ディスク等で結び，文字，音声，静止画，動画の情報を提示することを可能とした機器群 (**図 4.2**) である。CALL 教材を実行するプログラムは NEC 中央研究所で開発された音声，ビデオ，静止画を画面上に表示するための関数を使用して，C 言語を使用して千葉大学で開発した。このハードウェアを使用した最初のシステムでは，学習開始時に学習内容と関連した動画を見せる，フィードバック情報提示に異なる静止画を見せるなど，主に動機づけの目的で静止画，動画が使用され，学習の内容はこれまでの CALL システム同様，単文の聞き取りが中心であったが，学習開始時に使用する診断システムにより，学習する教材セットを自動選択するなどの効率化が図られていた。システムはわずか 5 時間の使用で，英語専攻学生下位グループが上位グループレベルに，学生時代とくに音声英語の指導を受けて

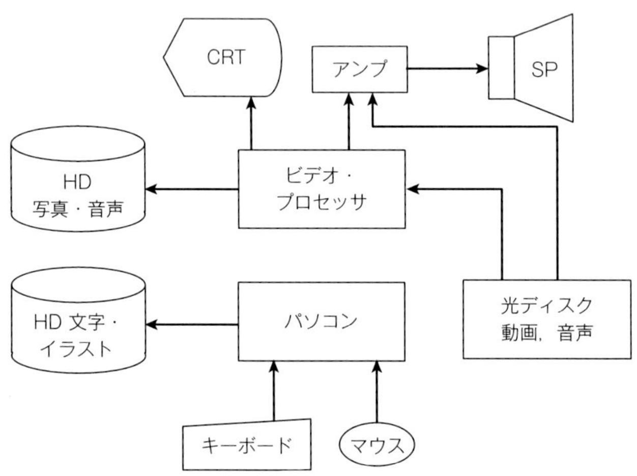

図4.2　マルチメディア情報提示機器のハードウェア構成 (佐原・小川，1988)

いない社会人が英語専攻下位グループレベルにまで上昇することが確認されている（高橋，1989）。学習画面例は**図 4.3**，**図 4.4** に示した。

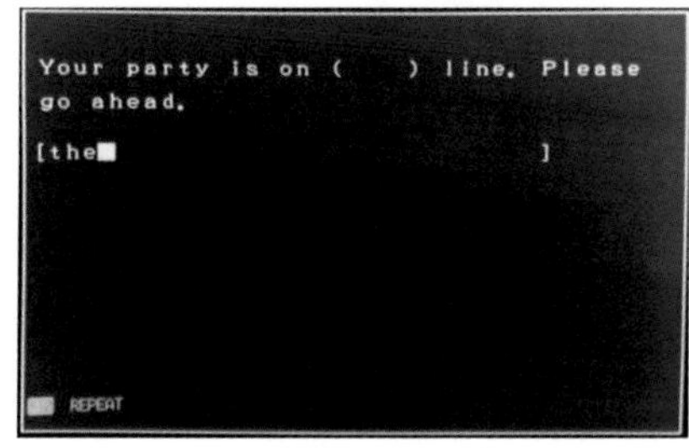

図 4.3　空所補充式タスク画面例

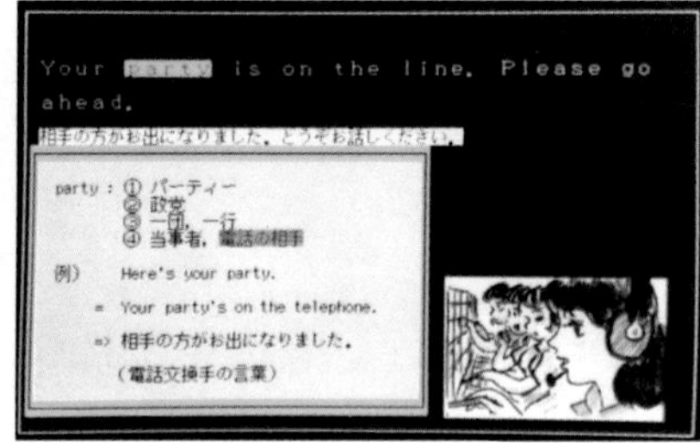

図 4.4　解説画面例

千葉大学におけるここまでの CALL システム開発に大きな転機が訪れるのは竹蓋（1997）による聴解力養成のための指導理論，『三ラウンド・システム』の開発である。三ラウンド・システムについては第 2 章で紹介されているため，ここでは重複を避けるが，これまで手を付けてこなかった長文の内容理解力を養成するための理論である点が大きく異なる。三ラウンド・システムは CALL だけを前提とした指導理論ではなく，教師がテープレコーダや CD，ビデオ，DVD，紙の資料，PPT スライドなどを使って実践できる極めて柔軟性の高い理論である。しかし文字，音声，静止画，動画といった各種情報を適切な箇所，タイミングで提示するには上述のマルチメディア情報提示機器を利用しない手はない。このハードウェアと新しい指導理論を結び付けた長文内容理解型の CALL システムの開発に関する 3 本の博士論文（椎名，1991；大西，1992；土肥，1995）が生まれることになる。

椎名（1991）は日常会話，テレビドラマ，ニュース報道を素材としたコースウェアを開発した上で，マルチメディア情報提示機器を使用して CALL システムを開発した。動画を学習素材として使用した最初の試みである。コースウェアの基本的流れ，および学習画面例は**図 4.5** ～**図 4.7** に示した。

筆者を含め学習者の解答の分析的評価に誰もが躍起になっていたこの時代に，内容理解の成否を学習者自身に判断させることによって，より高度な学習

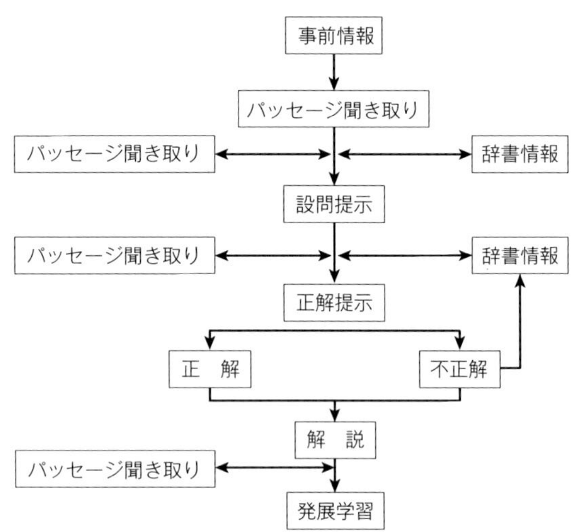

図4.5　三ラウンドCALL教材でのタスクの基本的流れ

図4.6　設問提示画面例

図4.7　学習事項確認画面例

が可能になるとした三ラウンド・システムは画期的であり，見事であった。システムを13名の英語専攻学生に試用させたところ，約11時間の使用で，1年間の留学経験者レベルにまで上昇することが確認されている。

大西(1992)では提示情報をテキスト，音声，静止画に絞って，ハードウェアもパソコンにCD-ROMを接続しただけの簡易型マルチメディア情報提示機器を使用し，教材のテーマも「海外旅行」「海外出張」等，初級学習者，社会人学習者を対象としたCALLシステムを開発した。大学事務職員，一般大学生，高校生13名による約9時間の使用により，長文内容理解力が国立大学英語専攻学生とほぼ同等にまで上昇することが示されている。この簡易型システムによるCALL教材は1993年Listenovate（**図4.8**，**図4.9**）という名称でCD-ROMパッケージソフトとして市販されている。

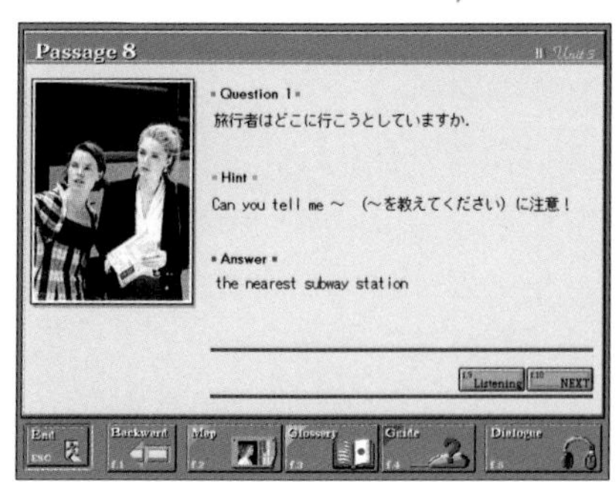

図4.8　Listenovate 正解提示画面

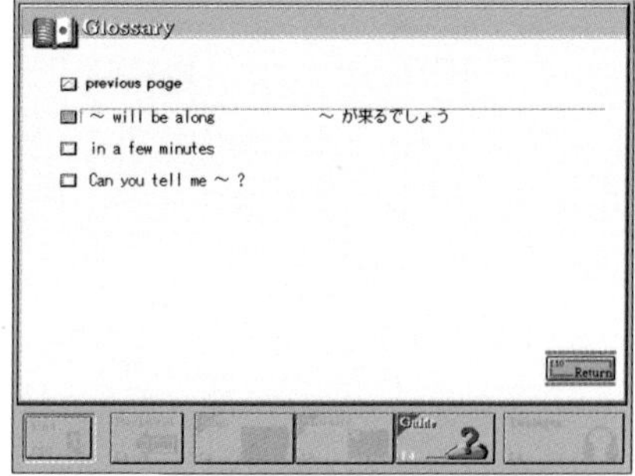

図4.9　Listenovate 辞書画面

土肥（1995）では，再びマルチメディア情報提示機器を使用し，映画，ドキュメンタリー，ニュース，講義などの上級学習者向けのCALLシステムの開発が行われた（**図4.10**，**図4.11**）。約20時間の使用により，大学生学習者のTOEICのTotal Scoreが101点上昇することが報告されている。

図4.10　設問提示画面例

図4.11　正解例提示画面例

4.2 CALLシステムの開発史⑵：実用機

前節で紹介したCALLシステムはCALL史の1～3期にあたる試作機で，指導理論の効果の検証に使用された。1990年代も中盤になると，パソコンもCD-ROMドライブを内蔵したものが汎用機として販売されるようになり，テキスト，音声，静止画の簡易型マルチメディアCALLシステムを広範囲で利用することが可能となった。1994年，千葉大学外国語センター（当時）は大学の一般教養科目である英語の授業の一部を独自開発のCALLシステムを使って指導するプロジェクトを立ち上げた。コースウェアには三ラウンド・システムをもとに開発された聴解力養成教材『ヒアリング・マラソン』初級コース，中級コース（竹蓋，1994a，1994b）を出版社のご厚意によって使用させていただいた。同教材はテキストの指示をもとに学習者が音声CDを手動で操作することを前提として作成されたもので，この教材コースウェアを使用して，NECで開発されたビデオ・ブック（Ogawa et al., 1990）と呼ばれるMS-DOS上で起動するマルチメディア提示ソフトウェア，オーサリング・システムを利用して千葉大学でCALL化した。オーサリング・システムとは文字や画像，音声，動画など，いろいろな素材を組み合わせたマルチメディア・コンテンツを開発するための編集ソフトウェアである。MS-DOSで作動するにも関わらず，ビデオ・ブックには，提示すべきテキスト，静止画，音声，動画のためのデータベースとこれら情報を画面上のどの位置に，どのタイミングで提示するかを視覚的にわかりやすい形で記述することが可能で，以前のマルチメディア情報提示システムと比較し，コースウェアのソフトウェア化にコンピュータ言語を使用する必要がないよう改善されていた。当時のハードウェア構成とCALLシステムを使った学習の写真を**図4.12**，**図4.13**に示した。

教材コースウェア，データベース，および，テキスト情報，静止画はMO（光磁気ディスク）に記録される。FDには学習者の簡易履歴が保存され，次回，教材のどの位置から学習するかが記録されている。学習者がFDから教材を起動すると，学習プログラムはコースウェア，データベースを参照し，必要なテキスト情報，静止画をMOから，そして音声情報を音声CDから再生する仕組みである。1994年に開始されたこのプロジェクトでは1996年までに「入門」「初

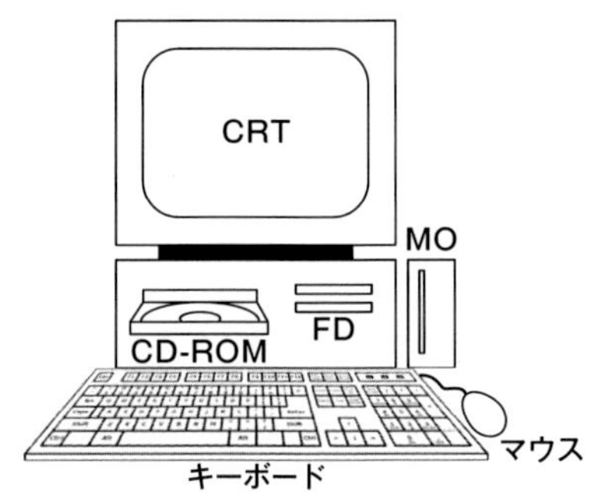

図 4.12　CALL システムの実用機

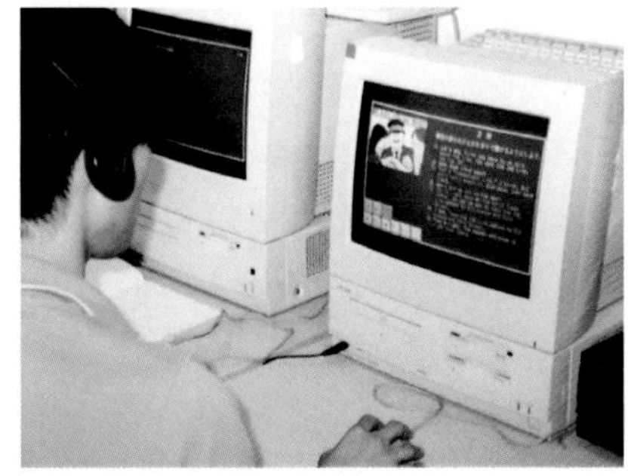

図 4.13　実用機を使用した学習風景

級」「中級」「上級」の計 12 種類の聴解力養成教材の CALL 化が行われ，学期初めに行われるプレースメントテストの結果により，学習者のレベルにあった教材を使用した学習が可能となった。一クラス中，4 〜 5 種の教材を使用する学習者がそれぞれ自分の教材の中間，期末テストを受けることを可能にするためのテスト実施システムの開発も同時に行われた（土肥・高橋・椎名，1996）。学習は 60 台のパソコンのある教室，20 数台がある自習室，数台がある図書館での学習に限られていたが，30 週の授業で TOEIC の Total Score で 45 〜 61 点の上昇が確認されている（高橋他，1996）。

1995 年の Windows 95 の発売から 3 年が経過し，汎用のパソコンで動画を使用した CALL システムの開発が十分に可能になった 1998 年，千葉大学は Windows 上で稼働するマルチメディア型英語聴解力養成上級教材の開発の委託を，メディア教育開発センター（当時）より受けた。そこで千葉大学協定校として親交の深い米国アラバマ大学にビデオ収録の協力を要請し，開発したのが College Lectures（竹蓋他，1999a，**図 4.14**）と People Talk（竹蓋他，1999b，**図 4.15**）である。前者は情報科学における暗号化の仕組とマーケティングの基礎理論に関する講義であり，後者は大学管理職の対談，教員，学生へのインタビューを扱った対話で，TOEIC600 点台後半の大学生学習者を対象とする。使用したオーサリング・システムは Macromedia（現 Adobe）社の Director で，コースウェア作成者は Word 上にコースウェアを記述し，それをソフトウェア開発会社に委託し，ソフト化するという手順を踏んだ。これらの教材は千葉大学以外にも京都大学等で積極的に活用され，授業担当者からは「多少のことでは満足したと言いたがらない京大生たちの８割以上が満足したという結果を出す教材は他にその存在を知られていない（水光，2005，p.163）」という高い評価を受けた。メディア教育開発センターからの委託開発はその後も続き，TV-News（**図 4.16**），Movie Time 1（**図 4.17**），Movie Time 2，English for Science 1，English for Science 2，Medical English の６教材（竹蓋他，2000a，2000b，2001，2003a，2003b；植村他，2001）も追加，開発された。

2000 〜 2002 年，千葉大学は独自に科学研究費補助金の助成を受け（課題番号 12040205），著名な米国カリフォルニア大学バークレー校での取材を行い，アメリカのキャンパスライフ，アカデミック英語を扱った中級，中上級，上級

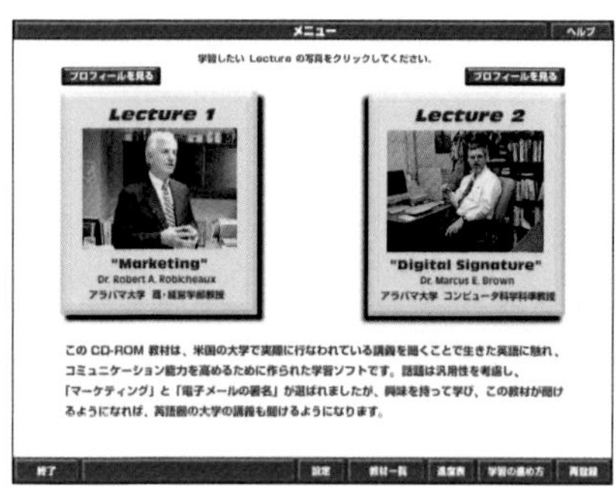

図4.14　College Lecturesメニュー画面

図4.15　People Talk メニュー画面

図4.16　TV-Newsメニュー画面

図4.17　Movie Time 起動画面

教材，Introduction to College Life（**図4.18**），College Life（**図4.19**），College Life II（竹蓋他，2002; 2001a; 2003c），および初級教材First Listening（竹蓋他，2001b，**図4.20**）の開発を行った。東京大学でCollege Lifeを使用した高橋他（2003）の報告では半期12回の授業でTOEIC Listening Sectionのみの得点が51～54点上昇したことが報告されている。また初中級のレベルの教材の不足を補うべく，学内助成を受け，ニューヨークで生活する人々に焦点をあてたNew York Live（高橋他，2004，**図4.21**）も教材リストに追加された。この当時の記録をたどってみると，年間に2つのペースでCALL教材の開発が行われており，今更ながら驚くばかりである。「最低でもレベルで5つ，内容で5つの計25種類の聴解力養成CALL教材が必要」という恩師の指示に教え子たちは力を合わせた。

図4.18　Intr. to College Life 学習開始画面

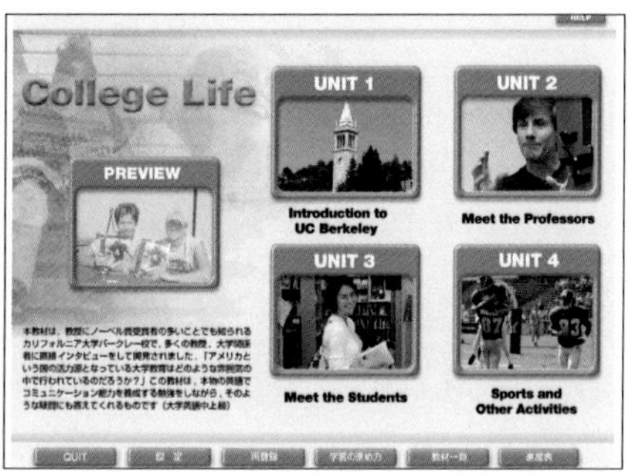

図4.19　College Life メニュー画面

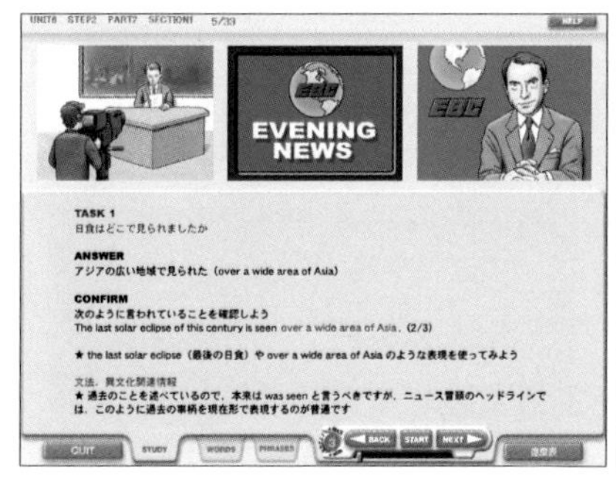

図4.20　First Listening 学習画面

図4.21　New York Live 起動画面

これら Windows 版の CALL 教材は千葉大学の英語の授業では 2005 年までの間，MS-DOS 版の教材と併用する形で使用されていた。一方，聴解力とともにコミュニケーション能力の基礎力のひとつとされる語彙力養成教材については，TOEIC，TOEFL 系の語彙を用例，音声とともに学習するため教材が開発され，MS-DOS から Windows で動作する版（**図 4.22**，**図 4.23**）への移行作業（竹蓋，1997；高橋，1999）も終了していた。さらに MS-DOS で稼働していた中間，期末試験実施システムも高橋（2002a; 2003）で，Windows 化されていたことから，2005 年度，すべての教材を Windows 版だけのものへと移行することとした。2005 年までに開発された Windows 版の教材を**表 4.1** に，また 2005 年度当時使用していた教材選択メニュー画面を**図 4.24** に示した。25 種にはまだ遠く及ばなかった。

図 4.22　Win 版語彙教材学習開始画面

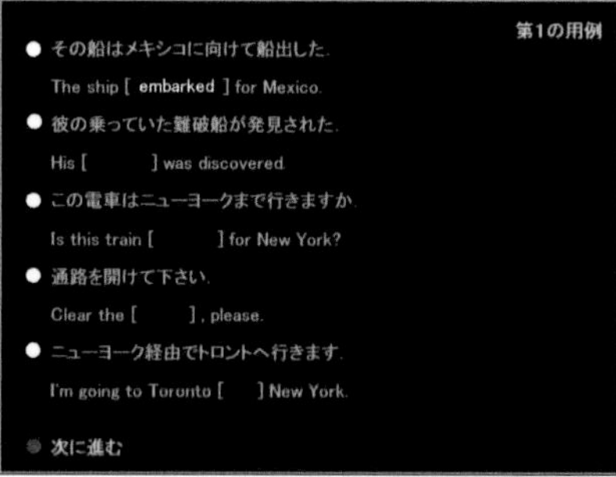

図 4.23　Win 版語彙教材用例定着練習

表 4.1　聴解力養成用 Win 版 CALL 教材

レベル	教材名
初　級	First Listening
初中級	New York Live
中　級	Introduction to College Life
中　級	English for Science I
中上級	College Life
中上級	Medical English
中上級	English for Science 2
上　級	College Lectures
上　級	College Life II
上　級	People Talk
上　級	TV-News
上　級	Movie Time 1, 2

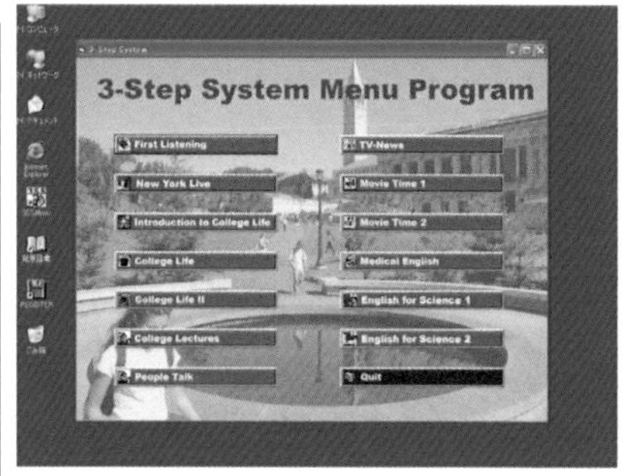

図 4.24　教材選択メニュー（2005 当時）

4.3　CALL システムの開発史(3)：新オーサリング・システムの開発

前節で紹介した Director はマルチメディアの提示に関しては,「できないことはない」くらい高度な技術を備えていたが, コースウェアの開発者である我々英語教師が簡単に取り扱えるものではなかった。Word で作成されたコースウェアは専門の業者に委託し, ソフトウェア化するという過程を経なければならなかった。ソフトウェア化に要する期間は, 原稿提出, 第 1 版デバッグ, 修正要請, 第 2 版デバッグ, 修正要請等の作業を経ると約 6 ヵ月におよび, ソフトウェア作成費用は約 1 千万に上った。これでは 25 種類の教材を作るには宝くじに当たるだけでなく, タイムマシンを購入して時間を大量に確保するしかない。この問題点を解決するため, 筆者らは 2004 ～ 2007 年度科学研究費補助金の助成を受け (課題番号 16320071), コースウェア開発者である英語教師が自らの技術でコースウェアをソフトウェア化することを可能にした「三ラウンド・システムの教材に特化したオーサリング・システム」の開発を行った。

図 4.25 には CALL 教材の画面例を示したが, 図中の○ (楕円) 印は, 多種多

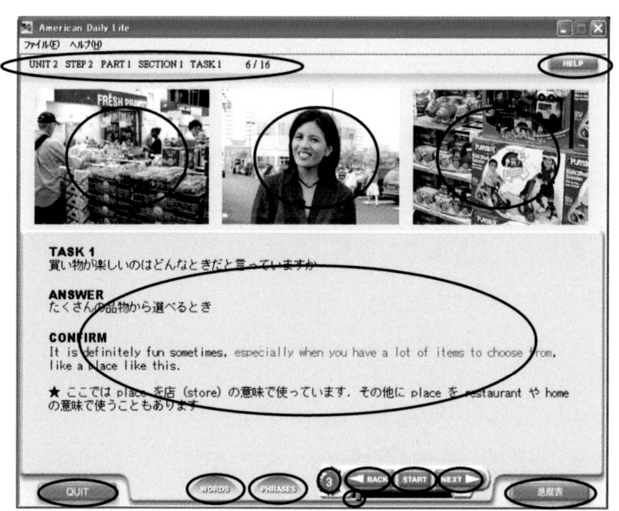

図 4.25　聴解力養成用 CALL 教材の画面例

様なメディア，ボタン，リンク情報であり，これらが約2000ページ続く。これをひとつひとつプレゼンテーションスライドを作るように作成するとすれば，それは気の遠くなるような作業である。しかも三ラウンド・システムでは素材の提示順が複雑であるだけでなく，キーワード，キーセンテンスの学習，コラム記事，オープンエンド・タスク，空所補充式タスク，多肢選択式などタスクの種類が多様で，さらに学習履歴管理の機能が加わる。

その複雑さ故に，これまで教材のソフトウェア化にコストと時間がかかったとも言える。そこで三ラウンド・システム CALL 教材のソフトウェアを低コスト，短期間で開発するため，高橋他（2006）では**図 4.26** に示したような，教材開発，教材起動，情報提示の流れを設定し，およびそれらを可能にするためのオーサリング・システムの委託開発を行った。

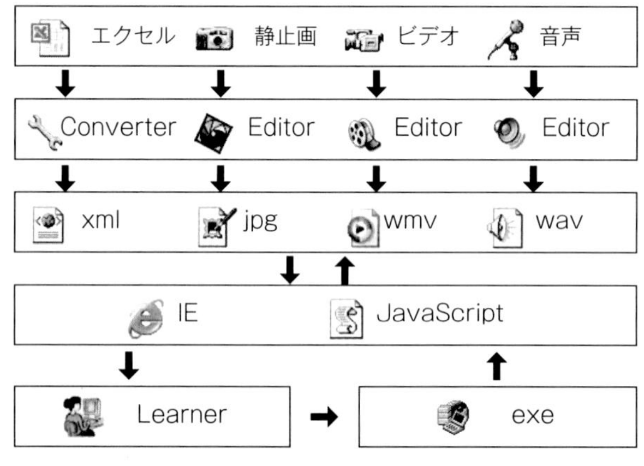

図 4.26　CALL 教材開発，起動，各種情報提示の流れ

静止画，ビデオ，音声は各種エディタによって編集され，それぞれ jpg / wmv / wav のファイル形式で，一定の規則に従った名前（DL1110.jpg / DL12.wmv / DL11W01.wav）を付けて，保存される。例えば DL2213.jpg であれば，DL（教材名）の Unit 2 / Step 2 / Part 1 / Section 3 といった具合である。教材を実行するプログラムは現在どの Unit / Step / Part / Section を実行しているかをつねに検知しているため，必要な情報（数字）から提示すべきファイルの名前を自動生成することにより，正しい情報を提示することが可能となる。これで複雑なリンク情報の煩雑さをクリアすることができる。

教材開発者，つまり我々英語教師が特別なコンピュータに関する知識なしにコースウェアを記述できるよう，コースウェアは Excel に記述する。そしてその Excel ファイルをブラウザが読める形に自動的にファイル変換するためのコンバータを開発し，データベースである xml ファイルに変換する。つまり人間にわかりやすいファイルを機械が理解しやすいファイルへと置き換えるわけである。次に，変換された xml ファイルをもとに Web ブラウザ（インターネット・エクスプローラ），Windows Media Player の機能を利用して学習者に教材を提示するための JavaScript によるプログラム群を開発し，教材を学習者に提示する。教材データは CD-ROM，HD，Web 上どこにあってもよい。ただし Web 上のプログラムはデータを端末のパソコンにファイル出力することができないため，学習履歴管理機能を備えた学習起動用プログラム（.exe）はパソコンに置き，このプログラムが CD-ROM や HD，Web 上のデータを呼び出して実行し，学習履歴をパソコン上に保存する形とした。学習プログラムは起動すると xml ファイルから必要な情報を読み込み，xml の記載通りにテキスト，静止画，動画，音声の各種メディアファイルを学習者に提示する仕組みである。xml ファイルが設計図，各種メディアファイルが部品という構造となる。

表 4.2 は Excel に記述されたコースウェアのサンプルである。原則として Excel の 1 行が教材 1 画面に相当する。1 列目には TASK / HINT / ANSWER のような各行の特性を示す記号が記述されており，これらを手がかりにコンバータが学習プログラムに変換する。**図 4.27** は変換後の実際の学習画面例である。テキスト情報だけでなく，必要な静止画，動画，辞書機能等が自動的に組み込まれ，提示されているのがわかる。

開発された新しいオーサリング・システムの効果は，このシステムを使用して新規教材を作成し，作成にかかる時間とコストを従来の教材開発の形態を比べることにより検証した（高橋，2006）。開発された教材は American Daily Life，および People at Work で，それまでに開発された教材に不足する初中級，中級レベルを対象とした。1 教材分のソフトウェア開発に要する時間とコストを調査した結果，従来約 6 ヵ月間，約 1 千万円を要したソフトウェア開発が，

表4.2　Excelファイルに記述されたコースウェア

46	Start	写真や映像を見ながら話を聞いてみよう START をクリックしてください
47	TASK 1	ダイニングルームにある家具について何と言っていますか
48	HINT 1	ダイニングルームに通常どんな家具があるか考えてから聞いてみよう
49	HINT 2	大きさを表すことばに注意して聞こう
50	HINT 3	two sections という表現に注意しよう
51	ANSWER	2つつなげられた大きな食卓がある CONFIRM Suzan: As you can see, we have a large table. It has two sections added because we had a lot of company here yesterday. But this is where our family eats all of its meals. Brad: Uh-huh. ★ It has two sections added の部分は「have 目的語 過去分詞」の構文で，この場合「テーブルは2つの部分が付け合わされている」という意味になります ★ Uh-huh. は「ふんふん，そうですか」と相手の言っていることに相づちを打つ時に使われてる表現です．WORDS で発音をもう一度確認しよう

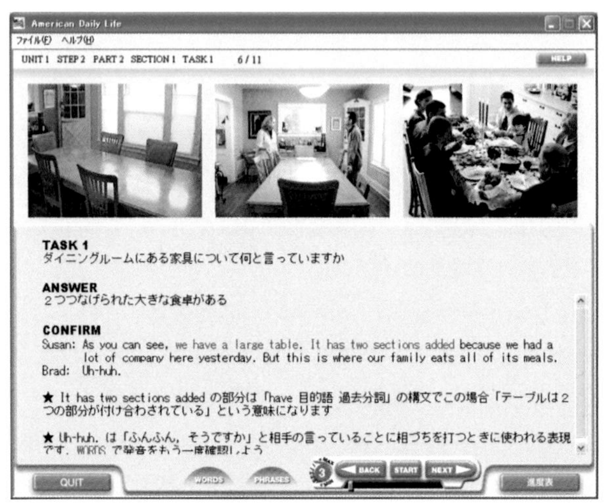

図4.27　変換された教材画面例

期間で 16 日 (1/11), コストで 56 万円 (1/18) と劇的に減少させることができることが実証された。

これらの聴解力養成用 CALL 教材, および語彙力養成用 CALL 教材を使用した授業では, 90 分の時間を 3 つに分け, 1)語彙小テスト, 聴解力養成用教材による自習(40 分), 2)動機づけ(30 分), 3)語彙力養成用教材による自習(20 分)を目安とした。1)と 3)については CALL 授業担当者 (3 ～ 4) 名で共通した進度を保つようにし, 2)の動機づけについては担当者独自の自主性と創造性に任せ, 個性が出るような授業を展開するよう各自が努力した。筆者の場合は, 英語が使われる国々の文化, 習慣等を写真, ビデオで紹介し, 英語が少しできることによって広がる世界を感じさせることに努めた。週 2 回の授業 (学期計 30 回) がある 1 年次用クラスでは, 聴解力養成教材 2 種, 語彙力養成教材 1 種を使用し, 週 1 回の授業 (学期計 15 回) の 2 年次以上のクラスでは聴解力, 語彙力とも 1 種類を使用した。ともに小テストを小まめに行い, 学習者が自習を滞ることのないよう留意した。

新規開発の 2 教材のうち, American Daily Life については, 教育効果の測定を行った (高橋, 2006)。2006 年度前期 (4 ～ 7 月) の授業で初級教材使用後に American Daily Life を使用した 39 名, American Daily Life 使用後に中級教材を使用した 88 名に教材使用前後に TOEIC 第 2 回公開問題を受験させ, その得点上昇を観察した結果, それぞれ 76.9 点, 47.0 点, 全体で 56.2 点の上昇が認められた。この上昇を, 高いと見るか低いと見るかは解釈により異なるが, わずか約 4 ヶ月弱の学習であること, 測定に使用した授業が選択必修科目であり履修者は英語を学ぶことに意欲を持った学習者だけとは限らないこと, 千葉大学における CALL 使用者以外も含めた一般学生の得点上昇が約 6 ヶ月 (193 日) で 24 点であったこと (土肥, 2006) などを考慮すると, ある程度満足の行く結果が得られたと考える。また全体で約 56 点の上昇は, 2003 年度, 602 名の学習者が, 既存の CALL 教材のうちの 2 種を半期間使用した場合の得点上昇と一致する (高橋, 2006)。American Daily Life がこれまで開発した CALL 教材と同様の教育効果を持つことを示すデータであると考える。American Daily Life の起動画面, メニュー画面, 学習画面例 4 点を**図 4.28** ～**図 4.31** に示した。

図4.28　American Daily Life起動画面

図4.29　American Daily Lifeメニュー画面

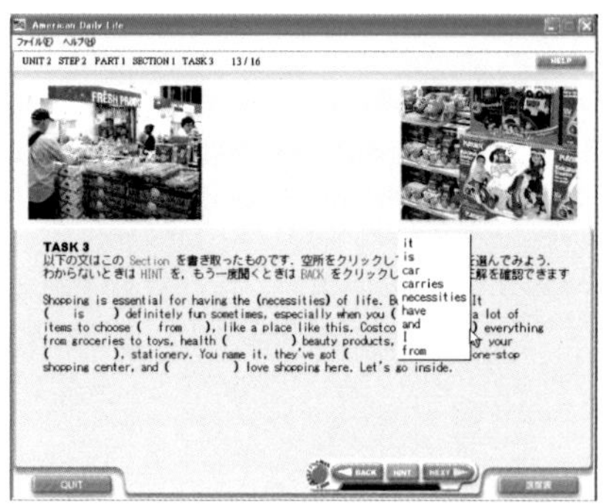

図4.30　空所補充タスク画面

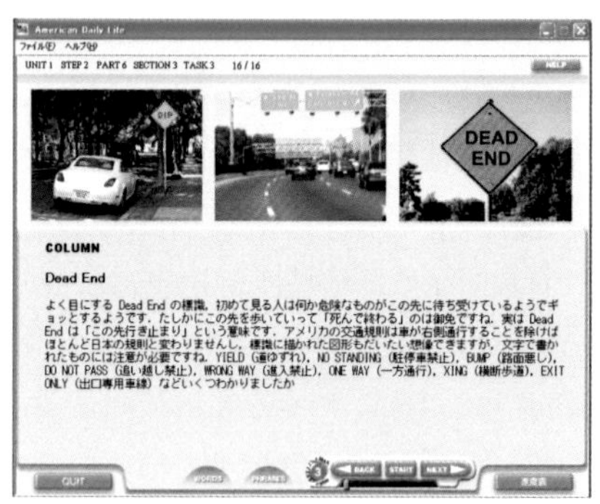

図4.31　コラム記事画面

4.4　CALLシステムの開発史(4)：CALLシステムのOnline化

新オーサリング・システムの開発とともに，千葉大学CALLシステム開発史の大きな分岐点となったのは2007年度「現代的教育ニーズ取組支援プログラム（現代GP）」に応募した「統合型Online CALLシステム」の採択（3年計画）である。これは一言でいえばCALLシステムのOnline化である。統合型英語Online CALLシステム（**図4.32**）開発の具体的目的は以下の5点に設定された：1）従来スタンドアロン形態で開発された一般英語コミュニケーション能

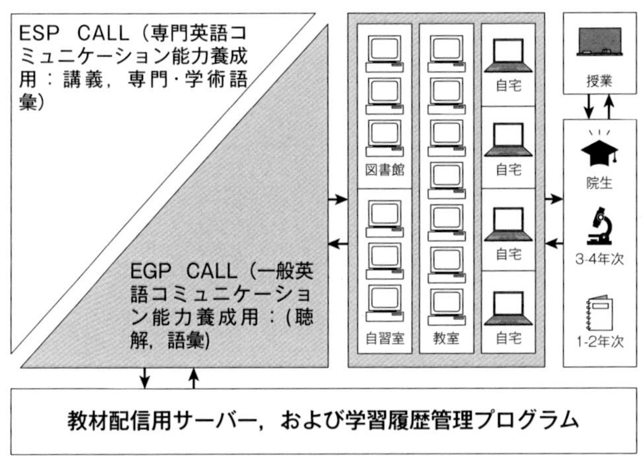

図4.32　統合型Online CALLシステムの概念図

力（聴解力・語彙力）養成用CALLシステムに必要な著作権処理をするとともに，Web（Internet）経由で配信するOnline型に移行し，本学の学生，院生，職員がIDとパスワードを取得すれば，学内外から自由に利用できるEGP CALLシステム，および学習履歴管理システムの開発を行う，2)3-4年次・院生用の指導として，EGP CALLシステムによる自律学習に加え，専門分野の英語講義や論文作成に必要な英文法・英作文に関する講義をWeb配信するOnline講義型CALLシステム，および専門・学術語彙力養成用ESP CALLシステムを開発する，3)円滑な教材配信のため，学内に主，予備の2機のサーバーを配置する，4)統合型Online CALLシステムの開発に合わせて，従来のスタンドアロン型教室1室（60端末），自習室2室（120端末）の設備更新，およびネットワーク化を行う，5)統合型Online CALLシステム全体の成果として，4年ないしは6年間の使用で，一般企業が「入社前にこれくらいのスコアは欲しい」と指摘することの多いTOEIC 600点以上の達成を目指す。

Online CALLシステムを開発するにあたり，ハードウェア整備上の重要課題は，教材をWeb配信し，学習履歴を管理するためのWebサーバーの新規導入と老朽化したCALL教室と自習室の設備更新であった。サーバーについては教材の配信形態，配信情報量，アクセス数等を検討して機種選定を行い，主要機，予備機の2機（**図 4.33**）を設置し，主要機に異常があった場合，予備機に自動的にアクセスが移行する設定とし，有事に備えた。クライアント機については Windows XP × 60 機（CALL 教室，**図 4.34**），Windows XP × 14 機（図書館，**図 4.35**），Windows XP × 60 機（自習室，**図 4.36**）を，必要に応じて新規に設置するか，現有機にメモリ，HD を増設するなどの拡張を加えた。Online CALL システムの仕様に対応していない Windows 95-98 機はすべて廃棄した。整備が完了したサーバー，およびクライアント機の仕様は**表 4.3** に示した。クライアント機はすべて独自に開発した CALL 教材の使用に限られるため，学内設置のサーバーにのみ接続される形態とし，インターネットへの接続はあえて行わなかった。現行のシステムではサーバーは同等の後継機種へ，端末は Windows10 機へと更新されている。また Online 化に伴い，キャンパス内，自宅での学習が

図4.33　主（中央）・副（下）サーバー

図4.34　Online CALL 教室

図4.35　図書館端末

図4.36　Online CALL 自習室

可能となったため，自習室の利用者数は激減し，現在では自習用端末は，自習室に 20 台，3 図書館に計 12 台の端末を設置するに留めている。

表 4.3　統合型英語 Online CALL システムで使用したハードウェアと OS

サーバー　2 台	■ NEC: Express 5800 ／ i120Ra-e1（主）／ OS FreeBSD ■ NEC: Express 5800 ／ 120Eh（副）／ OS FreeBSD
教室　60 台	■ NEC: MY24AOS Windows XP
自習室 1　60 台	■ NEC: MY28A ／ A-5（40 台）／ OS Windows XP ■ NEC: MY25X-MY26X（20 台）／ OS Windows XP
自習室 2　60 台	■ NEC: MA17X ／ OS Windows 2000 SP4
図書館　14 台	■ NEC: MY25XR（中央図書館 5 台）／ OS Windows XP ■ NEC: VY21GWZ75（亥鼻分館 5 台）／ OS Windows XP ■ NEC: MY26RA（松戸分館 4 台）／ OS Windows XP

統合型 Online CALL システムの開発に合わせ，過去に Macromedia（現 Adobe）社の Director を使って開発された Windows 版の聴解力養成教材のほとんどが Online 用に更新された。教材のオリジナル版を Online 化するにあたっては，内容の変更を最小限にとどめながら，教材構成，仕様の変更を行うとともに，静止画の追加等，必要な修正，必要な著作権処理を行った。また，2007 年度から 4 年間の科学研究費補助金の助成を受け（課題番号 19320080），異文化理解を目指した英語聴解力養成用 CALL 教材の開発（高橋，2012）が同時進行の形で行われた。それまでに開発された教材はアメリカ日常生活，キャンパス生活，学術英語を扱ったものであったが，英語はアメリカ英語だけではない。英語を母国語とする他の国々ではアメリカ英語と異なった語彙やアクセントを使用してコミュニケーションを行っており，それらの国々へ留学する学生も多数いる。そこでこの科学研究費補助金のプロジェクトでは，オーストラリア（Gateway to Australia, **図 4.37**），イギリス（A Bit of Britain, **図 4.38**），カナダ（Canadian Ways, **図 4.39**）でビデオ収録を行い，これまでの教材群と異なった英語や文化をテーマにした 3 教材を開発追加した。また高等学校の英語教員に協力する形で「海外旅行」をテーマとした入門編教材（First Step Abroad, **図 4.40**）も教材リストに加えられた。

図4.37　Gateway to Australia起動画面

図4.38　A Bit of Britain 起動画面

図4.39　Canadian Ways起動画面

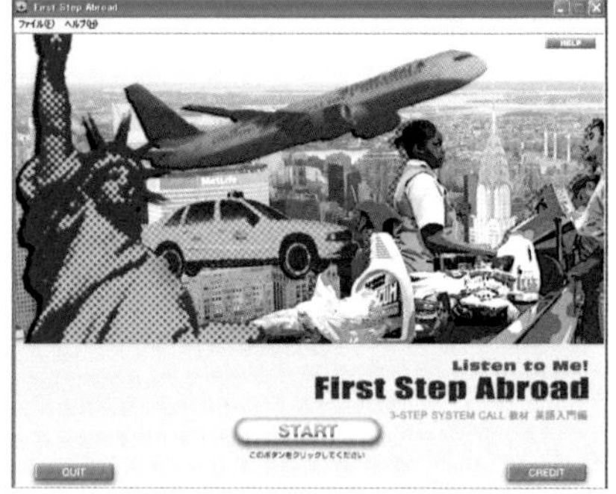

図4.40　First Step Abroad起動画面

Online CALL システムとして稼動可能となった聴解力養成教材は科学研究費補助金で開発された教材 8 種，メディア教育開発センターの委託研究として開発された教材 4 種，千葉大学教育改善推進費で開発された教材 1 種，そして千葉県教育委員会長期研修制度と本事業で協力して新規に開発された教材 1 種の計 14 種となった。2010 年度までに開発が終了した 14 種の Online 聴解力養成教材のタイトル，内容，レベルは**表 4.4** に示した。

一方，語彙力養成用 CALL システムについては，TOEIC 系 2 種，TOEFL 系 2 種，計 560 語，1120 用例（竹蓋，1997）に加え，アメリカ大学新聞の語彙 560 語，1120 用例（高橋，2002b）が Offline Windows 版から Online 化

表 4.4　Online CALL 聴解力養成教材（2010 年度）

レベル	名 称	内 容
入 門	First Step Abroad	はじめての海外旅行，海外生活
初 級	First Listening	日常対話，放送，報道
初中級	American Daily Life	アメリカの日常生活
	New York Live	ニューヨークで生活する人々
中 級	People at Work	アメリカで働く人々
	Intr. to College Life	キャンパスライフ
	English for Science I	統計学講義，システム科学講演
中上級	College Life	キャンパスライフ
	Gateway to Australia	オーストラリアの文化
	Medical English	医療系英語
	English for Science 2	工学部ラボ，音声科学講義
上 級	A Bit of Britain	イギリスの文化
	College Lectures	経営学，情報科学講義
	College Life II	キャンパスライフ

された。これら語彙の選定は，各分野で使用される語彙で，中・高等学校の教科書で使用されない語彙のうち上位頻度のものを抽出，分類する形で行われた。また専門分野語彙として，人文科学，自然科学，社会科学等の分野の特徴的語彙を学ぶための CALL 教材 7 種（計 980 語，1960 用例）が新たに加えられた。語彙選定についてはネイティブ・スピーカを 1 名雇用し，経済学，医療などの専門分野に関連する英語語彙をインターネット，文献等から抽出し，例文を作成させた。専門分野とは言え，あくまで EGAP（一般学術目的の英語）のための教材開発を目指し，各専門分野に関して特別な知識がない人でも，ネイティブ・スピーカであれば，理解できる範囲の語彙とした。開発された語彙力養成用 CALL 教材 15 タイトルの内容と学習画面例は**表 4.5**，**図 4.41**，**図 4.42** に示した。

これら語彙力養成教材では，1）各セットの語彙（10 語）の内容に相応しい静止画を提示し，学習語彙の音声を 1 語ずつ提示する（**図 4.41**），2）語彙の綴りと和訳の一覧表を提示し，学習者の選択した語彙の音声を提示する，

3)節や句からなる短い用例を2例ずつ提示し，音声と和訳を確認させる（**図 4.42**），4)学習語彙の綴りから和訳を想起させる，5)和訳から学習語彙を想起させた後，語彙と意味を関連させながら筆記練習させる，6)学習 語彙を空所にした用例からその語彙を想起させ，音声と綴りで確認させる，

表4.5　語彙力養成CALL教材（各教材10語×14セット）

		タイトル	内容
1	EGP CALL	Business Communication 1	ビジネスコミュニケーション1
2		Business Communication 2	ビジネスコミュニケーション2
3		Academic Communication 1	学術コミュニケーション1
4		Academic Communication 2	学術コミュニケーション2
5		University School Newspaper 1	米国大学新聞（留学英語）1
6		University School Newspaper 2	米国大学新聞（留学英語）2
7		University School Newspaper 3	米国大学新聞（留学英語）3
8		University School Newspaper 4	米国大学新聞（留学英語）4
9	ESP CALL	Computer Technology	コンピュータ科学の英語
10		Economics	経済学の英語
11		Medical Care	医療の英語
12		Nutrition	栄養学の英語
13		Humanities	人文科学の英語
14		Natural Sciences	自然科学の英語
15		Social Sciences	社会科学の英語

図4.41　コンピュータ科学語彙学習画面

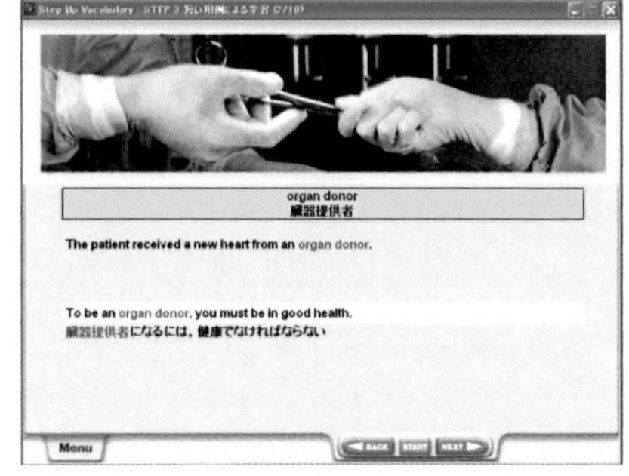

図4.42　医療語彙学習画面

7)語彙の綴りと和訳の一覧表を提示し，学習者の選択した語彙の音声を提示する，8)各セットの語彙に相応しい静止画を提示し，学習語彙の音声を1語ずつ提示するという8つのステップの学習手順を踏む。これらの語彙教材は竹蓋研究室のもうひとつの博士論文（竹蓋，2000）の構想をもとに開発されたもので，学習した語彙や用例の高い定着度が実証されている。

英語教育の主目的が実用，教養のいずれであるにしても，大学という教育，研究機関で英語を指導する場合，「専門の文献を読めるようにする」，「英語による講義が理解できる」といった目的は忘れ去られるべきではない。事実，大学英語教育学会が2005年から2006年にかけて約4500名の大学生を対象に行ったアンケート調査（大学英語教育学会実態調査委員会，2007）によれば英語の授業で学習したい内容について，63％が「専門以外の一般的な英語」としながらも35％が「自分の専門に関連する英語」と回答している。専門講義教材はこのような実情を踏まえ，3～4年次学生，および院生に対する専門分野英語指導の一助として，英語で行われた各種専門分野講義を，インターネット回線を介して学習者に提供する，いわばバーチャル英語講義環境を提供するために開発されたCALL教材である。

専門分野の英語講義をインターネットにより配信すると言っても，ただ英語講義を試聴するだけで，その内容を理解することは日本人大学生にとって必ずしも容易ではない。そこでOnline英語専門講義システムでは，人間が音声言語を処理する際に必要となるトップダウンとボトムアップの2つのプロセスを活性化させるための情報を活用することにした。具体的には，講義の概要を示したMS PowerPointスライド（アウトライン情報）と講義に使用されている難しいと思われる単語や表現と意味（辞書情報）をそれぞれ講義ビデオと同期させて提示することができる仕様とした。

アウトライン情報，辞書情報と講義ビデオと同期させて提示するソフトウェアの開発にはMS Producerを使用した。MS ProducerはMS PowerPointで作成されたスライドを動画，音声ファイルと同期，融合させてプレゼンテーションするためのソフトウェアで，作成されたコンテンツはWebブラウザを使用して閲覧可能である。2010年までに開発が完了した22種（50本，1本約30分）の教材のタイトル，および専門講義教材の画面例2

例を**表 4.6**，**図 4.43**，**図 4.44** に示した。なお，Windows XP の廃止に伴い，MS Producer のサポートが停止されたため，専門講義教材は，現在は使用されていない。

表4.6　専門講義CALL教材

	タイトル		タイトル
1	経済学	12	公民権運動
2	政治学	13	アメリカ南部文化
3	数学	14	アメリカンフットボール
4	コンピュータ科学	15	アメリカ南部料理
5	国際ビジネスコミュニケーション	16	アメリカスポーツ文化
6	有機化学	17	南北戦争
7	アメリカ遠隔地教育	18	英語表現法（英語論文作成用講義）
8	スポーツ科学	19	英文法 1（英語論文作成用講義）
9	オーストラリア文化	20	英文法 2（英語論文作成用講義）
10	イギリス公教育	21	英文法 3（英語論文作成用講義）
11	アラバマ大学キャンパス	22	英語前置詞（英語論文作成用講義）

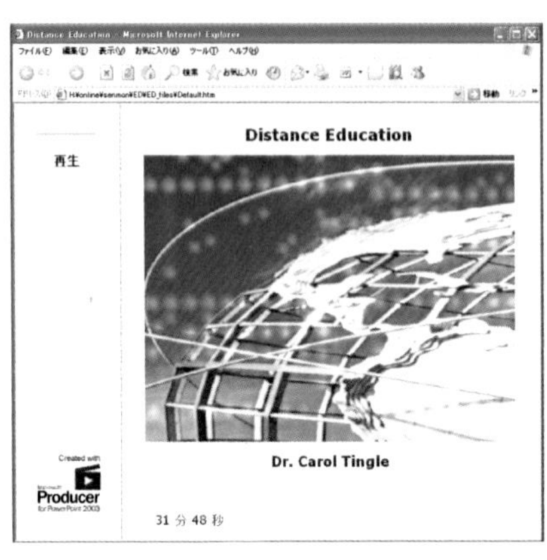

図4.43　専門講義教材（遠隔地教育）

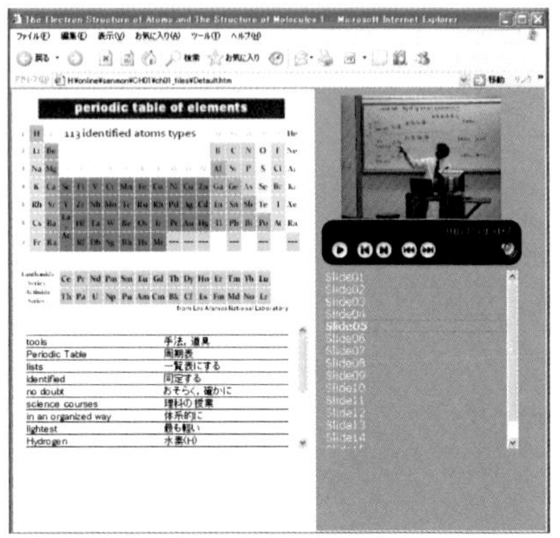

図4.44　専門講義教材（化学）

学習者がCALL 教材を起動するためには，まずネットに接続されたパソコンからインターネット・エクスプローラを使用して，指定されたURL のメニュー画面を表示させる。**図 4.45** は 2010 年当時のメニュー画面である。メニュー左側のボタン群から聴解力養成教材へ，右側のボタン群からは語彙力養成教材へ，そして左下のボタンから専門講義教材へのアクセスができる。メニューは汎用のホームページ作成用プログラムを使用して開発された html ファイルで，新規教材追加によるメニューの変更が容易に行えるような設計とした。CALL メニューから教材を起動すると，**図 4.46** に示すようなログイン画面（認証画面）が表示される。前もって登録された学生証番号，およびパスワードを入力すると教材起動画面（**図 4.37** ～**図 4.41** など）が提示される。

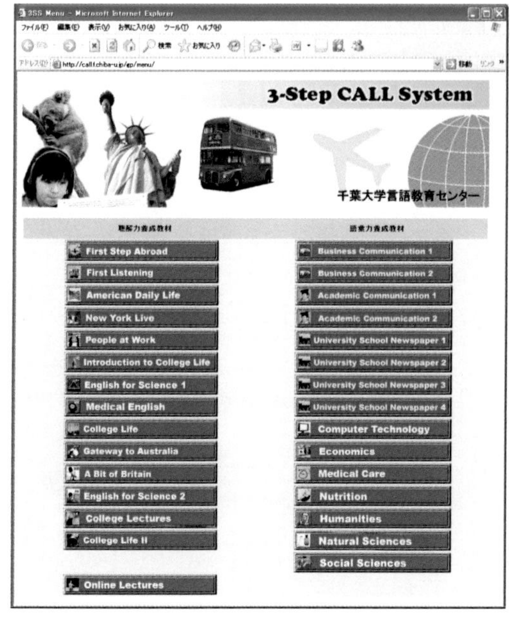

図 4.45　Online CALL システム学習メニュー

図 4.46　教材ログイン画面

CALL システムを利用した授業では学習者はそのレベルに応じた聴解力養成教材を使用するため，評価のための試験を実施する場合，教材ごとに異なった試験を実施する必要がある。千葉大学では CALL システムの導入時にすでに独自開発の MS-DOS 版の試験実施システムを開発し（土肥他，1996），その後

Windows 版へと移行作業（高橋，2002a，2003）を行ったことは，前にも述べた。

MS-DOS 版，Windows 版の Offline 型試験実施システムではテスト結果保存用のフロッピーディスクとともに，テストデータ（テキスト，静止画，音声）を CD，MO，CD-ROM 媒体等で配布し，端末内に保存されたテスト実施プログラムを起動する形態を採用していた。Online 試験実施システムではテスト起動用の CD-ROM，もしくは USB のみを配布し，問題の提示はサーバーから行い，受験記録はサーバーに自動的に保存される形式とした。テスト起動プログラムは端末に置くことも可能である。受験には学生証番号，パスワード，教材名の入力が必要となる。

試験は単元別試験と習熟度試験の 2 種類に分けられる。単元別試験は教材の理解度を学習ユニットごとに確認するための試験で，1 学期間 1 教材 4 ユニットを学習する 2 年次以上のクラスで 4 回使用される。問題の形式は1）空所補充 4 問，2）語彙の意味を問う設問 4 問，3）ディクテーション 4 問，4）オープンエンド型内容理解問題 2 問で，問題（テキスト，静止画，音声）の提示はパソコンで行われ，受験者は配布された解答用紙に鉛筆で筆記する形で受験する。試験開始後，サーバーには受験記録が保存され，同じ試験問題を 2 回受験することはできない。単元別試験の画面例を**図 4.47，4.48** に示した。

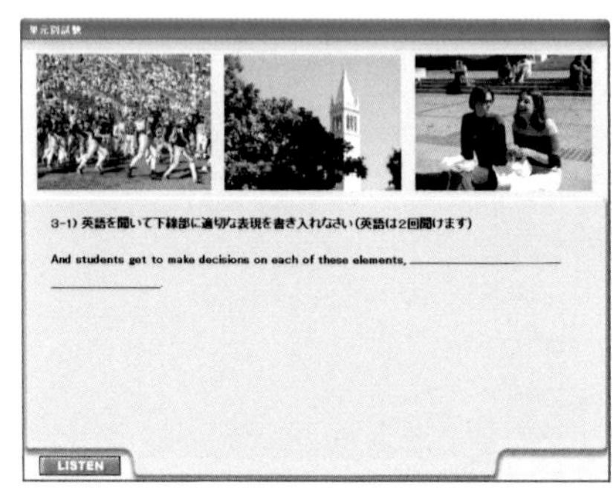

図 4.47　単元別試験画面（書き取り）

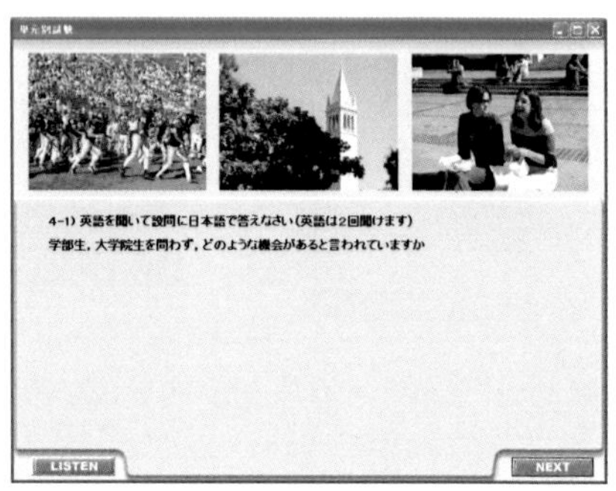

図 4.48　単元別試験画面（自由筆記）

習熟度試験は聴解力養成 1 教材全体の理解度を確認するための試験で 1 学期間 2 教材を学習する 1 年次学生のクラスで 2 回使用される。問題はコンピュータから提示される音声，設問に対する答を 4 つの選択肢から選ぶ形式，計 20 問で，解答結果はすべてサーバーに記録される。試験開始後，サーバーには受験記録が保存され，同じ試験問題を 2 回受験することはできない。習熟度試験の認証画面，および問題提示画面例を**図 4.49**，**図 4.50** に示した。

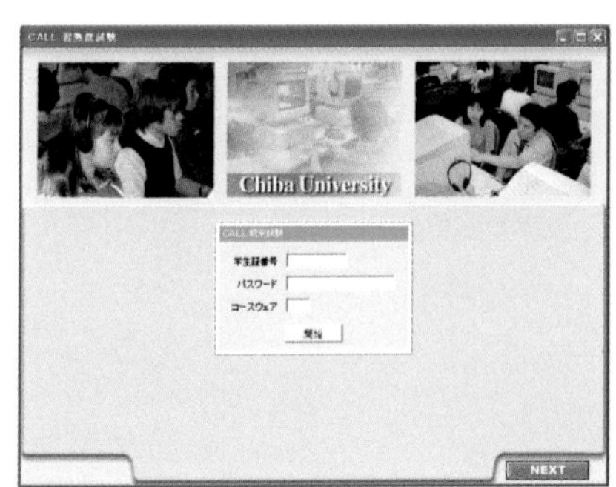

図 4.49　習熟度試験画面（開始画面）

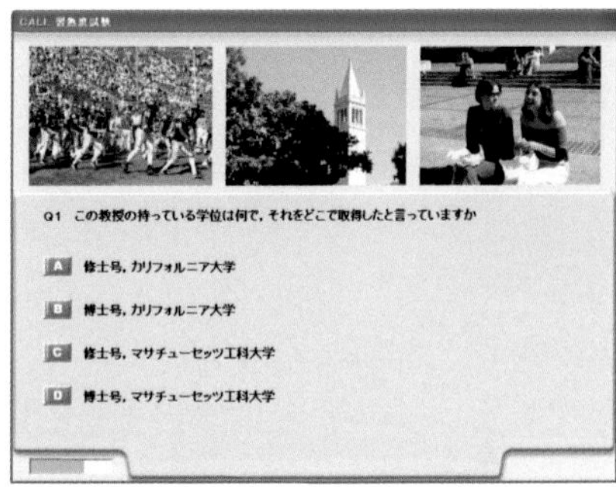

図 4.50　習熟度試験画面（問題提示画面）

統合型 Online CALL システムは単に CALL 教材を Online 配信するだけでなく，各学習者の学習履歴の管理を中心とするデータベース管理システムを備えている。データベース管理システムは各種教材，テストのサーバー・データベースへの登録，管理，配信，および学習者情報（学生証番号，氏名，パスワード等）のデータベースへの登録，管理，さらに各種学習履歴を保存，管理するためのシステムである。管理システムの起動には管理者の e-mail アドレスとパスワードの入力が必要となる。**図 4.51** が管理画面メニューである。データベース管理システムへのアクセスはセキュリティー上の理由から，サーバーが設置されている建物内の管理者教師用端末，教室の教師用端末からのみに限定されている。

聴解力養成教材の学習履歴は 2 種類の方法で観察できる。ひとつは現在の学習位置，ユニットごとの学習時間，総学習時間を学習者ごとに 1 行ずつ表示する形式である。履修者全体を見渡し，学習進度の遅れている（進んでいる）学生，学習時間の不足している（充実している）学生を検索し，授業における動機付けのための資料に活用できる。指定された学習者や指定されたクラスの学習者のみの表示も可能である。もうひとつは学習者ごとに学習箇所にどれだけの時間をかけたかを詳細に記録した履歴データで，学習箇所ごとの所要時間，学習

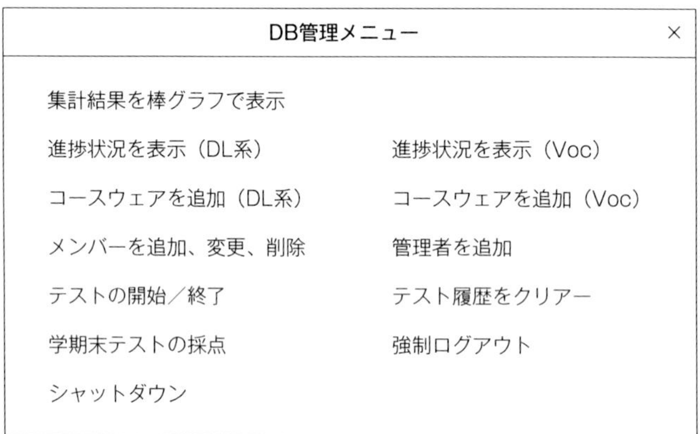

図 4.51　データベース管理システムメニュー画面

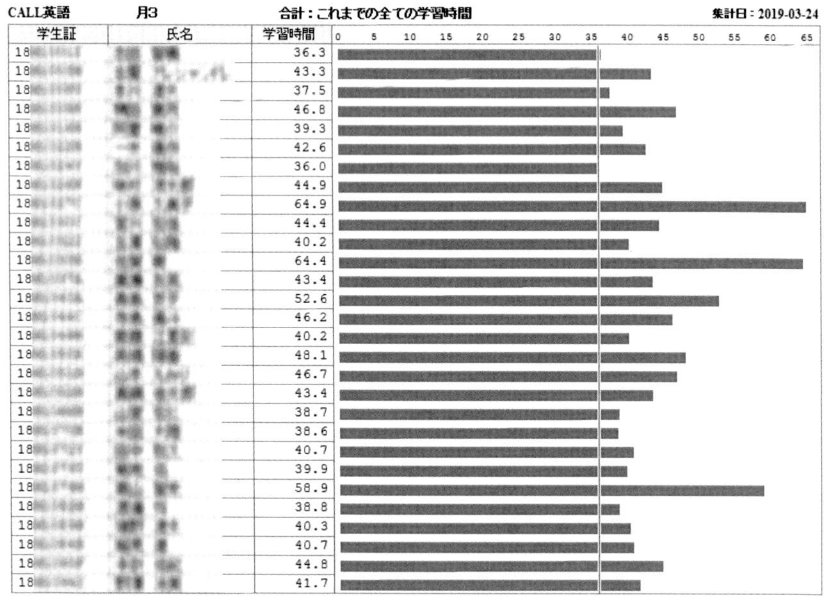
CALL英語　月3　合計：これまでの全ての学習時間　集計日：2019-03-24

学生証	氏名	学習時間
18…		36.3
18…		43.3
18…		37.5
18…		46.8
18…		39.3
18…		42.6
18…		36.0
18…		44.9
18…		64.9
18…		44.4
18…		40.2
18…		64.4
18…		43.4
18…		52.6
18…		46.2
18…		40.2
18…		48.1
18…		46.7
18…		43.4
18…		38.7
18…		38.6
18…		40.7
18…		39.9
18…		58.9
18…		38.8
18…		40.3
18…		40.7
18…		44.8
18…		41.7

図 4.52　クラスごとの総学習時間表示機能

上の問題点を探ったりすることに利用できる。またクラスの学生の学習総時間をグラフ表示することも可能で（**図4.52**），授業開始前に教室内に張り出すことにより，動機付けの効果を高めることもできる。

4択形式の習熟度試験への学習者の解答結果を採点するための機能も装備されており，学習進捗状況表示機能と同様，全学習者，指定された学習者，および指定されたクラスの学習者の受験結果の表示，Excelファイルへの出力が可能で，成績管理用Excelファイルへの統合も容易である。出力例は**図4.53**に示したが，登録番号，学生証番号，氏名，得点，教材名，試験開始時間，終了時間に加え，当該教材の延べ学習時間が出力され，学習時間と習熟度の関連を観察することができる。

2007年度より開発に取り組んだOnline CALLシステムは2007年度後期，および2008年度の一部のクラスでの試験的使用を経て，2009年度より普遍教育英語科目「CALL英語」全クラスでの使用に移行した。いずれのクラスも理解度・進度確認のための小テストおよび異文化情報による動機付けを重視した授業に，週最低90分の自習を組み合わせたもので，従来のOffline型CALLシステムのために開発されたカリキュラムを変更せずに，継続使用した。

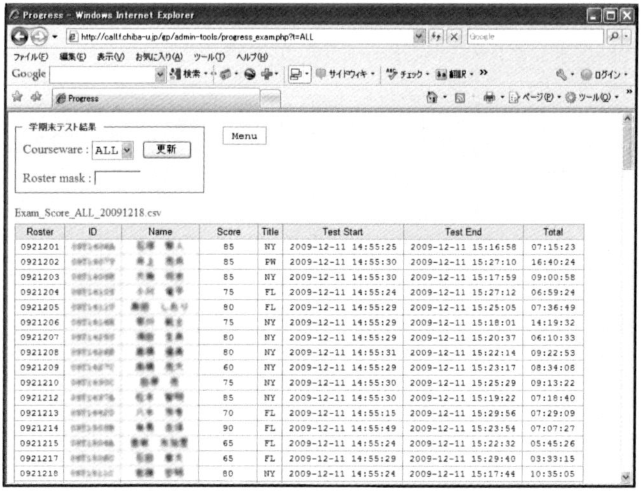
Progress - Windows Internet Explorer
http://callf.chiba-u.jp/ep/admin-tools/progress_exam.php?t=ALL
ファイル(F) 編集(E) 表示(V) お気に入り(A) ツール(T) ヘルプ(H)
Google
検索
サイドウィキ
チェック
翻訳
ログイン
Progress
ページ(P)
ツール(O)
学期末テスト結果
Courseware : ALL
更新
Roster mask :
Menu
Exam_Score_ALL_20091218.csv
Roster ID Name Score Title Test Start Test End Total
0921201 85 NY 2009-12-11 14:55:25 2009-12-11 15:16:58 07:15:23
0921202 85 PW 2009-12-11 14:55:30 2009-12-11 15:27:10 16:40:24
0921203 85 NY 2009-12-11 14:55:30 2009-12-11 15:17:59 09:00:58
0921204 75 FL 2009-12-11 14:55:24 2009-12-11 15:27:12 06:59:24
0921205 80 FL 2009-12-11 14:55:29 2009-12-11 15:25:05 07:36:49
0921206 75 NY 2009-12-11 14:55:29 2009-12-11 15:18:01 14:19:32
0921207 80 NY 2009-12-11 14:55:29 2009-12-11 15:20:37 06:10:33
0921208 80 NY 2009-12-11 14:55:31 2009-12-11 15:22:14 09:22:53
0921209 60 NY 2009-12-11 14:55:29 2009-12-11 15:23:17 08:34:08
0921210 75 NY 2009-12-11 14:55:30 2009-12-11 15:25:29 09:13:22
0921212 85 NY 2009-12-11 14:55:30 2009-12-11 15:19:22 07:18:40
0921213 70 FL 2009-12-11 14:55:15 2009-12-11 15:29:56 07:29:09
0921214 90 FL 2009-12-11 14:55:49 2009-12-11 15:23:54 07:07:27
0921215 65 FL 2009-12-11 14:55:24 2009-12-11 15:22:32 05:45:26
0921217 65 FL 2009-12-11 14:55:29 2009-12-11 15:29:40 03:33:15
0921218 80 NY 2009-12-11 14:55:24 2009-12-11 15:17:44 10:35:05

図4.53　試験結果採点表示例

図 4.54 は 2008 年度後期 Online CALL システムを試用したクラス (25 名) と他の英語授業を履修した学生の授業に対する評価を比較したものであるが，他の授業と比較し，「計画性」，「理解度」，「知的興味」，「学習意欲」，「総合評価」などすべての点で相対的に良いと評価されていることが示されたと考える。自由筆記回答の中には「家が遠いので，家庭で自習できるのは大きい」，「夜中でも早朝でも，気が向いた時フラッと 15 分くらいでもできるのが嬉しい」，「年末年始，大学祭のとき便利」，「家でやっていると親に最近はすごい勉強をするんだねと言われて面白かった」，「本当に忙しい時は自宅で夕食を食べながら勉強できたので助かりました」，「布団干している時でもできたので自宅で自習はよかったです」など，我々が想像もしなかったような意見も寄せられ，Web 配信システムの有用性を確認する結果となった。

本格的な使用を開始した 2009 年度は前後期で約 600 名の学習者が Online CALL システムを使用した。**図 4.55** (右端) は 2009 年度前期 1 年次学生 (週 2 回授業) 280 名を対象に，学期の前後に TOEIC を実施し，その得点上昇を測定した結果を示したものであるが，MS-DOS 版，Windows 版が混在していたシス

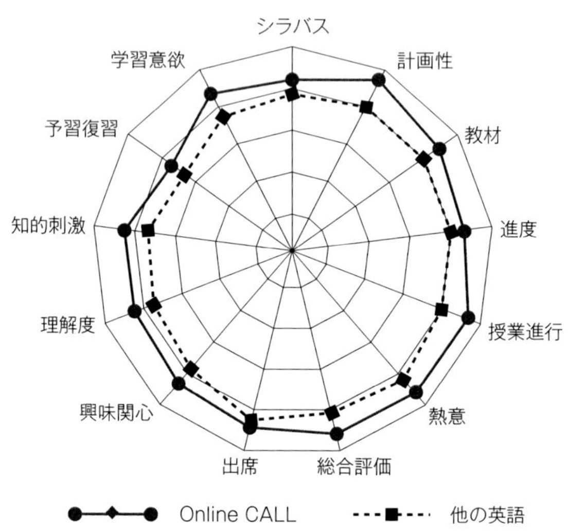

図 4.54　Online CALL と他の英語授業に対する評価

テム（2003 年），Windows Offline 版（2006 年）のシステムを使用した学習の効果を測定した結果とほぼ同じ上昇が認められた。また授業途中の 6 月には 272 名の学習者にアンケート調査を行い，1 年前の同時期に行った Offline CALL 使用者のものと比較したものが**表 4.7** である。Online と Offline の評価が同じ場合は Online CALL システム の印●で表示した。

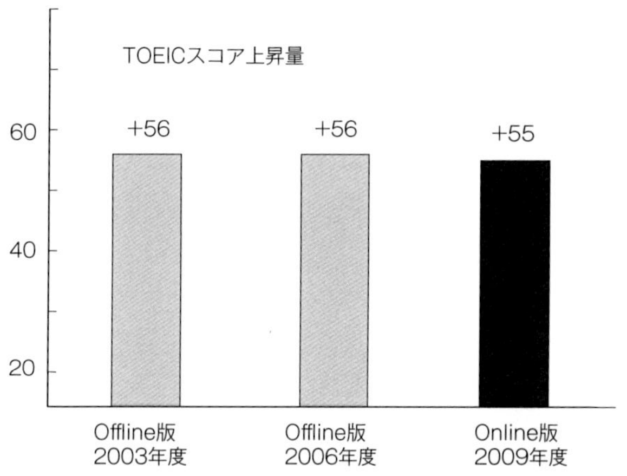

図 4.55　Online CALL システムの教育効果

表 4.7　教材・授業に対する学習者の評定結果（中央値）

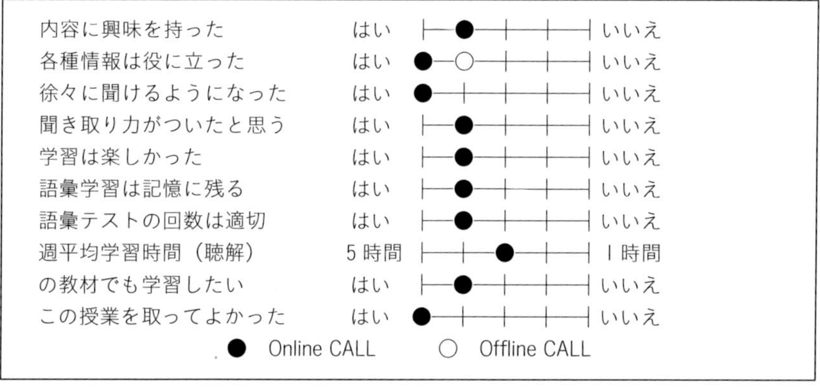

項目		1	2	3	4	5	
内容に興味を持った	はい		●				いいえ
各種情報は役に立った	はい	●	○				いいえ
徐々に聞けるようになった	はい	●					いいえ
聞き取り力がついたと思う	はい		●				いいえ
学習は楽しかった	はい		●				いいえ
語彙学習は記憶に残る	はい		●				いいえ
語彙テストの回数は適切	はい		●				いいえ
週平均学習時間（聴解）	5 時間			●			1 時間
の教材でも学習したい	はい		●				いいえ
この授業を取ってよかった	はい	●					いいえ

● Online CALL　○ Offline CALL

これらの結果から，従来高い効果をあげてきた本学のCALLシステムは，Online化しても学習者による評価には大きな変化がないことが確認されたと考える。当初，CALL教材のOnline配信は「いつでも学習できる」つまり「いつか勉強すればよい」そして「いつも勉強しない」という流れになりかねないと危惧していたが，適切なカリキュラムを作成すれば学生は懸命に勉強し，「この授業を取ってよかった」とまで感じるに至るということが明らかとなった。

4.5 CALLシステムの開発史(5)：25教材とMulti-Platform化を目指して

2007～2010年度の科学研究費補助金による研究（課題番号19320080）を終え，聴解力養成教材数も15となり，Online化による学習者の評価も高く，一定の学習効果も得られることが確認された。残る課題はあと10教材の開発である。千葉大学ではその後，2つの科学研究費補助金の助成を受け，2種，6教材を開発した。ひとつ目の助成は「国際的に活躍する専門家育成を目指した専門英語（ESP）CALL 教材の開発」（課題番号24320100）で，大学生学習者が自分の専門に直結したCALL英語教材で，聴解力を養成することを目的としたものである。とく統合型Online CALLシステムで開発された専門講義CALL教材が，ソフトウェアのサポート終了で使用ができなくなったCALLシステムにとっては，緊急の課題であった。千葉大学には看護学部，工学部デザイン学科，園芸学部といった，他の国立大学にない独特の学部，学科が存在する。その点を考慮し，看護科学，デザイン科学，園芸・環境科学に特化した聴解力養成CALLシステムの開発に取り組んだ。幸い，アラバマ大学看護学部，ボーンマス美術大学，メルボルン大学環境学部の協力が得られ，各キャンパスでのビデオ収録，インタビューを行うことができた。さらに幸いなことには，3大学から，各大学が撮影してあった各分野の教員による学部，学科紹介に関するビデオを使用してもよいという許諾もいただき，通常では収録不可能な専門性の濃い教材の開発が可能となった。取材を引き受けてくれた3大学とともに，困難な交渉役を引き受けてくれた千葉大学のネイティブ・スピーカ教員の方々に心から感謝したい。開発された3教材の起動画面，メニュー画面は**図4.56**～**図4.59**に示した。

図4.56　看護系教材起動画面

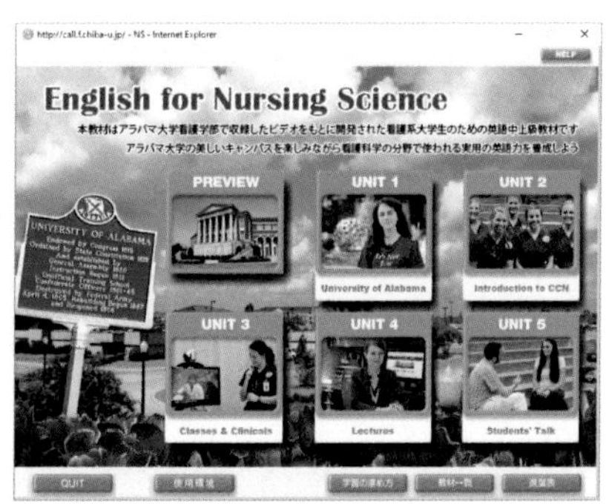

図4.57　看護系教材メニュー画面

図4.58　デザイン系教材起動画面

図4.59　園芸・環境系教材起動画面

もうひとつの科学研究費補助金による助成が認められたプロジェクトは「グローバル社会の多様な英語に対応する聴解力を養成するための CALL 教材の開発」(課題番号 16H03440) であった。我々, 日本人が英語を使ってコミュニケーションを行う場合, 相手がネイティブ・スピーカとは限らない。学生が留学する場合も, 留学先は英語国とは限らずヨーロッパ, アジア, アフリカ, 中東系の人々と英語を使ってコミュニケーションを取る必要がある。しかし, これら非ネイティブ・スピーカによる英語は母国語による母音, 子音, 音節構造による影響を大きく受けるため, ネイティブ・スピーカによる英語よりも理解が困難な場面が多い。

そこでこのプロジェクトではアメリカ，イギリス，オーストラリアの大学に学ぶ世界各国からの留学生へのインタビュー，留学生による留学先の大学紹介をビデオ収録し，グローバル英語に対応するための CALL 教材を開発した。留学生の英語だけでは英語教材にならないという事態を避けるためにインタビューアや大学紹介者には英語母国語話者も含めた。また教材内には非母国語話者の英語が母国語による影響をどのように受けるかなどの解説を加え，世界の英語へ対応できるよう工夫した。開発した教材の起動画面，メニュー画面例は，**図 4.60** から**図 4.63** に示した。

上述の 6 つの教材を加えても 25 教材には届かない。そこで，科学研究費助成の合間をみて，ニュース教材 2 種の開発を行った。どちらも AFP 社がインター

図 4.60　米留学教材起動画面

図 4.61　米留学教材メニュー画面

図 4.62　英留学教材起動画面

図 4.63　豪留学教材起動画面

ネットで配信した英語ニュースを日本の出版社による著作権処理を経てCALL教材の素材とした。ひとつは英語ニュース一般，AFP News From the World（高橋他, 2012）で，もうひとつは千葉大学の医学，薬学，看護学系学生を考慮した医療系ニュースを扱ったWorld Health Issues（高橋他, 2013）である。これら教材の起動画面は**図4.64，図4.65**に示した。

また開発された教材のうち初級教材First Listeningだけは，動画がまったく含まれない静止画のみの教材で，初級学習者に対し申し訳ない思いを感じていた。そこで本学のイギリス人ネイティブ・スピーカ教員に依頼し，イギリスの文化，名所を紹介した2分以内の英文の作成を依頼し，その内容に合わせた動画，静止画を収録して開発した初級教材Doorway to the UK（**図4.66，図4.67**）

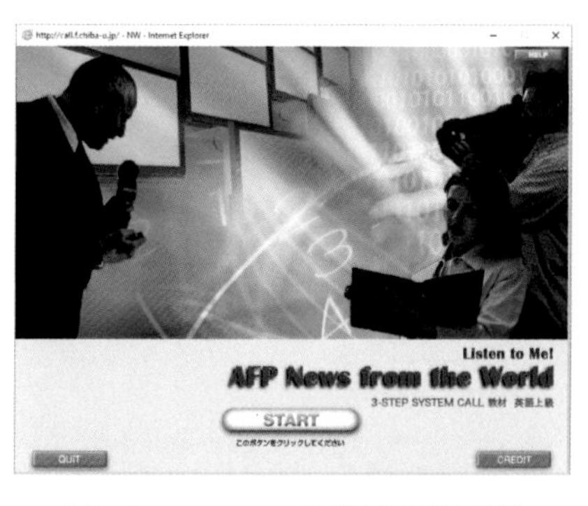

図4.64　ニュース教材起動画面

図4.65　医療ニュース教材起動画面

図4.66　初級英語教材起動画面

図4.67　初級英語教材学習画面

を教材群に加えた。

2007 ～ 2009 の現代 GP の助成により Online 化された CALL システムではあったが，一部制約点があった。それは Online 化されたと言っても，OS，ブラウザが Windows，インターネット・エクスプローラに制限されていたため，他のブラウザによるアクセス，Mac によるアクセスができなかったという点である。とくに Mac ユーザーが利用できないことは授業運営上大きな妨げとなる（**図 4.68**）。高橋・塩澤（2011）では学習プログラムを Java を使用して書き換えるなどして Mac ユーザーに対応してきた。2014 年，動画や音声の再生，動画の動的な描写機能などマルチメディア機能が強化されたウェブページを記述する新しい言語 HTML5 が発表されたことに伴い，高橋・樋山（2016）では，HTML5 版による新しい CALL システムの試作が，さらに土肥は 2015 年度からの 3 年間，科学研究費補助金の助成を受け（課題番号 15K01057），HTML5 を使用したマルチ・プラットフォーム対応 CALL システムの開発研究を行った。HTML5 を使用すれば，教材にアクセスするためのブラウザを選ばないだけでなく，音声や動画を出力するためのプラグインも不要となるため，Windows，Mac を始め，広範囲の OS やブラウザからの教材へのアクセスが可能になるからである（**図 4.69**）。

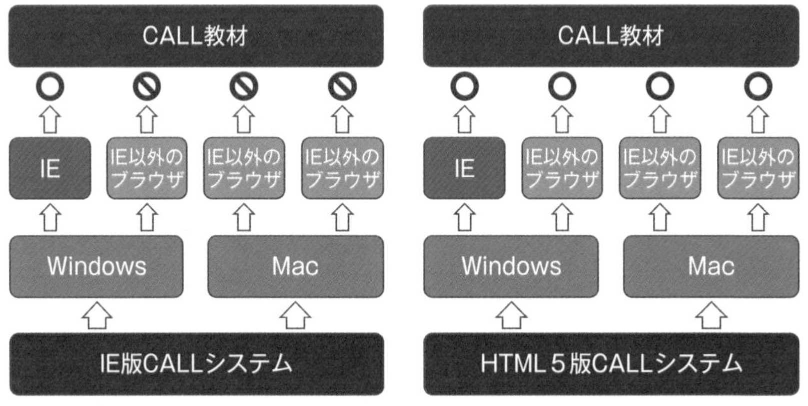

図 4.68　IE 版の教材へのアクセス　　**図 4.69**　HTML5 版の教材へのアクセス

またHTML5を使用した技術は，PCのみでなく，画面に表示するテキスト，静止画，動画の大きさや位置等の構成を変えればスマホやタブレット端末でのCALLの実践も可能にしてくれる。

MS-DOSの時代から数え，延べ39種のCALL教材が開発されたが，HTML5によるマルチOS，マルチブラウザに対応した現状システムで利用できる聴解力養成教材は**表 4.8** にあげた24種である。語彙力養成教材については**表 4.5** から変更はない。

表4.8　マルチ・プラットフォーム式Online CALL聴解力養成教材

名　称	内　容	レベル（TOEIC）
First Step Abroad	海外旅行，ホームステイ，海外生活の英語	入　門（310～）
First Listening	対話，放送，報道など種々ジャンルの英語	初　級（380～）
Doorway to the UK	イギリスの文化と生活	
American Daily Life	アメリカ郊外の日常生活	初中級（450～）
New York Live	ニューヨークで生活する人々の生活様式	
Canadian Ways	カナダの歴史，文化，自然	中　級（520～）
People at Work	アメリカで種々の職に就き働く人々の生活	
Intr. to College Life	米大学，管理職・教授・学生へのインタビュー	
English for Science I	コロラド大，統計学講義，システム科学講演	
College Life	米大学，管理職・教授・学生へのインタビュー	中上級（590～）
English for Science 2	コロラド大，工学部実験室紹介，音声科学講義	
Medical English	医師と患者の対話，医師による講義，対談	
Gateway to Australia	オーストラリアの文化，習慣，生活，歴史	
Horticulture in Australia	オーストラリアの園芸科学，環境科学	
English for Nursing Science	米大学・看護学部における学術英語	
English around the World	米大学で学ぶ世界各国の留学生の英語	
Study Abroad in Britain	英大学で学ぶ世界各国の留学生の英語	
World Englishes in Australia	豪大学で学ぶ世界各国の留学生の英語	
College Lectures	米大学，経営学，情報科学講義	上　級（660～）
College Life II	米大学，管理職・教授・学生へのインタビュー	
News from the World	世界各国からのニュース報道	
World Health Issues	世界各国からの医療ニュース報道	
A Bit of Britain	イギリスの文化，習慣，生活，歴史	
Art & Design in Britain	英美大での教育・研究，英の美術とデザイン	

聴解力養成教材の達成目標数25に，あとひとつのところまでやっとたどり着いたというのが実感である。残りのひとつは千葉大学に留学している世界各国からの留学生に母国について語ってもらったり，ネイティブ・スピーカの教員，学生にインタビューしてもらうなどして，世界について学ぶ教材 Learn about the World（仮題）などを開発するのはどうであろうか。これまで我々が開発した教材は，竹蓋幸生先生にご満足いただけているであろうか？

4.6 CALLシステムの開発史⑹：3つのウェア

CALL システムはその構成要素から，ハードウェア，ソフトウェア，コースウェアに分けられる。時代の進展，科学技術の進歩により，ハードウェア，ソフトウェアは大幅に変化する。千葉大学の CALL 史においても CALL のハードウェア，ソフトウェアは，コンピュータ，OS，オーサリング・システム，通信技術の革新のように目まぐるしく変化し，我々はそのたびにそれらに対応し続けた。今後もハードウェアやソフトウェアの変更，またはその他の事情により，現在稼働中の教材配信システムや学習履歴管理システムの変更をいつ迫られるかわからない。しかし予算的問題さえクリアできれば，これらのシステムは1，2年の期間で更新できる。

一方，コースウェア（教材）については，その十分な種類や量の開発，蓄積するには膨大な期間が必要である。**表 4.5**，**表 4.8** の教材の開発には約30年の期間を要した。しかしながら，開発されたコースウェアは不変である。ハードウェア，ソフトウェアに変更があってもこれまで開発し続けたコースウェアは変更することなく存続できる。我々は**表 4.5**，**表 4.8** に示したこれまでに開発したコースウェア（教材）群を誇りに思う。Online 版と並行して作成したすべての教材の CD-ROM は我々の財産である。2005年以来コースウェア開発のための科学研究費補助金等，多額の外部資金を獲得できた幸運とコースウェア開発に労を惜しまず献身的に協力してくれた同僚の研究者の方々，そして何よりも，恒久的指導理論「三ラウンド・システム」を提供していただいた恩師，故竹蓋幸生先生に心から感謝したい。

三ラウンド・システムでの教育実践

概　要

前章では三ラウンド・システムに基づくコースウェア及び CALL システムの開発史を概観し，CALL システムの基盤が完成したことを報告したが，良質な教材やコースウェアが学習者の目の前にあるだけでは宝の持ち腐れになってしまう。ここからが教育現場を熟知した人間教師の腕の見せ所である。それぞれの学校には特長も制約もあり，学習者は年齢も興味も英語力も目標も多様である。本章では，システムを大学，高校，中学校の現場にカスタマイズして，個々の学習者の英語力の向上につなげる工夫の一端を紹介する。

5.1 千葉大学での教育実践

5.1.1 千葉大学の英語教育の問題点

国内外の第二言語教育にさまざまな問題や批判があるのと同様に，本学でも英語教育の効率化が長年の課題である。それに加えて本学独自の問題も未解決のまま続いてきた。1994 年の千葉大学教養部解体までは，全学部の英語の卒業要件単位が 8 単位であり，原則として入学から 2 年間にわたって 90 分×週 2 回の英語授業を履修する必要があった。教養部が解体されてから外国語教育の司令塔という名目で外国語センターが発足したが，その後，外国語センターは国際教育開発センター，言語教育センターへと改組され，2016 年には新設の国際教養学部に吸収合併される形で「司令塔」が消滅してしまった。組織の問題だけでなく，専任教員の定員削減や国立大学法人化による予算の縮小等の流れのなかで，学内でもとくに顕著な形で英語教育の弱体化が進んだ。非常勤講師への依存を高めても従来の英語授業数を維持することができなくなり，ほとんどの学部の英語の卒業要件単位が最低 4 単位となり，実質的に英語学習時間が半減してしまった。

このような大学の動きは，グローバル化を進めようとする社会や大学の方針と逆行するが，そのような逆境にあっても英語教育の効率を高め，学力と興味が多様化する学生や社会のニーズに対応するには，教育方法の改善と授業時間外の自律学習に活路を見出す必要がある。千葉大学は三ラウンド・システム（3R）開発者の竹蓋幸生名誉教授の在職時から，30 年以上にわたって 3R の CALL システムの開発を継続し，名実ともに CALL の研究と教育の拠点として発展してきた。

同一システムを使用しながらも，本書の大学，高校，中学での実践例に見られるように，システムの理念を活かす方策はさまざまである。筆者は 1989 年から大学院生および専任教員として千葉大学のシステムの発展の一部に参加する機会に恵まれ，2019 年からは専任教員としては國學院大學に異動し，千葉大学では非常勤講師として CALL での指導実践を継続している。千葉大学では 2020 年度にコロナ禍への対応のために「メディア授業」という名目で全学的に授業方法の変更を強いられ，多くの教員が対応に苦慮するなかで，開発済の

CALLシステムが真価を発揮できたと考える。以下ではコロナ禍以前の2018～2019年度の実践についての説明を基本とするが，本書出版時には新カリキュラムに変更されている。今後もカリキュラムの改変等で授業科目名や実践方法の細部が変わることが考えられるが，これまでの実践の背景にある基本理念の中核は不変である。

5.1.2　教育実践の概要

千葉大学のCALLの実践は，当初は個人に参加を依頼する小規模な実験レベルのものであったが，その成果を踏まえて1994年度後期に本格的に千葉大学の普遍教育（千葉大学固有の名称であり，全学共通教養教育のこと）に「CALL英語」の授業を導入してから四半世紀が経過した。教育内容の評価が高まるにつれて，初年度は1クラス，2年目は4クラス，と規模が拡大し，2019年度は，週2回クラスを2コマと数えると，前期11クラス19コマ，後期11クラス19コマとなり，1教室しかないCALL教室は月曜1限から金曜5限の25コマのうち76%の稼働率となった。機器のメンテナンスや清掃の時間や，授業担当可能な教員数を考慮すると，ほぼ限界に近い規模まで発展してきたと言える。実際には，これまでに国際教養学部の必修授業である「国際教養CALL英語Ⅰ」の単位未修得者に対する再履修授業，工学部学生のための電気電子英語の授業，大学院共通教育科目としての英語授業，大学院生修士課程の専門的研究，職員英語研修，高校生のサマースクール，他大学や高校からの視察等の用途でもCALLシステムは活用されてきた。また，授業を履修せずに「独習者」として学習することを希望する学生や教職員のために定期的に説明会を開催し，その説明会に参加すれば，あとはいつでも自由に自習室や自宅からサーバーにアクセスして学習できる体制を整備してきた。

このように，CALLシステムは多様な形で活用されてきているが，本稿では複雑な説明をできる限り単純化することを目指し，以下では毎学期2クラス以上を開講している普遍教育と国際教養学部の専門科目に限定して，比較的定型的に記述可能な説明を一覧形式で(1)から(7)に示した。各クラスの定員は概ね44名程度である。

(1) 授業科目名，履修者，コマ数，授業回数と学習期間

CALL 英語	普遍教育英語科目　学部（学科）別1年次 前期6クラス12コマ，後期6クラス12コマ 90分×週2回×15週（2単位）
英語Ⅲ（CALL）	普遍教育英語科目　学部混成2年次以上 前期3クラス3コマ，後期3クラス3コマ 90分×週1回×15週（1単位）
国際教養CALL英語Ⅰ	国際教養学部専門科目　1年次 第4ターム（後期の前半）2クラス4コマ 90分×週2回×8週（2単位）
国際教養CALL英語Ⅱ	国際教養学部専門科目　2年次以上 第2ターム（前期の後半）2クラス4コマ 90分×週2回×8週（2単位）

(2) 施設

- 総合校舎6号館1階CALL教室Windowsパソコン52台（授業のみで使用）
- 総合校舎6号館1階CALL自習室Windowsパソコン20台（平日の1限から5限まで開放）
- 総合校舎6号館1階サーバー室FreeBSDサーバー2台

(3) 指導体制

- 専任教員3名，非常勤講師2名，事務補佐員2名

(4) 使用教材とテスト（聴解教材の場合）

CALL 英語（在学中，通算で1回のみ履修可）

- 初回プレースメントテストで英語力に応じて教材割当（「教材1」と呼ぶ）
- 中間テストとして「教材1」のテスト
- 次のレベルの教材を「教材2」として割当

- 期末テストとして「教材2」のテスト
- 教材割当の例（年度，学期，クラス等により異なる）

英語力	教材 1	教材 2
レベル 1	Doorway to the UK	New York Live
レベル 2	New York Live	People at Work
レベル 3	People at Work	College Life
レベル 4	College Life	News from the World

*レベル1が初級で徐々に難易度が上がっていく。

英語Ⅲ（CALL）（在学中，通算で２回まで履修可）

- 初回プレースメントテストで英語力に応じて教材割当
  （過去に「英語Ⅲ（CALL）」を１回履修した学生はひとつ上のレベルの教材を割当。たとえば，過去に『New York Live』を使った学生は『People at Work』）
- 割り当てられた教材の各ユニットを約3週間で学習（計4ユニット）
- 3週間に一度，各ユニットのテスト（計4ユニット）
- 教材割当の例（年度，学期，クラス等により異なる）

英語力	教材
レベル 1	Doorway to the UK
レベル 2	New York Live
レベル 3	People at Work
レベル 4	College Life
レベル 5	News from the World

国際教養 CALL 英語 I（在学中，通算で１回のみ履修可）

- 全員同一教材を8週間で学習（2019年度の場合，『Horticulture in Australia』）
- 中間テストとして最初2ユニット分のテスト
- 期末テストとして4ユニット分のテスト

国際教養CALL英語Ⅱ（在学中，通算で1回のみ履修可）

- 全員同一教材を8週間で学習（2019年度の場合，『World Health Issues』）
- 中間テストとして最初2ユニット分のテスト
- 期末テストとして4ユニット分のテスト

⑸ 使用教材とテスト（語彙教材の場合）：全科目共通

- クラス内の全員が同一教材を学習（年度，学期，クラス等により異なる）
- 1セットあたり語彙10個，各語彙に例文2個（計14セット，140語彙，280例文）
- 週1回のペースで2セットずつテスト

⑹ 通常時の90分授業の典型的な組み立て

- 約15分　語彙テスト（予定されている回のみ）
- 約25～30分　CALLを使用した自習
- 約15～30分　教員によるレクチャー（他教材の使用，動機付け等）
- 約25～30分　CALLを使用した自習

⑺ 特別な回（1週目，最後の週，等）の授業内容例

1～2週目

- 実力テスト（TOEIC形式のプレースメントテスト）
- 実力テスト結果の返却，結果の解釈と動機付け，聴解教材割当
- 指導方針，CALLの意義，聴解と語彙の学習意義
- 教室・自習室・図書館・自宅でのシステム使用法，パスワード発行

聴解中間・期末テスト，聴解ユニットテスト，語彙テストの前の週

- 教材トランスクリプションの配布，テスト方法と範囲の確認
- 中間アンケート

最終週

- 実力テスト（TOEIC形式のポストテスト）
- 最終アンケート

5.1.3　授業におけるCALLシステムの活用方法

本学の多様なカリキュラムに合わせてCALLの授業を展開するにあたり，計5名の教員が各自の得意分野や個性を生かして創意工夫をするのは当然のことであるが，全教員の共通認識は，3Rの理論と教材を最大限に生かし，効果的な教育をするということである。本項では，5名の教員の共通認識を主体としながらも，具体的には筆者個人の実践も含めて授業内容を説明する。

まず，CALL授業の大きな特徴は，授業時間外でもコンピュータとインターネットさえあれば，授業中と同じ教材を同じように自習できることである。しかし，いつでもできると言っているだけでは，ほとんどの学生は活用しないと予想されるため，他の教員と相談して統一基準を設け，授業時間中と授業時間外を合計した自習時間数を数値で義務付けている。前述の4種の授業別に，週2回15週の「CALL英語」は36時間，週1回15週の「英語Ⅲ（CALL）」は28時間，週2回8週の「国際教養CALL英語Ⅰ」と「国際教養CALL英語Ⅱ」はそれぞれ21時間の学習を義務付けている。学習時間数のノルマがあるとわかっていても，多くの学生は学期末にまとめて帳尻を合わせようとする傾向にあるため，毎週の授業でクラス全員の自習時間数のグラフを印刷して掲示し，各自の進捗状況が視覚的に把握できるようにしている。実際にはシステムにログインする際に本人の自習時間が表示できるようになっているが，印刷して掲示され，他の学生とも比較が可能となることにより，各学生の学習意欲の向上につながっている。とくに自習時間が少ない学生には教員から個別に声をかけ，逆に時間数が多い学生は褒めるだけでなく，最低ノルマや他の学生の時間数は気にせず，少しでも多く学習することが本人の実力につながると筆者は何度も力説している。また，文京学院大学の学習時間とTOEICスコアの上昇の関連性を示すグラフ（第6章の**図6.1**）を学生に見せて動機付けを行っている。

次に，授業時間外にCALL教材で自習することを前提とすると，授業中に何をすればよいかというのが問題になる。CALL教材を最大限に活用することを重視すれば，授業時間外にCALLシステムで自習し，すべての授業時間（90分間）もフルにCALLで自習をするのが「最大限」ということになる。しかし，90分も黙々とパソコンの前で自習をするだけでは集中力が保てない学生もいることに加え，家でもできることをなぜ大学の授業中に自習形式でしなければならないのかという疑問が生じる。それでは，授業時間外のみにCALL教材を使わせ，授業中90分はCALLの自習とは異なる学習を一斉授業で行うという考え方も成り立つ。しかし，その場合，授業ですることが成績評価に影響しないのであれば，学生は真面目に取り組まなくなるので，授業内容についてテストをしたり予習や復習を求めたりすることが必要になる。その分，授業時間外のCALL教材の使用時間が削られ，本末転倒になりかねない。CALLの授業を始めた頃から，このようなジレンマ（つまり，授業時間外に使うCALL教材を授業でも自習形式で使うかどうか）があったが，**5.1.2項**の(6)で示したような折衷案のような形で授業を長年行い，学生の様子を見ながらバランスを工夫している。結局，**5.1.2項**の(6)の「教員によるレクチャー」の部分は成績評価に加えていないが，CALLによる自習の合間の息抜きになったり，各学生が英語学習に前向きに取り組む動機付けになったりしていることが後述の**第6章6.2節**の自由記述によるアンケート結果からも明らかである。

人間教師による一斉授業と比べて，コンピュータのハードウェアやソフトウェアを使うというだけでもCALLの授業運営には苦労がともなうが，さらに運営を複雑化させる要因は，各学生の英語力に合わせて複数の教材を並行して使用していることである。前述の「国際教養CALL英語」では，比較的英語力の差が小さいので聴解教材を1種類で統一しているが，普遍教育の学習者は多学部にわたる多様な入試制度が影響して，入学時のTOEICの点数が100点台から900点台，TOEFLの点数が300点台から600点台に分布するため，「CALL英語」や「英語Ⅲ（CALL）」では，**5.1.2項**の(4)に示した通り，同一クラス内でレベル別の4～5教材を同時に使用している。これにともない，印刷物を通常の4～5倍用意するだけでなく，1学期に2～4回実施する聴解教材別のテスト問題も4～5倍作成し，採点し，難易度の調整をする必要も生じる。聴解テストを授業中に実施する際には，教室のスピーカーを使って教材別に異なる音声を流すことはできないので，ヘッドホンから音声を聞く必要がある。千葉大学では，テスト専用のソフトウェアを作成することによって対応しているが，そのようなソフトウェアがない場合には，聴解教材の「教材一覧」を画面上に表示させ，ビデオクリップの再生をさせながら問題文を印刷したテスト用紙に書き込む形でテストを実施することも可能である。ただし，その場合は，「教材一覧」以外の辞書，ヒント，トランスクリプション等の画面を表示してはいけないと事前に指示し，テスト中も巡視する必要がある。

複数の聴解教材を併用する一方で，語彙教材はクラス内で同一教材と同一テストを使用しているので比較的教員の負担が少ないと言える。語彙テストは教員が読み上げる英語の語彙や例文の和訳を解答用紙に書かせたり，逆に日本語の英訳を書かせたりすることによって，毎回 10 問出題している。語彙テストがある日は授業の最初にテストを実施し，学生が自習している間に採点をし，授業中に結果をフィードバックするようにしている。

5.1.4　授業における教員の役割

CALL の授業運営の実態を知らない人から見れば，自習システムの CALL がありながら，なぜ教員が必要なのかという素朴な疑問が生じるのはもっともなことであるが，実際に授業を担当してみると教員の必要性は明らかである。本学の CALL の授業の教員の役割として，以下のようなものが挙げられる。

(1)　授業中の自習態度の観察（教室を巡回して，注意したり褒めたりしないと集中を欠く学生がいる）
(2)　教材内容についての質問への対応（いつでも質問を歓迎しますと言っていても，教員が近くを通りかかったときのほうが質問しやすい。また，学生からの質問に対応することにより，どこでつまずいているかが教員にわかり，次の教材開発をするときの参考になる）
(3)　各種テストの実施と採点（最初はやる気のある学生であっても，テストがないと継続意欲が失われる。頻繁にテストがあることにより，学習のペースを保つことができる）
(4)　授業の途中での「教員によるレクチャー」による動機付け（効果的な CALL 教材で学習をしても，ときどき人間教師の話を聞くことが刺激になる）

「教員によるレクチャー」は各教員が自由にトピックを決めているが，筆者の場合は，以下のようなトピックを含めている。

・授業時間外の自律学習の重要性

・英語の4技能の学習順序，聴解と語彙の二本柱を重視する理由
・語彙の意味の多様性
・音声英語の実態と聴解
・3R コースウェアの理論的背景
・3R コースウェアの紹介，割り当てられていない教材の自主的学習のすすめ
・映画，ニュースの聞き取り
・海外の文化や社会の紹介
・筆者の留学や海外渡航の体験談
・海外研修プログラムの紹介
・外部テスト（TOEIC，TOEFL 等）の紹介と「英語の健康診断」のすすめ
・千葉大学イングリッシュ・ハウス施設の活用のすすめ
・千葉大学への留学生（英語圏や非英語圏の出身者）による講話と質疑応答
・アンケート結果へのフィードバック

5.1.5 学生の成績評価方法と結果

近年，学内外において，「成績評価の厳格化」「単位の実質化」という言葉を聞く機会が増えてきた。普遍教育の評価は基本的に絶対評価であり，自分の授業を取った学生にはいい成績をつけてあげたいという感情もあるが，成績が甘いという評判が立ってしまっては真面目に学習しない学生が増えることも予想される。授業方針やシラバスを共通化しているので，すべての CALL 授業で成績がほぼ公平に分布するよう統一基準を設け，全クラスの成績素案を作成している。1 年次対象の「CALL 英語」を例に取れば，以下の配点で成績の素案を作成している。

(1)	教材 1 聴解テスト（中間テスト）	20％
(2)	教材 2 聴解テスト（期末テスト）	20％
(3)	語彙テスト 9 回（ほぼ週 1 回の頻度）	30％
(4)	期末実力テスト（TOEIC 形式ポストテスト）Listening	15％
(5)	期末実力テスト（TOEIC 形式ポストテスト）Reading	15％
(6)	欠席回数に応じて減点	
(7)	全体のバランスを見て，必要に応じて一律に若干の加点	

成績評価結果の一例として，2018年度後期「CALL英語」（週2回）の6クラスの履修者229名（途中脱落者を除く）の成績分布素案は，以下のようになった。

秀	(90点以上)	10%
優	(80～89点)	35%
良	(70～79点)	35%
可	(60～69点)	15%
不可	(60点未満)	5%

ただし，この素案に基づき，各教員が以下のような調整を加えている場合がある。

(8)	自習時間に応じて若干の加点
(9)	「可」のボーダーラインを少し下回る場合，授業態度に応じて若干の加点

たとえば，不可に相当する58点の学生の授業態度が悪くなかった場合，担当教員の裁量により2点加点することがあるので，上記より不可の割合が減る傾向があるが，具体的な人数は把握していないし，教員同士で干渉しないことにしている。

普遍教育の授業も国際教養学部の授業も，全クラスで統一基準を設定し，体系的な成績評価をしているため，上記の成績分布に大きな偏りが生じることはなく，また学生からの成績評価への問い合わせもほとんどない。

5.1.6　3Rシステムの成果

前項で学生に与える成績について説明したが，逆に教員側（CALLシステムと指導方法）の成果についても検証する必要がある。まず，一例として前述の2018年度後期の6クラス229名について，英語力がどれだけ伸びたかを調査した。前項の成績評価基準のうち，(1)から(3)は学習した聴解教材と語彙教材をどれだけ身に着けたかを示し，(4)と(5)は（現行のTOEICテストとは形式も内容も若干異なるが）応用力を測るTOEIC形式の実力テストである。後期授業最初の10月上旬から最後の1月下旬にかけてListeningとReadingおよびTotalがどれだけ伸びたかを示したのが**表5.1**，**表5.2**と**図5.1**である。この結果について，2つの興味深いことがわかる。

表5.1　2018年度後期成績別実力テスト（素点）

成績	人数	プリテスト（2018年10月上旬）			ポストテスト（2019年1月下旬）		
		L	R	Total	L	R	Total
秀	22	281.4	277.0	558.4	317.0	297.3	614.3
優	81	236.4	235.2	471.7	270.5	262.7	533.1
良	80	206.7	188.8	395.5	235.0	222.2	457.2
可	34	183.2	168.7	351.9	201.0	200.0	401.0
不可	12	172.9	134.2	307.1	184.2	184.6	368.8
全員	229	219.1	207.9	427.0	247.7	238.4	486.2

表5.2　2018年度後期成績別実力テスト（上昇量，t 検定と効果量）

成績	人数	上昇量			Total t 検定と効果量		
		L	R	Total	t 値	p 値	d 値
秀	22	35.7	20.2	55.9	5.79	$p < .01$	0.99
優	81	34.1	27.4	61.5	8.39	$p < .01$	0.76
良	80	28.3	33.4	61.7	7.22	$p < .01$	0.68
可	34	17.8	31.3	49.1	3.58	$p < .01$	0.66
不可	12	11.3	50.4	61.7	4.12	$p < .01$	0.82
全員	229	28.6	30.6	59.2	12.91	$p < .01$	0.57

数値は丸めの誤差を含む

ひとつ目は229名の平均について，ListeningとReadingがほぼ同等に伸び，Totalで約60点も上昇したということである。聴解と語彙を重視する授業でありながら，学習成果が読解力にも転移していることが示された。この授業ではSpeakingやWritingの発信能力を測定してはいないが，竹蓋・水光（2005, pp.174-182）が示しているように発信力への転移も期待できるし，実際に授業履修後に留学して英語を使って活躍している学生も少なからずいる。

2つ目に興味深いことは，前項で述べた成績評価別に実力テストの上昇量を比較したところ，どの成績区分もTotalの平均点が伸びているということである。前述のとおり，学生にとっては期末（1月）の実力テストのスコアが最終成績の30%に反映されるだけであって，10月の実力テストのスコアや上昇量は，直接は成績に関係しない。つまり，期末の実力テストのスコアが何点以上だったから自動的に「秀」を与えるとか，何点以上伸びたから「秀」を与えるなどという評価方法をしたのではなく，結果として総合評価が「秀」「優」「良」「可」「不可」であった学生の 10 月から１月への上昇量を今回の研究のために測定してみたということである。図表を見て明らかなように，残念ながら不可になった学生でさえ，途中で脱落せずに最後まで学習を継続すれば英語力を伸ばしていることが判明した。ただし，土肥 (2006) は過去の TOEIC の得点の推移を調査した結果，初回の得点が低いほど上昇量が大きいという一般的傾向が見られることを指摘している。**表 5.1** についても見かけ上，不可の学生の Total 上昇量 (61.7 点) よりも，10 月の段階で 558.4 点もあった秀の学生が英語力をさらに 55.9 点も伸ばしたことのほうが意義があると言えるかもしれない。

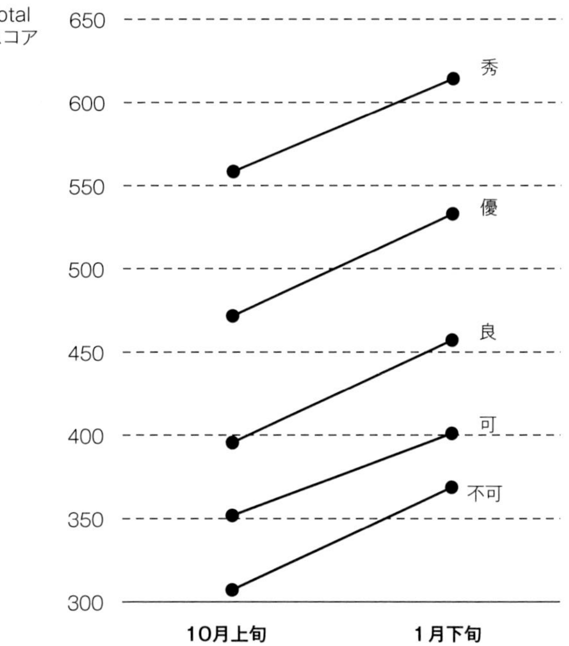

**図5.1　成績別に見た実力テストのTotalスコアの推移
（表5.1，表5.2から抜粋）**

さらにもうひとつ付け加えるとすれば，CALL のようにクラス内で習熟度別教材を与えている場合に，英語力が低い学生は簡単な教材を与えられて楽をしながらいい成績を取ることができるので不公平であるという懸念を示す学生がいることへの反証である。10 月の Total のスコアと CALL の最終成績が完全に正比例しているわけでもないし，因果関係を示しているのでもないが，もともと英語力の高い学生もそうでない学生も，CALL の学習によって英語力を伸ばしているという狙い通りの成果が得られたことを示している。

学生の情意面の調査については，千葉大学のシステム利用者が増えたことにともない，39 項目からなる同一形式のアンケートに回答した学生 1 万名以上の 5 段階評価結果を分析した結果，81％の学生が教材理解力が向上したと回答し，86％の学生が「この授業を取ってよかった」と回答していること等が判明し，システムの有効性を示すことができた。詳細については，土肥 (2011) および土肥・竹蓋 (2012) を参照されたい。また，アンケートは 5 段階評価だけでなく，自由記述の回答があり，その集計結果の詳細については，第 6 章の **6.2 節**に示した。

以上，少人数の教員で目的や興味が多岐にわたる多人数の学生に，四半世紀にわたって統一した教育方針に則って効果的な CALL システムの開発と指導を行った結果，効率よく英語コミュニケーション能力を養成できていると考える。英語力の向上は困難な課題であるが，真摯に取り組んでいる学生や 3R の理念を深く理解し熱意をもって実践する同僚教職員の皆様のご協力に感謝したい。筆者が現在専任教員として勤務する國學院大學においても CALL システムを導入することが決定し，3R の恩恵に浴することになった (**5.7 節**参照)。千葉大学の成功例を最大限に活用させていただきたい。

5.2　文京学院大学での教育実践

文京学院大学は東京と埼玉にキャンパスを持つ 4 学部からなる中規模大学で，3R コースウェアを使用した指導を主に行っている外国語学部は 1 学年 300 人弱，在籍学生数 1000 人強の学部である。2001 年に千葉大学から文京学院大学 (当時文京女子大学) に移られた竹蓋幸生先生が直々に持ち込まれる形で 3R

コースウェアが導入され，2021 年現在まで 20 年間に渡り，学部英語教育の重要な一部として展開されている。阿佐（2009 年度から）と与那覇（2002 年度から 2018 年度まで在籍）は文京語学教育センター（BLEC）の研究員として，3R コースウェアを使用したカリキュラム開発および科目の開設と運営，自習者へのサポート，各種表彰システムによる CALL 周辺環境整備，また 3R コースウェアと教材管理システムを利用した非対面授業の実施，およびそれらの結果分析と研究報告を行ってきた。竹蓋幸生先生が在籍されていた期間の実践報告については枚挙にいとまがないが，ここでは竹蓋幸生先生が本学を去られてから，主にここ 10 年間の文京学院大学外国語学部での実践内容をまとめる。なお，この実践の結果については第 6 章の **6.1 節**で報告する。

5.2.1　学習環境とサポート体制

「三ラウンド・システム」はコースウェアだけではなく，英語教育に関わる全ての要素を包括的に考える教育理論である。したがって，その中核となっている 3R コースウェアも単体で効果を発揮する魔法ではない。コースウェアは，学習者自身の考え方や行動，教師，カリキュラム，時間，環境，友人，機器と有機的に作用した場合に最大の効果を発揮するからである。

そこでまず，文京学院大学外国語学部ではどのように 3R コースウェアに関わる英語学習環境を整備しているかを以下に説明する。同学部では 2013 年度から入学時に全員分の ID を 3R コースウェアの管理システムに登録し，学生全員が教材を使用できる環境を整えている。つまり，学生は 3R コースウェアを入学時から学習開始でき，卒業するまで長期休暇を含め常時利用可能である。3R コースウェアを利用するために授業履修は必須ではなく，自習での利用，夏休み中の利用，留学中の利用も可能である。インターネットとコンピュータがあればどこからでも学習できる CALL ならではの利便性をフルに活用できる環境と言える。しかし，最初から自主的に 3R コースウェアを利用する学生は少なく，大部分の学生は 3R コースウェアを使った授業を履修して教員による進度チェックを受け，定期的にテストを受験して理解度を確認する環境の中で学習を継続させ，習熟度を伸ばしている。我々は，対面授業である「e- ラーニング応用」，「TOEIC・英検（入門・初級・中級）」，「TOEFL 講座」，「英語資格講座II」に加え，非対面授業である「GCI e-learning」といった複数の授業で3Rコースウェアを使った指導を実施している。阿佐・与那覇でこれらの選択科目を週10コマ開講し，多い時で週に200から300人ほどの学生が3Rコースウェアに向かう。本節では，対面授業の例として「e-ラーニング応用」，非対面授業の例としては「GCI e-learning」を取り上げる。

3Rコースウェアのオンラインテストは学内で共通に使用され，教室受験，BLEC等のオフィス受験の際に教員もしくは職員が学生にその場限りのパスワードを伝え，監督の元，指定されたサイトからアクセスが可能になるもので，内容は各自の3Rコースウェアで使用されたWORDS, PHRASESの音声を聞き，意味を選ぶ問題（4択），教材内の音声の一部を聞いて内容に関する質問に答える内容理解問題（4択），英語音声を聞き空所部分を聞き取る問題（4択），音声なしで英文の空所に適切な英語を入力する問題で構成され，おおよそ20分かかるテストである。結果はテスト終了時に画面に表示される。

3Rコースウェアのサポートは BLECの専属職員と教員（研究員）が全面的に行い，授業内外でのサポートを実施している。メールで，または直接トラブル対応を行うだけでなく，BLECオフィスでの学習相談を実施することで効果的な教材使用法や英語学習方法に関するアドバイス提供も行っている。

合計4つの3Rコースウェアを終了したものは表彰され，1000円分の図書カードが贈られる。終了とみなされるためにはすべてのラウンドを終了するだけでなく，一定の時間以上学習し，かつ，コースウェアに組み込まれているUnit Testまたは授業中に受験するUnit Testに6割以上の正答を出すことを求めている。これらのチェックだけでも専属の職員が必須である。教材のコアとなるソフトウェアが大事なことはもちろんだが，その周りをサポートする職員や顕彰制度，学部をあげての3Rコースウェアの採用などCALLを行う周辺環境の充実は3Rコースウェアを有効に活用するために必須と考える。

5.2.2 対面授業での実践

一般的にCALL教材は授業時間外の自主学習を可能にする教材である。大学では1単位に対し45時間の学修が求められるが，CALL教材は授業外の学修に十分な内容を提供できるため，昨今の学修に対する改革の流れにも対応しているといえる。3R コースウェアはその 3 つのラウンドに応じたタスクを，ヒント情報等を参考にしてこなしていくことで自ら学習を進めることができ，きちんとしたステップを踏んで最後まで辿り着ければいつの間にか英語素材が理解できる，高い効果の期待できる教材（竹蓋・水光, 2005）である。教材のインターフェイスはクラシックではあるが，内容はまさに「今の時代に対応したモダンな教材」である。しかし，「最後まで辿り着ければ」という条件が付く。自習での e-learning 教材を自主的に使用する学生の割合は 0.8% とも言われ（片桐, 2006），積極的に推し進めている文京学院大学外国語学部においても，授業外で教材を使用していた学生の自習の完遂率は 7% であった（学期初頭に 5 回に及ぶ教材学習説明会，BLEC のサポートを行い，アンケート調査を実施した 2011 年度の 1 年生で，3R コースウェア使用の授業を取っていない 191 人中 14 名が自習を最後まで行ったと回答）。つまり，どんなによい教材でも置いておくだけでは，また，教材の使い方を理解させて困ったときのサポートを受けられるようにするだけでは，ほとんど使用されない。毎週の授業で教員のちょっとした「目」を感じさせること，効果的な使い方を先輩の例などを使って具体的に授業でアドバイスすること，褒めたり，場合によってはある程度厳しく注意したり，教室でシャドーイングなどの教材に関わる作業を一緒に行ったり，コンピュータにはできない教員の手仕事が教材の完遂率を高める。

そのような 3R コースウェアを効率良く使うことができ，最終的には自律的な学習者を育てることを意図した選択科目「e- ラーニング応用」を，2012 年度より前期 2 コマ，後期 2 コマ実施している。教材としては，3R コースウェアとともに三ラウンド・システムに基づいて作られた CALL 語彙教材「TOEIC Vocabulary」を使用した。授業の学習スケジュールと成績評価の割合については**表 5.3** をご覧いただきたい。

3R コースウェアと語彙教材は共に 30% の成績配分，3R コースウェアの学期トータルの学習時間 15 時間を 10% 満点として，さらに超過学習したものには 5% を上限に加算するため，合計で成績の 70 ～ 75% が 2 種の教材の学習内容定着度と学習量で決まる授業である。語彙教材テストは効果的な分散学習が行われるよう，1 か月程度で同じ試験範囲に 3 回戻るスケジュールで，1 回目より 2 回目のテストの方がより難しくなるように作られている。3 回目は，テスト形

表5.3　学習スケジュール

週	3R コースウェア 学習範囲	テスト範囲	
		TOEIC Vocabulary	3R コースウェア
第 1 週	オリエンテーション		
第 2 週	Unit 1 ラウンド 1，2 の途中	Set 1&2　1 回目	
第 3 週	Unit 1 ラウンド 2，3	Set 3&4　1 回目	Unit 1
第 4 週	Unit 2 ラウンド 1，2 の途中	Set 5&6　1 回目	
第 5 週	Unit 2 ラウンド 2，3	Set 1&2　2 回目	Unit 2
第 6 週	Unit 3 ラウンド 1	Set 3&4　2 回目	
第 7 週	Unit 3 ラウンド 2	Set 5&6　2 回目	
第 8 週	Unit 3 ラウンド 3	Set 7&8　1 回目	Unit 3
第 9 週	Unit 4 ラウンド 1	Set 9&10　1 回目	
第 10 週	Unit 4 ラウンド 2	Set 7&8　2 回目	
第 11 週	Unit 4 ラウンド 3	Set 9&10　2 回目	Unit 4
第 12 週	Unit 5 ラウンド 1／次の教材の Unit 1 ラウンド 1[*1]	Set 1 〜 5　3 回目	
第 13 週	Unit 5 ラウンド 2／次の教材の Unit 1 ラウンド 2	Set 6 〜 10　3 回目	
第 14 週	Unit 5 ラウンド 3／次の教材の Unit 1 ラウンド 3		Unit 5 ／ Unit 1
第 15 週	授業内 期末テスト（TOEIC 形式：Listening Section のみ）		
前期終了時	学内 TOEIC L&R IP テスト		

*1　3R コースウェアは教材によって構成する Unit 数が異なるため，Unit 4 までしかない教材の場合は次の教材の Unit 1 を学習した。

*2　成績評価の割合は次の通りとした。

(1)　3R コースウェアの Unit テスト（計 5 回）= 30%
(2)　TOEIC Vocabulary (Reading) のテスト = 30%
(3)　3R コースウェアでの総学習時間（15 時間を要求）= 10%（超過分は 5% 上限で加算）
(4)　期末テスト（TOEIC 形式）= 10%（授業内期末 5%・学内 TOEIC 5%）
(5)　平常点 = 20%

式はそれほど難しくないが学習範囲が広くなる。毎回の単語テストは授業冒頭に 15 分程度で行った（遅刻予防にもなる）。

3R コースウェアについては，学生はスケジュールの学習範囲を当日までに終わらせてくることを課題とされ，単語テスト終了後に授業中でも学習を進め，教員は画面越しに進捗チェックを行う。教室を回り，各学生の進捗を確かめ，終わっていない者には注意と課題確認，順調に進んでいる者には親指を立てて「Good job!」などと伝え，教材の難易度が合わない場合などの相談にも乗りながら20分程度の時間を学習進捗チェックのために使う。学期初めにはこの時間の途中で全体に声をかけて，学習のコツを伝えたり，先輩の成功例を伝えたりしている。

学習のコツとしては，学期初めに必ず三ラウンド・システムの意図を伝える。例えば「英検のリスニング問題，勉強したことがあると思うけれど，ひとつのパートを何度聞いたことがある？　20回聞いた人はいます？　いないよね。1回聞いて解答し，答え合わせで2回目を聞き，聞き取れなかったらもう2回ぐらい聞く。そこまでで5回ぐらい聞き直すと“俺すごい勉強してる！”ってなってたと思う。話を球技に変えます。サッカーのシュート練習，5回やったら俺もう完璧って人，いませんよね？　20本，30本，毎日毎日練習して上手くなる。英語も同じです。ひとつのパートを20回でも30回でも聞きこむことが大事。でも誰もやらない。なぜ？　つまらないから，飽きるからです。三ラウンド・システムではひとつのパートをUNITが終わるまでに自然と20回は聞くことになります。最初はキーワードを見つけられたらクリックする，で1回聞く，次は単語の意味を確認しながら1回，ステップが進めばヒントをもらいながら「男性はなぜ図書カードが必要なのでしょうか」のような具体的な内容を聞き取るために再度聞く，そのようにして同じパートを20回は自然と聞くことになります」などと分かりやすい例を交えながら伝えている。それを実現するためには「教材の指示には必ず従うこと」をしつこく伝えている。3Rコースウェアでは，同じ英語素材を違う視点，違うヒント，違うタスクをもらいながら何度も聞くことで効果をもたらす，最終的に何を言っているか理解できるようになるため，「画面上の指示で『もう一度聞いてみよう』と言われたら必ず聞き直す，『書いてみよう』と言われた必ず書く，『踊ってみよう』と言われたら踊ること」のように，必ず指示に従うようにすることを伝えている。

また学習中に「この質問，もう答えがわかるから聞かずにNEXTを押して…」もしてはいけないと伝える。「英語は球技と同じ。指示に従わずに聞き直さない人は，昨日のサッカーの試合でシュート決まったから今日はもう練習しない，って言っているのと同じ。それでは伸びない」。もしヒントなしでも十分内容がわかる場合は簡単すぎる教材なので，教材変更を勧める。それらの意味でも学期冒頭に上記三ラウンド・システムの説明をするのは必須である。

学習の進捗チェックの後には追加でシャドーイングの時間を全体で設け5分程度行う。その際，隣の人に聞かれるのは恥ずかしいという学生が多いため，教室のスピーカーからBGMを流している。学生の授業アンケートでも「BGMは学生の気持ちを分かってくれている」と高評価をもらえている。ただいつも同じだと飽きるので変えて欲しい，との意見もある。BGMが耳に入らないほど集中して欲しいところではあるが，バリエーションの追加を検討したい。

それらの3Rコースウェア関連の内容が終了した後，各教員が用意したTOEIC対策のプリントや速読練習を3Rコースウェアのテストがある日は15分程度，ない日は30分程度行い，1コマの授業が終了となる。担当者が異なる授業ではこの最後の部分で使うワークシートのみが異なり，それ以外については共通の期末テスト（TOEIC 模擬試験問題 Listening Section 100問），共通の3Rコースウェアのオンラインテスト，共通の語彙教材 TOEIC Vocabulary のテスト（紙媒体）を使用した。

授業終了時の授業アンケートでは，「だいたいの教科より，宿題量や勉強量が激しかった」「予習が辛かった。テストの量が多いときは特に辛かった」と内容の大変さを語るものがある一方，「自分でもおどろくほど授業に対してのやる気を持つことができた。後期も履修したい。みんなにすすめられる授業のひとつです」「LTM（3Rコースウェア）はUnitを進めていくと，英文がどんどんききやすくなっていったし，Voca（TOEIC Vocabulary）もやればやるほど，頭に長く記憶されていったので，とてもやりがいがあった」「街を歩いていても，外人の方が何をしゃべっているか理解できるようになったり，毎日がとても楽しくなりました」などのポジティブな回答を得られている。定量的な結果については第6章の**6.1節**で報告する。

5.2.3 非対面授業での実践

前述の授業「eラーニング応用」は毎週の授業で顔をあわせる対面式の授業であるが，自律学習用CALL教材は，学習者の強い意志，自制力，計画性，忍耐力があれば，理論的には独りで学習できる。しかし，そのような学生はなかなかいない。独りで学習を続けるのは至難の技である。「教材を置いておけば学生は勝手に自習をし，勝手に力がつく」というのは無茶な話なのである。しかし，文京学院大では2013年にその無茶な自習使用に乗り出す必要性に直面することとなった。2013年度より東京本郷キャンパス，埼玉ふじみ野キャンパスにまたがって全学部横断型グローバル教育プログラム「Bunkyo Global Career Institute（以下，GCIと略す）プログラム」が開始され，その英語教育の一部に3Rコースウェアを採用することになった。しかし，学部によっては実習等に多くの時間を必要とし，月曜から金曜までの１限から５限まで全て埋まっているため，GCIの英語のために１コマを割く余裕が物理的にない学部もあった。また東京と埼玉の両キャンパスに学生が混在するため，ひとつの教室に集まって授業をするのは難しかった。GCIの普通授業ではテレビ会議などで繋いで対応しているが3Rコースウェアを使用するパソコン教室はテレビ会議に対応していないため，対面授業を実現できない。そこで3Rコースウェアを授業外で使用し，テストと学習量で評価を実施する非対面式の授業とすることになった。

選択科目GCI「e-learning　Ⅰ～Ⅷ」は２～３週間に１度テストの時のみ教室に集まる「ほぼ」自習型の授業である。４年間の在学期間に毎学期履修できるようにⅠ～Ⅷが開講される。学生は各自で3Rコースウェアを使って学習し，担当教員がオンラインの管理システムで進捗状況をモニタリングしたり，職員のサポートにより各学生の学習進捗状況やテストの点を毎週まとめたものを元に，教員が毎週メールで連絡したりする新たな試みである。なお，教材の消化不良を避けるために，できるだけ3Rコースウェアを使用する他の対面式授業を同時履修しないように指導した。本郷キャンパスの阿佐・与那覇に加え，ふじみ野キャンパスでGCIを担当する教員（人間学部の畑倫子先生）が連携して指導に当たった。時間割上テストの時間に教室に集まることができない場合は，テストの週にBLECやふじみ野のオフィスで受験する。学生は毎週設定される目標学習時間を越えることを目指して学習を進め，教員は担当する学生に毎週メールで学習時間やテストのクラス平均点等を伝え，叱咤激励をし，テストの直前にはリマインダーを兼ねて3Rコースウェアの使い方のヒントや英語学習に関連した豆知識やアドバイスを３人の担当者連名で配信をする。教材不具合の際や教材内容に関する質問に対しては，メールやオフィスでの対面でのサポートを実施した。初年度の2013年前期には本郷キャンパスだけでも延べ290通のメールのやり取りが行われた。非対面式授業は一見楽に思えるかもしれないが，そのようなことはない。授業で集まった際に伝達すればクリアになるような質問内容が学期中に散発的に挙がってきてその都度丁寧に対応する必要がある。

教材は直近の学内TOEIC IP（Listening & Reading）の合計スコアを元に教職員が割り当てた3Rコースウェアと語彙教材TOEIC Vocabularyの2種類を使用し，学期中に3RコースウェアのUnitテストを5回，語彙教材のテストを3回実施した。加えて，学内TOEIC IPのスコアを成績の一部とした。目標の学習時間に満たない場合，テストの点から足りない時間に比例して減点する形式を取った。学習スケジュールと成績の評価方法は**表5.4**に示したとおりである。

1.5時間（90分）の毎週の授業がない代わりに，毎週3Rコースウェア だけで1.5時間の学習を課して，3週間ごとのテストまでに4時間半の進捗がない場合はテストの点数を減点する。少し足りないだけであれば微減点，大幅に足りないと大幅減点となるように計算式を立て，かつ，大幅に上回る学習をし，頑張った学生はテストの点が比例的に加点される。3Rコースウェアのテストはオンラインの共通のものを使用し，語彙教材のTOEIC Vocabularyも同じオンラインテストに載せる形で実施した。ふじみ野キャンパスからも同様にアクセス可能で，成績評価についても一括してデータを入力して3名の教員で連携し，同じ基準で評価を行った。

2013年度前期の履修者56名のうち約95%にあたる53名が最後まで目標学習時間のノルマを達成した。2013年度から2016年度前期までの6学期290名のアンケート調査の分析（阿佐・畑・与那覇，2017）では「毎週授業に出席しなくて済むのはよかった」と回答した受講生は 94 %で，担当教員とのやり取りが十分だったと感じた受講生は約77 %，メールが役に立ったと感じた受講生は 約97 %であった。約78 %の受講生がこの授業を通して英語力が上がったと感じていた。また本科目の履修者と非履修者とを入学時から2年後期までのTOEICスコアの伸びを算出した結果，履修者はTOEIC合計点が平均134点伸び，非履修者は97点で37点多く伸びたことがわかっており，分析の結果は有意傾向が

表5.4　学習スケジュール

週	自習範囲		テスト範囲	
	3R コースウェア	TOEIC Vocabulary	3R コースウェア（学習時間ノルマ）	TOEIC Vocabulary
授業前	オリエンテーション			
第1週	Unit 1 ラウンド 1			
第2週	Unit 1 ラウンド 2	Set 1		
第3週	Unit 1 ラウンド 3	Set 2	Unit 1	
第4週	Unit 2 ラウンド 1	Set 3	（ここまでに計 4.5 時間）	
第5週	Unit 2 ラウンド 2	Set 4		
第6週	Unit 2 ラウンド 3	Set 5	Unit 2	Set 1-5
第7週	Unit 3 ラウンド 1	Set 6	（ここまでに計 9 時間）	
第8週	Unit 3 ラウンド 2	Set 7		
第9週	Unit 3 ラウンド 3	Set 8	Unit 3	
第10週	Unit 4 ラウンド 1	Set 9	（ここまでに計 13.5 時間）	
第11週	Unit 4 ラウンド 2	Set 10		
第12週	Unit 4 ラウンド 3		Unit 4	Set 6-10
第13週	Unit 5 ラウンド 1／次の教材の Unit 1 ラウンド 1[*1]	Set 1-5	（ここまでに計 18 時間）	
第14週	Unit 5 ラウンド 2／次の教材の Unit 1 ラウンド 2	Set 6-10		
第15週	Unit 5 ラウンド 3／次の教材の Unit 1 ラウンド 3	Set 1-10	Unit 5 ／ Unit 1	Set 1-10 総復習テスト
前期終了時	学内 TOEIC IP テスト　（ここまでに計 22.5 時間）			

*1　3Rコースウェアは教材によって構成するUnit数が異なるため，Unit 4までしかない教材の場合は次の教材のUnit 1を学習した。

*2　成績評価の割合は次の通りとした。

(1)　3Rコースウェア のUnitテスト（計5回）　= 40%
(2)　TOEIC Vocabularyのテスト（計3回）　= 20%
(3)　3Rコースウェアの総学習時間（22.5時間を要求）　= 20%
(4)　学期末のTOEIC IPテスト　= 20%

あった（$t(82) = 1.85$, $p = .07$, $d = 0.42$）（阿佐・畑・与那覇, 2017）。受講生の主観的評価が高かっただけでなく，英語力自体も伸びていたことがわかる。

田地野・水光（2005）は「CALL を導入しさえすれば問題が改善され，より効果的な教育が実現できるわけではない。（中略）自律学習型の CALL クラスと他の対面授業との連携を保つことが重要」（p.46）としている。文京学院大学での取り組みは，3R コースウェアを対面型，非対面型授業の軸としながら，教員間で連携を取り，BLEC などのオフィスでのサポート，顕彰制度などの包括システムを充実させることによって，中核である 3R コースウェアを有効に機能させている取り組みと言えるだろう。3R コースウェアが持つ「指示文に込められた三ラウンド・システムの絶妙なアシスト」により，授業外でも教員がそばにいるような環境を提供できる。自律学習型である CALL 教材を授業内外で使用することで，学習時間を確保しながら，学習者の英語力を伸ばすことができる。ハード面でもソフト面でも準備に時間のかかる CALL ではあるが，連携を武器にすることで，価値ある苦労にできる，と考える。

5.3　対面授業と e-learning による自習を融合させた *Listen to Me!* の授業設計

名古屋外国語大学（以後 NUFS）[1] では，「コミュニケーション能力のかなめはリスニング力」との認識にたって，三ラウンド・システムのコースウェアを使った CALL 授業「Listening Comprehension 科目」（以後 LC 科目）を 3 学部の 1 年次生必修の英語科目に指定した。なぜなら，リスニングは「トップダウン情報」（社会や言語などに関する一般的な既有知識）と「ボトムアップ情報」（文法・語彙・音声などに関する意識的に獲得した知識）を瞬時に総動員して理解する行動であるため，リスニング力の向上が他技能の学習をより容易にするからである。

このように重要な技能でありながら，リスニングに対する日本人英語学習者の苦手意識は強い。ネイティブ・スピーカーの日常会話の発話速度は 1 分間に平均約 200 語と言われ，1 秒間あたり 3.3 語を聞き取らなければならない。そのため，「速い，全部繋がって聞こえる，すぐには意味がわからない，聞いたそばから忘れてしまう，文字で確認しないと不安」などと感じるのである。

NUFSはこれらの問題解決に向けて，幅広い英語力（TOEIC 250～900点）を持つ1年次生のリスニング力を，インターネット配信による三ラウンド・システムのCALL教材（以下，「3Rコースウェア」と略す）*Listen to Me!* を使って向上させるために，2016年4月にITALLセンター[2]を設立した。必修科目ゆえに必ずしもすべての学生が高い動機づけで履修するとは限らず，また，いつでもどこでも学習できるというCALLのメリットが，「時間のある時にPCに向かえば良い」，という安易な学習の先延ばしに繋がりかねないことから，*Listen to Me!* の良さを最大限に活用したNUFS独自のリスニングの授業設計[3]（Instructional Design）を構築する必要があった。この設計は，筆者がLC科目を担当した2016年4月から2019年3月までの3年間の授業実践と指導効果に関するデータ分析と検証を経て，ある一定の完成をみた（椎名，2019）。まだ多くの改善点はあるが，学生からの授業評価も高かったことから，この授業設計を *"Listen to Me! Instructional Design 2018"*© （以下，「LTM授業設計2018」と略す）と呼ぶ。本論ではその設計にあたって検討した8項目，①学習用Web教材，②学習形態，③授業方法，④授業運営，⑤評価，⑥成績処理と成績管理，⑦学生へのフィードバック（カウンセリング），⑧指導効果の検証，について順を追って解説する。

5.3.1　学習用Web教材

LC科目で使用する教材の必須条件は次の4つで，その理由を矢印で示した。

学習用Web教材の必須条件

1　スピード調整がされていないごく自然な音声録音
　←ゆっくりはっきり話される音声では実用になる英語の聴解力はつかない。

2　多様な異文化情報・留学情報の提供
　←留学や国際社会で働くことを夢見て入学する学生への動機づけになる。

3　幅広い英語力の学習者に対応しうる複数の難易度別教材
　←易しすぎても難しすぎても学習意欲は高まらない。

4　成就感を与える認知的学習作業のタスクと豊富な支援情報の提供
　←学習するにつれて理解できるようになったと実感させたり，欲しい情報がすぐに手に入ったりする簡便さがないと学習意欲は継続しにくい。

(1) 長文聴解力養成用教材 *Listen to Me!*

上記4条件のすべてを満たす教材として，*Listen to Me!* を採用した。*Listen to Me!* の教材群は「三ラウンド・システム（以下，3R と略す）」[4]（竹蓋，1997）に基づいて開発され，筆者は千葉大学で他の教員と共に本教材の開発と指導に携わってきた。その効果は千葉大学や文京学院大学をはじめ他大学や高校などでも繰り返し検証されている。3R コースウェアでは，学習教材の聞き取りが難しい時は随時音声を止めて，ヒント・解説・語彙情報（WORDS & PHRASES）などの情報をワンクリックで参照しながら，音声を好きなだけ繰り返し聞いて内容理解を深めることができる。ラウンド1で大まかな内容理解，ラウンド2で詳細な内容理解，ラウンド3では明言されていない話者の意図の理解や内容の要約をする TASK が含まれている。3R コースウェアは，高橋他がアメリカ，カナダ，イギリス，オーストラリアで独自に取材・撮影し，コースウェア化したもので，日常生活・大学生活・留学生活・余暇に関する会話・案内・スピーチ・講義・報道などの多様なトピックとジャンルを含んでいる。

NUFS で *Listen to Me!* を学習する際にアクセスする 3R コースウェアのメニュー画面（**図 5.2**）では，長文聴解力養成用教材 *Listen to Me!*（15 種）と語彙力養成用教材（15 種）が一覧できるようになっている。教材名をクリックすると即座に学習を開始できるが，3R コースウェアへのログイン用アカウントを事前に取得しておく必要がある。NUFS のメディア情報教育センターと ITALL センターが教務課と連携して，1回目の授業開始までに LC 科目の履修者全員のアカウントを作成し，学習開始の準備を進めた。

表 5.5 に千葉大学から貸与された教材の名称・略称・トピック・レベルと教材の難易度を示す TOEIC のトータルスコアを記した。LC 科目は1年次生の必修科目であるため，学生の幅広い英語力・多様な興味・有用性と共に，1教材あたりの学習者数のバランスを重視して，2016 年度は，各期に使用する 3R の教材数を3種に限定した（**表 5.6**）。年度末に学習効果を検証した結果（椎名他，2017），入学時にすでに TOEIC700 点以上の英語力を持つ学習者の力を一層向上させるには，一期から「より高い難易度の教材」で学習させる必要があると判断した。2017 年度は中上級教材も加えて，各期計4種の教材を採用することにした。

学生個々の英語力に適した教材は，入学時（4月頃）に学生が受験した TOEIC

図 5.2　NUFS の Online CALL 教材メニュー

IP のスコアと**表 5.5** に示した教材の難易度を参考にして,「LTM 授業設計 2018」の一環として開発した「成績管理システム」(後述) を使って仮決定した。ただし学生には,「割り当てられた教材が自分の英語力を伸ばすうえで最適レベルかどうか」を, **表 5.7** に示した手順で確認してもらった。ここで言う「最適レベル」とは, 割り当てられた教材の音声を一回だけ聞いて,「話題は何か」がかろうじて理解できる程度(3R コースウェアの「ラウンド 1 の学習目標」) と定義した。

表5.5　3Rコースウェアの名称，略称，トピック，レベル，TOEICスコア

3R コースウェア名	略称	トピック	レベル	TOEIC
First Step Abroad	FS	初めての海外旅行，海外生活	入門	310 〜
First Listening	FL	日常会話，学校生活，笑い話	初級	380 〜
Doorway to the UK	UK	イギリスの人々と生活	初級	380 〜
New York Live	NY	ニューヨークの人々と生活	初中級	450 〜
American Daily Life	DL	アメリカの日常生活，衣食住を紹介	初中級	450 〜
People at Work	PW	アメリカで様々な仕事に携わる人々へのインタビュー	中級	520 〜
Canadian Ways	CW	カナダの文化，歴史，生活	中級	520 〜
Introduction to College Life	IC	アメリカの大学生活，研究	中級	520 〜
College Life	CL	アメリカの大学生活，研究	中上級	590 〜
Gateway to Australia	AU	オーストラリアの文化，生活	中上級	590 〜
A Bit of Britain	BB	イギリスの文化，歴史，生活	上級	660 〜
College Life II	CT	アメリカの大学生活，研究	上級	660 〜
News from the World	NW	世界各地のニュース報道	上級	660 〜
World Health Issues	WH	世界の医療系ニュース報道	上級	660 〜
Art & Design in Britain	AD	美術，デザイン	上級	660 〜

表5.6　2016，2017，2018年度の3Rコースウェアと学習者数

<table>
<tr><th></th><th colspan="3">2016</th><th colspan="3">2017</th><th colspan="3">2018</th></tr>
<tr><th>TOEIC スコア</th><th>人数</th><th>1 期</th><th>2 期</th><th>人数</th><th>1 期</th><th>2 期</th><th>人数</th><th>1 期</th><th>2 期</th></tr>
<tr><td>900-990</td><td rowspan="5">213</td><td rowspan="5">IC</td><td rowspan="5">BB</td><td rowspan="3">37</td><td rowspan="3">CL</td><td rowspan="3">BB</td><td rowspan="3">54</td><td rowspan="3">CL</td><td rowspan="3">BB</td></tr>
<tr><td>800-895</td></tr>
<tr><td>700-795</td></tr>
<tr><td>600-695</td><td rowspan="2">219</td><td rowspan="2">IC</td><td rowspan="2">AU</td><td rowspan="2">292</td><td rowspan="2">IC</td><td rowspan="2">AU</td></tr>
<tr><td>500-595</td></tr>
<tr><td>400-495</td><td>273</td><td>NY</td><td>IC</td><td>229</td><td>DL</td><td>IC</td><td>245</td><td>DL</td><td>CL</td></tr>
<tr><td>300-395</td><td rowspan="3">216</td><td rowspan="3">FS</td><td rowspan="3">NY</td><td rowspan="3">312</td><td rowspan="3">FS</td><td rowspan="3">DL</td><td rowspan="3">128</td><td rowspan="3">FS</td><td rowspan="3">IC</td></tr>
<tr><td>200-295</td></tr>
<tr><td>100-195</td></tr>
<tr><td></td><td>702</td><td colspan="2"></td><td>797</td><td colspan="2"></td><td>719</td><td colspan="2"></td></tr>
</table>

注．コースウェアの名称は**表5.5**の「略称」を使用。

表5.7　各学習者にとって最適な難易度の3Rコースウェアの確認手順

1. 割り当てられた3Rコースウェアの「教材一覧」（**図5.3**）にアクセスする。
2. 各自のヘッドフォンで，ほぼ全Partの音声を1回だけ聞く。
3. かろうじて理解できる程度かどうかを確認する。

図5.3　音声確認のための教材一覧

基本的に，一度聞いて詳細（5W1H）が50％以上理解できたり，体調不良で4月のTOEIC IPスコアが実力より低かったと申し出たりした学生には，相談のうえ，ひとつ上のレベルの教材への変更を認めたが，レベルを下げることは認めなかった。TOEIC IPを受験し損ねた学生には，英検，GTEC，センター試験などの客観テストの成績を参考にして，学習教材を最終的に確定した。割り当てられた教材をUnitテストの1週間前までにしっかりと学習し終り，興味と余力があれば，他のUnitや他の教材も自由に好きなだけ学習して良いことにした。ただし成績評価に関わるUnitテストは，最終的に確定した教材で受験することとした。

(2) 語彙力養成用教材『Business Communication 1, 2』

3R コースウェアの聴解力養成用教材と並行して，語彙力養成用教材のなかの『Business Communication 1, 2』を使用して，TOEIC 頻出語彙を 8 Step で学習させた。なぜなら，語彙の音声が聞き取れても意味がわからなければ，やはりリスニングは難しいと感じてしまうからである。また，LC 科目は TOEIC 対策を目的とした科目ではないが，3R コースウェアの難易度レベルが TOEIC スコアで表示され，学習効果を TOEIC で測定することから，語彙の学習も重視した。1 学期中に 90 語・180 用例（含 チャンク[5]），年間で 180 語，360 用例を，授業と自習により学習させ，1 期に 3 回の語彙テストを課した。学習語彙のトピックを**図 5.4** に，8 Step からなる語彙学習の流れを**図 5.5** に示した。

5.3.2 学習形態

LC 科目では，対面による一斉授業だけでなく，授業時間外にも自律的に自習することを義務付け，一斉授業と自律学習を融合させる学習形態とした。一斉授業は一種の「スクーリングの場」[6] と位置づけ，一斉授業に出席して学ぶ意義は**表 5.8** に示した 4 点であることを，学習開始時のガイダンスや LC 科目専用の Moodle で周知徹底し，一斉授業と自習との違いを明確にした。

表 5.8 CALL における一斉授業の意義

1. 学習者各自の進捗状況について教師が対面で適切なアドバイスを与える場
2. 教材の内容や学習方法について疑問や迷いがあれば，教員にすぐに質問し，納得できるまで解説してもらえる場
3. 同じ教材で学習する者どうしで話し合い，切磋琢磨しあう場
4. 授業時に定期的に「Unit テスト」を受け，翌週の授業時に配布される「学習者カルテ」を見て，学習方法を振り返る場

学生は授業時も自習時も，NUFS のサーバ内にある各自の教材にアクセスして，学期始めに配布する授業日程表（後述：**表 5.9** 参照）に従って，各自のペースで学習して良いこととした。授業時間外の自習については，メディア情報教育センターの支援を受けて，LC 科目の履修者は，ネット環境さえあれば 24 時

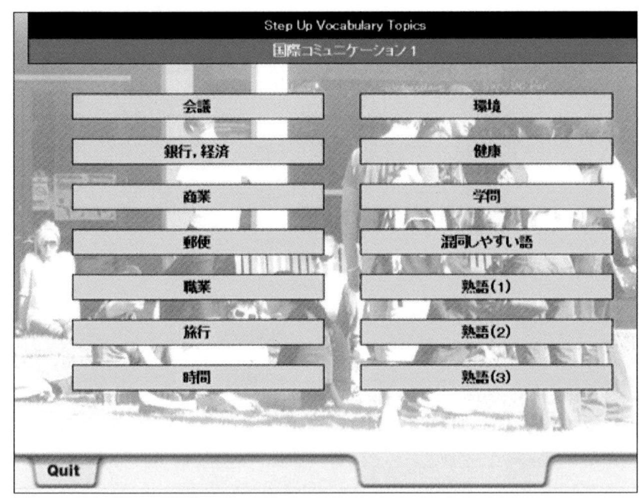

図5.4　語彙教材のメニュー

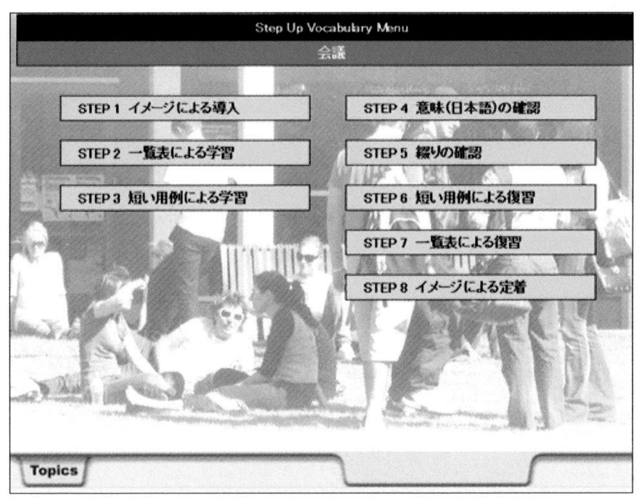

図5.5　語彙教材の学習の8ステップ

間いつでも，どこからでもアクセスして学習できるようにした。学習履歴はサーバ内に保存され，学生は各自の教材の「進度表」(**図5.6**) で進み具合を確認できるほか，教員はサーバ内に自動保存された学生各自の学習状況（学習時間・

学習箇所など）を，**図 5.7** に示した「教員専用の学習状況把握メニュー」から適宜確認し，学習時間の少ない学生には授業時にアドバイスをした。これら一連の諸機能は 3R コースウェアと共に千葉大学から貸与された CALL システムに含まれている。なお学生個々の自宅でのネット環境は必ずしも良好ではなく，学習履歴が正しく保存されないこともあったため，大学内にある Language Training Center やパソコン教室で自習するよう推奨した。

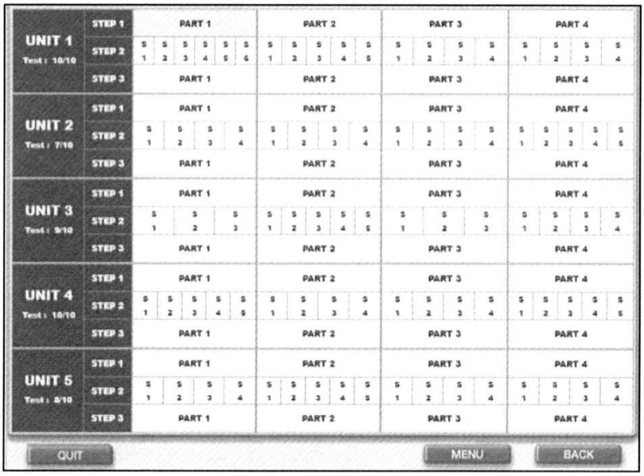

UNIT 1 Test : 10/10	STEP 1	PART 1	PART 2	PART 3	PART 4
	STEP 2	S1 S2 S3 S4 S5 S6	S1 S2 S3 S4 S5	S1 S2 S3 S4	S1 S2 S3 S4
	STEP 3	PART 1	PART 2	PART 3	PART 4
UNIT 2 Test : 7/10	STEP 1	PART 1	PART 2	PART 3	PART 4
	STEP 2	S1 S2 S3 S4	S1 S2 S3 S4	S1 S2 S3 S4	S1 S2 S3 S4 S5
	STEP 3	PART 1	PART 2	PART 3	PART 4
UNIT 3 Test : 9/10	STEP 1	PART 1	PART 2	PART 3	PART 4
	STEP 2	S1 S2 S3	S1 S2 S3 S4 S5	S1 S2 S3	S1 S2 S3 S4
	STEP 3	PART 1	PART 2	PART 3	PART 4
UNIT 4 Test : 10/10	STEP 1	PART 1	PART 2	PART 3	PART 4
	STEP 2	S1 S2 S3 S4 S5	S1 S2 S3 S4	S1 S2 S3 S4	S1 S2 S3 S4 S5
	STEP 3	PART 1	PART 2	PART 3	PART 4
UNIT 5 Test : 8/10	STEP 1	PART 1	PART 2	PART 3	PART 4
	STEP 2	S1 S2 S3 S4	S1 S2 S3 S4 S5	S1 S2 S3 S4	S1 S2 S3 S4
	STEP 3	PART 1	PART 2	PART 3	PART 4

QUIT　　MENU　　BACK

図 5.6　学習箇所を表示する進度表

DB 管理メニュー	
集計結果を棒グラフで表示	Unit テスト結果
成績と学習時間	
進捗状況を表示（聴解力）	進捗状況を表示（語彙力）

図 5.7　教員用の学習状況把握メニュー

5.3.3 授業方法

一斉授業では，全クラスの教員は概ね次の(1)〜(4)の流れで指導を進めたが，時間配分や内容は，創意工夫を尊重して各教員の裁量に任せた。

指導の流れ

1 授業開始後約5〜10分間：出欠確認・連絡事項の説明・動機づけや励まし

2 約40〜50分間：3Rコースウェアの個別学習

3 約10分間：異文化情報や音声言語の解説，目や耳を休める3分間程度の小休止

4 約20〜30分間：語彙の個別学習

筆者が担当したクラスでは，テスト1週間前の「総復習の週」までにUnitテストの学習範囲をほぼ終了するように促し，「総復習の週」には，自作の「ワークシート」を配布して，メタ認知的な学習作業を課した。具体的には，3Rコースウェアの TASK（質問）への解答を頭の中で考えるだけでなく，ワークシート上に，簡単でよいので手書きで解答してから画面上の正解例を見て添削し，誤答部分の音声を納得いくまで繰り返し聞くように指示した。

余力があれば，当該 TASK の音声を聞いてワークシートにディクテーションし，Web教材上の「Confirm」を見て赤ペン添削をするよう勧めた。なぜなら，三ラウンド・システム構築のための基礎研究で，この学習作業がリスニング力をスピーキング力やライティング力に転移させることが検証されているからである（竹蓋・大西・椎名，1988）（竹蓋・椎名・大西，1988a）。なお，ワークシートはUnitテスト開始直前に回収した。

Unitテストでは，テスト終了直後に正解率が画面上に表示されることから，筆者のクラスでは，Googleのアンケートシステムを活用して「振り返りシート」（後述：**表5.15**参照）を作成し，各自の得点と学習方法などについて内省させ，テスト終了直後にwebで提出させた。成績の下降が見られる学生には，内省の内容を参考にして，翌週の授業時に対面でアドバイスをするなどして，対面授業のメリットを生かした。

LC科目の履修者のみがパスワードを入力して閲覧できるように，LC科目専

用の Moodle コースを開設し，3R コースウェアの効果的な学習方法，PC やインターネット上のトラブル解決策，重要事項のお知らせ，LC 科目に必要な資料（3R コースウェアの WORDS & PHRASES，語彙教材の単語と用例リスト）をアップロードし，いつでもダウンロードできるようにした。筆者のクラス専用の Moodle コースには，毎授業の指導内容や伝達事項も記載して，欠席してもフォローができるようにした。

5.3.4 授業運営

必ずしもリスニング指導や CALL が専門ではない授業担当者でも，特段の負担なく授業ができ，全クラスが足並みを揃えて公平な授業展開ができるように，学期中に FD を複数回開催し，できる限り指導内容が等質になるように努めた。さらに，全クラス共通の授業日程表（**表 5.9**）を作成して，1 期 15 回の授業日の学習内容を統一し，Unit テストと語彙テストの実施日もほぼ同じ週に実

表 5.9 授業日程表（2018 年度 2 期）

週	曜日			学習内容		テスト範囲	
	火曜	水曜	金曜	*Listen to Me!*	発展語彙	Unit テスト	発展語彙テスト
1	9／18	9／19	9／21	2 期ガイダンス Unit 1 学習開始	Set 1 経済		
2	9／25	9／26	9／28	Unit 1	Set 2 組織・機関		
3	10／2	10／3	10／5	Unit 1 総復習	Set 3 金融・証券		
4	10／9	10／10	10／12	Unit 2 学習開始	Set 1 ～ 3 総復習	Unit 1	
5	10／16	10／17		リスニング・アクティビティ			
6	10／23	10／24	10／26	Unit 2	Set 4 外交		Set 1 ～ 3
7	10／30	10／31	11／2	Unit 2 総復習	Set 5 待遇・賃金		
8	11／6	11／7	11／9	Unit 3 学習開始	Set 6 地位・求人	Unit 2	
9	11／13	11／14	11／16	Unit 3	Set 4 ～ 6 総復習		
10	11／20	11／21	11／23	Unit 3 総復習	Set 7 交通・地域		Set 4 ～ 6
11	11／27	11／28	11／30	Unit 4 学習開始	Set 8 コンピュータ	Unit 3	
12	12／4	12／5	12／7	Unit 4	Set 9 学問・教育		
13	12／11	12／12	12／14	Unit 4 総復習			Set 7 ～ 9
14	12／18	12／19	12／21			Unit 4	
15	1／8	1／9	1／11	総括			
16			1／18	リスニング・アクティビティ			

施できるように調整した。これにより全19クラス，約800名の学生がほぼ同条件下で学習を進めることができた。**表5.10**には，2018年度に開講されたクラス数・履修者総数・1クラスあたりの平均履修者数を示した。例えば火曜1限には，3つのクラス（計114名，1クラス平均38名）の学生がサーバに同時にアクセスして，4種類の異なる教材を学習したことを示す。

表5.10　授業の曜日・時限・クラス数・履修者数

	クラス数	履修者総数（クラス平均）
火曜1限	3	114（38）
火曜2限	3	108（36）
火曜3限	1	37（37）
火曜4限	1	37（37）
火曜5限	1	36（36）
水曜1限	3	111（37）
水曜2限	2	108（54）
金曜1限	2	91（46）
金曜2限	3	115（38）
計	19	757（40）

5.3.5　評価

期末の成績（100%）は次の3種類の評価を合算して決定した。

1	長文聴解力（Unitテスト4回の成績の平均値）	50%
2	語彙力（語彙テスト3回分の成績平均値）	30%
3	授業中の学習態度・自習状況・課題の達成度	20%

(1)　3RコースウェアのUnitテスト：長文聴解力の評価

19クラスの計約800名が，各クラス内で，各自の英語力に適した3Rコースウェアを同時に学習することから，履修者の聴解力を公平に評価するために，全教材のテストの形式，質，実施条件の統一を図ることが必須となった。そこで，文京学院大学で開発され，その効果が検証されている3Rコースウェア準拠のオンラインテスト（阿佐・与那覇，2013；与那覇・根岸・阿佐，2015）を採用し，評価の統一性を図った。授業時間内に，学生は指定されたパスワードを使って各自の教材のUnitテストにアクセスし，各自のペースで解答する形式であるが，解答時間は20分間に制限した。解答終了直後に正解率が各自の画面に即時に表示され，解答や成績は自動的にサーバに保存された。Unitテスト（20問）の設問数，設問タイプ，問題形式，評価の観点となる評価項目を**表5.11**に示した。

表5.11　Unitテストの設問数，設問タイプ，形式，評価項目

大問	設問数	設問タイプ	形式	評価事項
1	5問	語句の音声を2回聞いて和訳	多肢選択	語彙の聴解力
2	5問	英文の音声を2回聞いて単語で空所補充（整序問題）	Drag & Drop	内容理解力・文法力
3	5問	パッセージの音声を2回聞いて内容に関する質問に解答	多肢選択	内容理解力
4	5問	音声提示なし。英文を読んで英単語や英語表現をスペル入力	タイプ入力	語彙力・文法力・内容理解力・英文再生力

(2)　語彙テスト：TOEIC頻出語彙の語彙力の評価

語彙テスト（**表5.9**では「発展語彙」と表記）はITALLセンターの専任教員が紙版で2種類作成し，LC科目の全クラスで使用した。20問からなるテストの設問数・設問タイプ・問題形式・評価事項は**表5.12**に示した。聞き取りの音声を教卓からスピーカーで流し，解答用紙に手書きで解答させ，授業担当者が回収して採点後，翌週に返却して解説し，再度回収した。

表5.12　語彙テストの設問数，設問タイプ，形式，評価項目

大問	設問数	設問タイプ	形式	評価事項
A	6問	英語表現の音声を2回聞いて和訳	多肢選択	語彙の聴解力
B	10問	和文英訳，英文の空所補充	多肢選択	語彙力・文法力
C	4問	和文英訳，英文の空所補充	空所に記入	語彙力・文法力

(3)　授業態度・自習状況・課題の評価

成績評価全体の 20%分を占める授業態度などの評価は，教員の裁量に任せた。筆者のクラスでは，「ワークシート」の活用状況を学習態度のひとつとして捉えたほか，Unit テスト終了直後に学生が提出した「振り返りシート」(後述：**表 5.15** 参照) による内省の内容も参考程度に評価の対象とした。

5.3.6　成績処理と成績管理

全履修者にとって公平で公正な成績処理を速やかに正確に行い，セキュリティの高い成績管理をすることが喫緊の課題であった。そこで，「LTM 授業設計 2018」の核となる NUFS 独自の「成績処理・管理システム」を開発した。本システムの開発により可能となった成績処理機能を**表 5.13** に示した。これにより，外国語学部と世界共生学部の計 7 学科[7] (計 19 クラス，約 800 名) の成績処理と管理，および各学生の「学習者カルテ」(後述) の作成と印字を，ボタンひとつで行うことができるようになった。なお 2019 年度 4 月からは世界教養学部も CALL による LC 科目を実施することになり，計 22 クラスに対応できるようにシステムの更新を行った。

表5.13　成績処理と管理システムの機能

1. TOEIC IP のスコアに基づく教材の振り分け
2. TOEIC IP（年 2 回）のスコアの項目別分析と上昇量の算出
3. 3R コースウェア・Unit テスト（4 回）の得点と設問のタイプ別平均値の算出
4. Unit テストの難易度調整
5. 語彙テストの平均値の算出（学科別）

5.3.7　学生へのフィードバックとカウンセリング

テスト終了後のほぼ 1 ～ 2 週間以内に即時フィードバックとして，(1)「学習者カルテ」(**図 5.8** 参照) を配布した。さらに，(2) Web 版の振り返りシート」をテスト終了直後に配信して学習方法の振り返りをさせ，自律的な学習を促した。

(1) 「学習者カルテ」

カルテに記載した評価内容は**表 5.14** に示した。成績処理・管理システムの開発により，各学生は，テスト後に速やかに配布される自分のカルテを見て，自分の成績だけでなく，同じ教材の学習者全体の平均点（クラス別・所属学科別・全学科）も知ることができるようにした。教員も成績の推移を継時的・多元的に俯瞰できることから，テスト後のカウンセリングが容易になった。

表 5.14　学習者カルテの内容

1. TOEIC IP（4 月と 12 月）の Listening・Reading・Total スコア，各上昇量
2. TOEIC IP スコアの項目別正答率（L1 ～ L5，R1 ～ R5）
3. 1 期・2 期に実施した各期 4 回（計 8 回／年）の Unit テストの成績
4. 各 Unit テストの設問タイプ別成績
5. 発展語彙まとめテスト 3 回分の成績

図 5.8 はある学生の実際のカルテであるが，許可を得て掲載した。カルテの内容と解釈について概要を説明する。カルテの最上段右側には 1 期と 2 期の学習教材名が記されている。この学生は 1 期に『Introduction to College Life』(IC) を，2 期には『Gateway to Australia』(AU) を学習した。なお 1 回目の授業時までに TOEIC IP のスコアが入手できないため，はじめの 2 ～ 3 週間は全履修者に同一のコースウェア『Canadian Ways』(CW) を使用して，3R コースウェアの有効な学習方法やリスニングを学ぶ楽しさなどについてガイダンスをした。そのあと実際に学習させ，Unit テストも実施した。

カルテの最上段左側は 4 月と 12 月受験の TOEIC IP スコアを示す。学習開始時 (4 月) のトータルスコアは 600 点であったが，学年末 (12 月) には 755 点に達し，正味約 8 か月間 (除　夏季休暇) の学習で 155 点上昇したことがわかる。Listening は 80 点の上昇 (345 点→ 425 点)，Reading は 75 点の上昇 (255 点→ 330 点) であった。リスニング力のこのような上昇を CEFR-J [8] のリスニングの指標 (椎名，2013a，2013b) で読み替えると，おおよそ B1.2 から B2.2 [9] にレベルアップしたことになり，大きな向上といえるであろう。

TOEIC-IP スコアと上昇量

受験日	Total スコア	Listening スコア	Reading スコア
4月22日	600	345	255
12月9日	755	425	330
得点上昇	155	80	75

1期の使用教材	1期組名
ＩＣ	Ａ組
2期の使用教材	**2期組名**
AU	Ａ組

受験日	項目別正答率（%）									
	L１	L２	L３	L４	L5	R１	R２	R３	R４	R５
4月22日	53	67	88	69	47	30	55	39	71	68
12月9日	81	89	80	82	87	63	63	70	68	74
上昇率	28	22	▼8	13	40	33	8	31	▼3	6

Unit テスト 結果［合計（%）］　※使用教材別の組別・学科別平均

	LTM　1期				LTM　2期			
教材 ＼ Unit	U3(CW)	U1(ＩC)	U2(ＩC)	U3(ＩC)	U1(AU)	U2(AU)	U3(AU)	U4(AU)
成績（%）	**80**	**95**	**100**	**80**	**60**	**90**	**90**	**85**
在籍組_教材別平均	59.5	90.3	90.6	86.4	71.8	74.4	84.7	84.7
英米語学科_教材別平均	63.3	87.1	83.4	83.7	67.6	72.2	81.5	80.6
全学科_教材別平均	60.6	84.4	80.6	81.0	66.3	69.6	79.1	77.0

Unit テスト［設問タイプ別成績（%）］　※教材別平均（2段目；組平均、3段目；学科平均、4段目；全学科平均）

LTM　1期					LTM　2期				
Task タイプ	1	2	3	4	Task タイプ	1	2	3	4
U3 成績（%）	**100**	**100**	**100**	**20**	**U1 成績（%）**	**100**	**60**	**40**	**40**
Ａ組(CW)平均	79.0	50.8	87.7	20.5	Ａ組(AU)平均	84.2	75.8	84.2	43.2
英米語学科(CW)平均	85.1	52.8	89.7	25.5	英米語学科(AU)平均	84.0	70.6	81.4	34.4
全学科の平均	83.4	47.3	88.6	23.0	全学科(AU)平均	83.1	69.0	80.1	32.9
U1 成績（%）	**100**	**100**	**100**	**80**	**U2 成績（%）**	**100**	**80**	**100**	**80**
Ａ組(ＩC)平均	98.8	84.7	98.8	78.8	Ａ組(AU)平均	86.7	68.9	82.2	60.0
英米語学科(ＩC)平均	99.0	79.7	95.0	74.6	英米語学科(AU)平均	90.8	65.2	79.8	53.1
全学科(ＩC)平均	98.3	77.3	93.9	68.1	全学科(AU)平均	89.3	63.0	77.4	48.8
U2 成績（%）	**100**	**100**	**100**	**100**	**U3 成績（%）**	**100**	**100**	**60**	**100**
Ａ組(ＩC)平均	98.8	91.8	92.9	78.8	Ａ組(AU)平均	87.5	91.3	86.3	73.8
英米語学科(ＩC)平均	96.3	80.0	90.2	67.2	英米語学科(AU)平均	83.1	84.3	90.1	68.4
全学科(ＩC)平均	93.8	76.4	89.3	63.1	全学科(AU)平均	79.9	82.0	88.5	66.2
U3 成績（%）	**80**	**100**	**100**	**40**	**U4 成績（%）**	**100**	**60**	**100**	**80**
Ａ組(ＩC)平均	78.9	91.1	98.9	76.7	Ａ組(AU)平均	95.3	78.8	98.8	76.5
英米語学科(ＩC)平均	83.8	87.3	97.0	66.7	英米語学科(AU)平均	87.8	70.4	95.0	69.1
全学科(ＩC)平均	82.5	85.4	95.2	60.8	全学科(AU)平均	85.3	67.9	94.2	60.8

発展語彙まとめテスト 結果　※2段目；組平均、3段目；学科平均、4段目；全学科平均

	発展語彙Ⅰ				発展語彙Ⅱ		
	Set 1-3	Set 4-6	Set 7-9		Set 1-3	Set 4-6	Set 7-9
成績（20点満点）	**17点**	**20点**	**19点**	**成績（20点満点）**	**19点**	**19点**	**20点**
Ａ組 平均	16.1点	18.1点	17.7点	Ａ組平均	17.5点	16.8点	18.6点
英米語学科平均	16.4点	18.0点	17.7点	英米語学科平均	17.3点	17.3点	18.7点
全学科の平均	16.2点	17.7点	17.2点	全学科の平均	16.7点	16.8点	18.5点

図5.8　学習者カルテ

カルテの2段目は「項目別正答率」[10]を示す。学習開始時（4月）のListening Abilities（%）（L1, L2, L3, L4, L5）は順に53, 67, 88, 69, 47と大きなバラつきがあるが，12月のテストでは81, 89, 80, 82, 87とバランス良くリスニングの力がついている。注目したいのは，L5の「フレーズや文から話し手の目的や暗示されている意味が理解できる力」が，4月は47%であったが12月には87%になっていることである[11]。日常のコミュニケーションでは，明言されていない「話者の意図」を理解するのは極めて難しいが，3Rコースウェアでは，ラウンド3のTASKにしっかりと取り組めば，習得できることを示している。この学生の真面目な学習により，3Rコースウェアがその真価を発揮したと言えよう。

3段目は1期と2期のUnitテストの成績一覧で，1行目はこの学生の成績，2行目・3行目・4行目は順に，同一教材で学習した「在籍クラス」・「所属学科（英米語学科）」・「全学科」の学生の平均値を示す。

4段目はUnitテストの「設問タイプ別」（**表5.11**）の成績で，学習上の弱点を把握できるようになっている。具体的には，教材，『Introduction to College Life』（IC）はこの学生にとってやや易しい教材であったが，設問タイプ4の成績が20, 80, 100, 40と大きなバラツキがある。音声を聞いて語や談話はほぼ100%理解できるものの，単語や英語表現の綴りを正確に書くなどの語彙力や文法力がやや弱いことがわかる。また，2期はこの学生にとってチャレンジングでやりがいのある適切なレベルの教材，『Gateway to Australia』（AU）であったが，談話の正確な内容理解にやや問題があり，それを克服するには，語彙力だけでなく文構造の正確な理解（文法力）にも力を入れると一層のリスニング力の向上が望めることがわかる。カルテの返却時にはこれらのことをアドバイスした。

5段目はBusiness Communicationの語彙に関するテストの成績である。常に所属クラスと学科内の平均値，そして全履修者の平均点を上回っていることがわかる。

(2) 「Web版の振り返りシート」による内省とフィードバック

筆者のクラスでは，Googleアンケート機能を利用して10項の質問（**表5.15**）からなる「振り返りシート」を作成し，各Unitテスト終了直後にWeb上で回

表5.15　振り返りシートの質問項目

Q0.　今回のUnitテストの成績　(　　)%

Q1.　今回のUnitテストまでに学習範囲をすべて終了しましたか？ (Yes ／ No)

Q2.　他のUnitの学習もしましたか？ (Yes ／ No)

Q3.　Q2でYesの場合，どこまで学習しましたか？
　Unit (　　)，Step (　　)，Part (　　)，Section (　　)

Q4.　Step 2でHint 1，2，3をどの程度活用しましたか？
　*Hintの活用とは，「Hint 1→聞く→Hint 2→聞く→Hint 3→聞く」という作業を繰り返して正解にたどり着くこと。
　(4)大変よく活用　(3)ある程度活用　(2)あまり活用しなかった　(1)まったく活用しなかった

Q5.　全体的にどんな学習方法だったか具体的に書いてください。

Q6.　総復習ではワークシートを活用しましたか？

Q7.　今回の得点はどのような学習方法の結果か振り返り，次回からの勉強方法について書いてください。

Q8.　初めて新教材を1回聞いて，何%ぐらいわかりましたか？

Q9.　学習終了時に何%ぐらいわかるようになりましたか？

Q10.　質問，提案など，なんでも書いてください。

答させた。エクセル上に集約された回答を分析して，次の授業時に，必要に応じて個々の学生と面談してフィードバックするようにした。

特に重視した振り返り項目は，「Q4. Step 2でHint1，2，3をどの程度活用しましたか」である。なぜなら3Rコースウェアでは，単に音声を繰り返し聞くのではなく，ヒントを参考にして，聞き取りの焦点を絞りながら正解を探し出すことがリスニング力向上への大きな鍵となるからである（竹蓋・椎名・大西，1988b；Takefuta et al., 1996）。すべてのUnitテスト終了後（学年末）に，筆者担当の3クラス（98名）のQ4に関する回答結果を，A群（4：ヒントを大変良く活用，3：ヒントをある程度活用）とB群（2：ヒントをあまり活用しなかった，1：ヒントをまったく活用しなかった）に分けて，Unitテストの成績との関連を分析した。その結果，「ヒントを活用したA群」の平均値は81.6点，「ヒントの活用なしのB群」の平均点は72.6点で，A群の成績が有意に上回っていた。ヒント情報を活用して繰り返し聞くことの重要性について，データに基づいて学生にアドバイスできるようになった。

「Q5. 全体的にどんな学習方法だったか具体的に書いてください」という質問に対して，Unitテストの成績が毎回ほぼ100点，LC科目への満足度が高かった学生は次のように記述していた。「最初に知らなかった単語とフレーズを覚え，Step 1（ラウンド1）で内容把握しStep 2, 3（ラウンド2, 3）と指示通り進めていった。復習ではテストでスペルミスをなくすためdictationを入念にやった。それから音読を何度か行い，最後に英文だけを聞き，内容がわかるかどうか確認した。12月TOEIC受けた。4月に比べとてもスコアがあがったのでよかった。これからもたくさん英語に触れてスコアをもっとあげたい」。

「Q6. 総復習ではワークシートを活用しましたか？」に対する回答のひとつに，「今回はワークシートに時間をかけることができなくて主に本文を繰り返し聞いていました。やはり前回より点数が下がってしまったので聞くだけではダメだと思いました」という記述があった。

一方で次のようなコメントもあった。「この教材はとてもリスニング学習に最適である。だが，授業にする必要性は全く感じられない。なぜなら，この教材は学校に来てやる必要がないし，学校に来ても結局個人でしかやらないからだ」。この学生は，3Rコースウェアの学習は自習で十分との考えを示しているが，学習履歴を見ると，ほとんど自習をしていないため，学習総時間数が他の学生と比較して極端に少なかった。学生の多くはアルバイトなどで自習時間の確保が難しいことから，e-learningであっても週1回は決められた時間内に教師のアドバイスを得ながら学習するという「授業」に意義を感じていたなかで，このようなコメントは残念であった。この学生の場合，割り当てられた教材よりひとつ上のレベルの教材を希望して学習したが，Unitテストや語彙テストの成績はほぼ平均点以下であった。カルテ配布時のカウンセリングでは，「教材の難易度が適切なレベルよりは少し高めなので学習時間数をもっと増やす必要があること，Unitテストの設問タイプ別の成績（**表5.11**参照）から判断して内容の詳細な理解が不足していること，それには教材中の語彙の学習にもっと力を入れ，ヒント情報を活用して繰り返し聞き込むように」などのアドバイスをした。

5.3.8　指導効果の検証

1年次生が年間最低2回の受験を義務付けられているTOEIC IPのスコアを使って，3Rコースウェアの組み合わせによる指導効果の違いを分析した。2016年度に3Rコースウェアで学習した外国語学部1年次生のうち，1期と2期に，すべてのUnitテスト（計8回）と語彙テスト（計6回）を受け，TOEIC IPを2回（4月，12月）受験した学生（440名）の英語力の向上を図示したものが**図5.9**である。ほぼすべてのレベルの学生が英語力を伸ばしている。平均するとその上昇量は69点（453点→523点）であった。

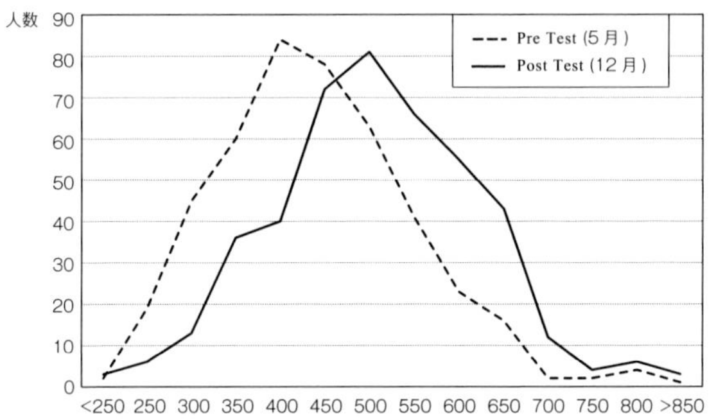

図5.9　LC科目に真面目に取り組んだ履修生のTOEIC IPスコアの推移

学習教材の組み合わせ別にTOEIC IPスコアの上昇量を示したものが**表5.16**である。FS（入門教材）とNY（初中級教材）で学んだ学習者の上昇量は90点，NY（初中級教材）とIC（中級教材）の学習者は70点と大きく上昇したのに対し，IC（中級教材）とBB（上級教材）の組み合わせの学習者の上昇量は48点に留まった。入学時にすでに上級レベル（TOEIC 700点以上）の高い英語力を持ちながら中級レベル（TOEIC 520点〜）の教材で学んだために，英語力を十分に向上させられなかったようである。3Rコースウェアの場合，学習開始時に30%〜50%程度しか理解できないチャレンジングな教材で学習させることの重要性をあらためて認識した。2017年度からは，**表5.6**に示したように，1期から中上級レベルの教材でも学習できるようにした。

表 5.16　2016年度の3Rコースウェア２種の組み合わせ別にみたTOEIC IPスコアの推移

	学習教材	人数	Pre Test（4月）	Post Test（12月）	上昇量
下位群	FS & NY	116名	338	428	90
中位群	NY & IC	170名	442	512	70
上位群	IC & BB	154名	581	628	47
全員		440名	453	523	70

2017年度の1年次生の英語力（TOEIC IPスコア）を，NUFSが独自に設定している留学基準（TOEFL ITP 500点以上）[12]の視点から観察したものが**図 5.10**である。TOEIC IP 730点はTOEFL ITP 550点，TOEIC IP 600点はTOEFL ITP 500点と仮定し，30点刻みのスコア帯が60名以上いるレベルのみを集計すると，1年次生の63％のTOEIC IPスコアは330～539点で，入学者の実に88％がNUFSの定める留学基準を満たさない英語力で入学していることがわかった（椎名他，2017）。留学やグローバル社会で働くことを夢見て入学する学生たちの英語力を，「留学の合格判定基準」や「社会に出て通用する英語レベル」（TOEIC Listening 400点以上，Reading 385点以上，CEFR-JのB2-2以上）にまで，いかにして伸ばすかが，英語教員に課せられた課題であると再認識した。

2017年度と同様に，2018年の1年次生の英語力の向上を留学基準で分析した結果を**表 5.17**に示した。入学時にTOEIC IP 600点（TOEFL ITP 500点相当）以上の1年次生は全体の16.7％程度であったが，12月には26.9％まで増加した。その内訳を見ると，TOEIC IP 600～719点（TOEFL ITP 500点相当）の学習者は11.9％から19.5％に，TOEIC IP 720点（TOEFL ITP550点相当）以上の学習者は4.7％から7.4％に増加した。留学への道が開けた学生が増えたことを示している。

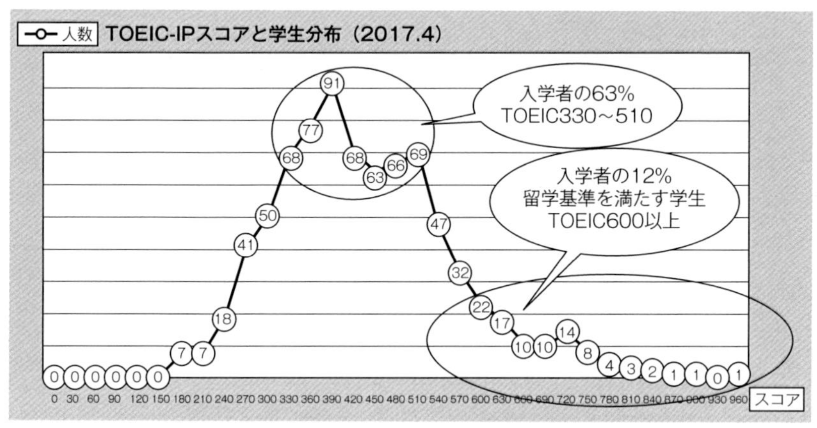

図5.10　2017年4月の1年次生の英語力

表5.17　留学を目指す2018年度1年次生の英語力の向上
（TOEIC IPを4月・12月の両方を受験した636名）

留学可能レベル	4月		12月
TOEIC 600 ～ 959	**16.7%**	⇨	**26.9%**
TOEIC 720 ～ 959 （TOEFL ITP 550 以上）	4.7%		7.4%
TOEIC 600 ～ 719 （TOEFL ITP 500 相当）	11.9%		19.5%

NUFSでは多くの良質な英語科目が豊富に提供されている。LC科目はその中の一つに過ぎないが，難易度別の3Rコースウェアがひとりでも多くの学生の留学へ夢を叶える手立てになっていればこの上なく嬉しいことである。

今後の課題は，研究の結果（椎名・森，2018）から明らかになったことであるが，3Rコースウェアの有効性を一層高めるためには，TOEICスコアで示されている教材の難易度が，学生の英語力を最大限に伸ばしうる最適レベルであるかどうかについて，引き続き検証を重ねていくことである。

5.3.9 まとめ

名古屋外国語大学には，留学費用全額支援（授業料免除・居住費渡航費支給）プログラムがあることから，1年生の多くはそれを得て留学することを夢見て入学する。発展途上国で世界平和のために働きたい，国際ビジネスの場で活躍したいと考えている学生も多い。そこで，少しでも効率良く英語力を高めるための科目のひとつとして，Listening Comprehension 科目を1年次生の必修科目に指定している。外国語学部では2016年度から，幅広い英語力（TOEIC300～800代）を持つ学生に対応できるように三ラウンド教材 *Listen to Me!* を1クラス内に複数導入して，長文聴解力と語彙力を増強するCALL授業を開設した。必修科目ゆえに学習者全員が高い動機を持って学習するわけではないため，e-learningだけに依存するのではなく，一斉授業での対面によるきめ細かい指導をも可能とする授業設計が喫緊の課題であった。そこで2016年度から2018年度にかけて，NUFS独自の「*LTM* 授業設計 2018」を立案し，授業で実践した。幅広い英語力の学生個々に対応した「難易度別教材」の割り当て，「ワークシート」による学習支援，「振り返りシート」による学習方法への気づき，「学習者カルテ」による学生との対話重視のアドバイスなど，対面指導と自習を融合した形態の授業設計により，1年次生の多くがリスニング力の向上を実感したとアンケートで回答していた。また，留学について手厚い支援をするNUFSに憧れて入学する1年次生の英語力を，留学可能なレベルにまで少しでも近付けることができたと考えている。振り返りシートの自由筆記でも，3R教材と授業への満足度が高く，今後の学習方法について自律的に考えられる学習者が徐々に増えたようである。

名古屋外国語大学では，“NUFS Next”（Global Future Project 2018）というスローガンを掲げて，日本の中部地区をリードする高等教育の拠点になることを目指している。そのひとつとして，外国語教育においてはWBT（Web-based training）や「学生用学習カルテ」の導入を謳っている。NUFS独自の「*LTM* 授業設計 2018」は，まだ多くの改善点はあるものの，Global Future Project 2018の実現に向けて，ある一定の役割を果たせたのではないかと考えている。

今後もこの授業設計に改善を加えて広く他大学にも紹介し，グローバル化社会を生きる日本の英語学習者の英語力向上に少しでも役立つことができるよう努めていく所存である。

謝辞

CALLによる英語教育の先駆者として「三ラウンド・システム」の指導理論を構築し，私共に研究者として，また教育者としての道筋をお示しくださった恩師，故竹蓋幸生先生に心より感謝いたします。また3Rのコースウェア開発において多くのご教示を賜りました千葉大学同僚の教員の皆様にも心より感謝いたします。最後に，本論の執筆にお誘い下さり，労をいとわずに出版に向けてご尽力くださいました竹蓋順子先生にも心よりお礼を申し上げます。

注

1. NUFS：名古屋外国語大学（Nagoya University of Foreign Studies）の略称。
2. ITALLセンター（Center for Information Technology Assisted Language Learning）：筆者はLC科目の主任（2016年度）を経て，ITALLセンター長（2017～2018年度）を務めた。本論はその間に筆者が行った研究と指導に関する報告である。
3. 授業設計：教師が自らの教育活動と担当する学習者の学習活動を，実践に先立ってあらかじめ想定して，目標の設定，授業内容の決定，活動系列の構想，教材研究，評価方法の明確化等を行う作業（『教育工学事典』，p.282）。
4. 三ラウンド・システムの詳細は次のWebサイトにも解説されている。http://www5e.biglobe.ne.jp/~takefuta/3step/sots.html
5. チャンク：心理学者ミラー（George. A. Miller, 1956）提唱の認知心理学用語。人間が15秒から30秒の間に正しく覚えられる情報の塊（チャンク）は7±2とする考え方。「適切なチャンク化によって記憶貯蔵された概念は，事例検索や生成の枠組みとして働く」（『教育工学事典』，p.65）とされ，英語教育では「数個の単語からなる意味のある語のかたまり」（椎名，2009）等の定義がある。
6. スクーリング：通信教育などにおける一定期間の面接指導を指す。（大辞林第三版）
7. 外国語学部と世界共生学部の計7学科：英米語，フランス語，中国語，日本語，英語教育，世界教養，世界共生（2018年度時点）
8. CEFR-J：欧州共通言語参照枠（CEFR）をベースに，日本の英語教育での利用を目的に構築された，新しい英語能力の到達度指標。基盤研究（A）（課題番号：20242011，研究代表者：投野由紀夫）で妥当性の検証を経てVersion 1が公開されている。筆者はリスニングの能力記述文の作成に携わった。
http://www.cefr-j.org/cefrj.html

9. CEFR-J（B1.2）：はっきりと馴染みのある発音で話されれば，身近なトピックの短いラジオニュースなどを聞いて，要点を理解することができる。
CEFR-J（B2.2）：自然な速さで標準的な発音の英語で話されていれば，現代社会や専門分野のトピックについて，話者の意図を理解することができる。

10. 項目別正答率（Abilities Measured）：TOEICで計測できるListeningとReadingそれぞれの5つのabilitiesの正答率。ここではListening Abilitiesに限定して，その具体的な内容を記載する。
https://www.iibc-global.org/toeic/test/lr/guide04/guide04_02.html
    - L1　短い会話，アナウンス，ナレーションなどの中で明確に述べられている情報をもとに要点，目的，基本的な文脈を推測できる
    - L2　長めの会話，アナウンス，ナレーションなどの中で明確に述べられている情報をもとに要点，目的，基本的な文脈を推測できる
    - L3　短い会話，アナウンス，ナレーションなどにおいて詳細が理解できる
    - L4　長めの会話，アナウンス，ナレーションなどにおいて詳細が理解できる
    - L5　フレーズや文から話し手の目的や暗示されている意味が理解できる

11. 4月と12月のテストは同一テストではないので，厳密にはその差を上昇量とは判断できないが，TOEICの事業を展開している国際ビジネスコミュニケーション協会に確認したところ，TOEICの等質性を考えると，ある程度の比較は可能とのことである。

12. NUFSによる留学支援はプログラムにより異なるが，TOEFL ITP 550点以上，500点以上，450点以上などの基準がある。成績や学習態度等によってはNUFSが留学費用を全額負担するプログラムもあるため，入学志願者や在校生にとって非常に魅力的なプログラムになっている。

本稿は，椎名紀久子（2019）「Computer支援によるListening Comprehension科目の実践と評価―難易度別CALL教材*Listen to Me!*による一斉授業と自律学習の融合―」『名古屋外国語大学論集』第5号，pp. 29–55. をもとに，本書の趣旨に

あわせて加筆修正したものである。

5.4　高校生を対象とした3Rコースウェアの開発と指導実践

● 5.4.1　はじめに

高校の現場では，これまで長年にわたり英語による音声コミュニケーション能力の向上が求められてきており，平成 25 年 4 月実施の高等学校学習指導要領改訂が発表された際には「(英語の) 授業は英語で行うことを基本とする」という記述が大きな話題となった。そして次期高等学校学習指導要領 (令和 4 年 4 月) では，発表，討論，交渉などアウトプットにおける大幅なレベルアップ (言語活動の高度化) が期待されている。

しかし，実際にそれを多様な生徒が混在する各高校で実施するには困難であると考える。その理由・原因のひとつに，英語のインプット量の不足が挙げられる。第二言語習得では一般的に「インプット→インテイク→中間言語体系→アウトプット」などのプロセスを経るとされており (望月他, 2018, p. 107)，アウトプットの高度化には，インプット (とくにリスニング) の充実が不可欠である。しかし，日本の高校生が学校で受ける英語授業は 1 日あたり約 14 ～ 24 分にすぎない (桑原・高橋, 2010, p. 33) うえ，何より近年の音声コミュニケーション重視の授業形式において，筆者の知る限り，英語を聞く機会はあっても聴解力を高めるための指導はほとんど行われていない。外国語学習において，聴解力をいかに効果的に高めるか，そしてどのように指導 (学習) 時間を確保するかという積年の課題は，現在も解決していないのである。

このことに関して，筆者は，限られた時間を有効に使う「学習効率の向上」と「コミュニケーション能力の効果的な基盤養成」の両立を目指して，三ラウンド・システムに基づく聴解力養成用のコースウェアや，それらを補完する語彙力養成用のコースウェアを開発した。本節では，開発したコースウェアを使用した高校における指導実践を 2 件報告する。

5.4.2 高校中級者向け指導

(1) 概要

最初の指導実践で対象となった生徒は千葉県立A高等学校の2年生(1クラス, 41名)である。この高校は地域の中堅下位の学校で, 対象クラスは校内では高い進学意欲を持つ。3Rコースウェアを用いた指導は「英語Ⅱ」(5単位)の一部としてコンピュータ教室で実施した(検定教科書を使用する授業が週3時間, 3Rコースウェアでの指導が週2時間)。本指導実践で使用した3Rコースウェアは筆者が開発したものであり, 海外旅行や海外生活を扱った高校中級レベルを対象とした教材,『First Step Abroad(以下, FSと略す)』である。FSで扱っているトピックは「買い物」「食事」「学校」など海外に滞在したときに経験する日常の場面が中心であり, 文法や語彙は中学校で学習済のものが多い。

本来, 毎日少しずつでも学習を継続することが望ましいのだが, 生徒の家庭におけるPC保有状況やインターネット環境に格差があったため, 教材の教室外(自宅)での学習を推奨したり指示したりすることは控えた。

(2) Unitごとの指導スケジュールと各時の展開

指導は4月に開始し, 12月まで継続した。その間, 概ね授業6～8回(約1か月)で1 Unit(1 Unitは6パートで構成)を終了し, 全5 Unitの学習を終了した。Unitごとの大まかな指導スケジュール例を**表5.18**に, 授業1コマの大まかな流れを**表5.19**に示す。学習者の動機づけや語彙小テストを実施した時

表5.18 1 Unit分の指導スケジュールの例

回	学習内容等
1	ラウンド1の学習
2	ラウンド1とラウンド2(Part 1のみ)の学習
3	語彙小テスト(Part 1), ラウンド2の学習(Part 2～3)
4	語彙小テスト(Part 2～3), ラウンド2の学習(Part 4～5)
5	語彙小テスト(Part 4～5), ラウンド2(Part6)とラウンド3の学習
6	語彙小テスト(Part 6), ラウンド3の学習の続き
7	Unit総合テスト

間を除くと，1 回の授業（50 分）の中での FS の学習時間は合計 35 分程度（20 分と 15 分に分割）であった。

表 5.19　授業展開の例

時間	生徒の活動	教師の活動
授業開始 5 分前	着席，PC にログオン	教材配布
0 分（授業開始）	語彙小テスト	出欠確認等
5 分	FS 学習（20 分間）	机間巡視，質疑応答
25 分	雑学クイズ	
30 分	FS 学習（15 分間）	机間巡視，質疑応答
45 分	語彙リスト音読	音読指導，教材回収
50 分（授業終了）	PC のログオフ	終了

(3)　実施詳細

①動機づけ

授業中は基本的に生徒が各自のペースで FS の学習を進めたが，学習意欲を持続させるため，及び，進度が遅くなりすぎないように，Unit 開始時には**表 5.18** のような長期的な学習スケジュールを提示するとともに，机間巡視して各生徒の進行状況を確認した。

授業開始時には学習パートに合わせて 10 題の語彙小テスト（**表 5.20**）を，授業途中には雑学クイズ（**表 5.21**）を行った。語彙小テストは，教材の「辞書情報」に収録されている単語や熟語から出題した。雑学クイズは，学習内容と関連したもので，生徒の興味関心の向上と集中力の維持を目的として実施した。気分転換にもなるためか生徒から好評で，このクイズを励みに学習に取り組む者も多かった。

表 5.20　語彙テスト問題の例

①英語を聞いて日本語の意味を答えなさい。（単語 4 題，熟語 3 題）
例）cold front
②日本語を聞いて英語を答えなさい。（単語，熟語合わせて 3 題）
例）略して

表5.21　雑学クイズのテーマの例

・世界の紙幣やコイン（写真や実物を見せながら）
・世界の様々なハンバーガー（写真を見せながら）
・ホームステイ先で喜ばれそうな日本土産ランキング

②Unitごとの総合テスト

各Unitの学習終了日に筆者が作成した総合テストを行い，学習した内容を全般的に確認した。問1は語彙問題，問2は教材音声を聞いて答える問題とし，授業でしっかり学習しないと解答できない設問にした（**表5.22**）。

表5.22　総合テスト問題の例

問1	次の英語は日本語に，日本語は英語に直しなさい。今回学習した語句や意味を解答すること。（全20題）
	subtitles ＿＿＿＿＿＿＿＿
問2	①は英語を聞いて設問に答えなさい。②は英語を聞いて空所に入る英語を書きなさい（ディクテーション）。（全20題）
	①　ミカは誰の部屋を使うのですか。また，それはなぜですか。
	②　Our estimated (　　　) time is nine hours.

③学習の補助となる配布物等

生徒が語彙小テストや総合テストに向けて復習しやすいように，2種類の印刷物を作成し，配布した。ひとつは教材内の「辞書情報」を印刷した語彙リストで，もう一つは本文のトランスクリプション（書きおこした英文）である。配布時期は，語彙リストはラウンド2の学習を始める前，トランスクリプションはラウンド3の学習を始める頃とした。これらのプリントも活用しながら，生徒はテスト前によく勉強していた。また，通学時などの隙間時間に教材の音声を聞きたいという要望もあったので，教材の各パートの音声部分を抜き出してデータファイル（MP3形式）を作成し，筆者が管理するWebサイトから生徒がダウンロードできるように整備した。

(4)　結果と考察

①プリテストとポストテスト

指導開始前及び終了後に，それぞれプリテスト，ポストテストを実施した。設問形式は２種類あり，問１はFS内の英文を使用した空所補充形式のリスニング問題（記述式）であり，問２は大学入試センター試験の英語リスニング問題（平成18年度，第３問Ｂと第４問Ｂを除外したもの。以下，「センター試験問題」と略す）である。前者の設問形式では学習教材がいかに定着したか（学習成果）を測り，後者では新しい英語を聞く力にどれだけ転移したか（応用力）を測定した。センター試験問題は，指導対象であるＡ高校２年生には難度が高く，対策指導なども行っていなかったが，英語学習全般への動機づけにもなると考えて選択した。プリテスト，ポストテストの結果を**図5.11**，**図5.12**に示す。

教材本文を使用した問１は，指導開始前には平均正答率が43.4%（n = 39, SD = 12.76）だったが（**図5.11**），指導後には61.7%（n = 39, SD = 13.29）と，1%水準で有意に向上した（$t(38) = 13.35^{*}$, $p < .01$, $d = 1.41$）。また，FSとは関連のない全くの応用問題（センター試験問題）である問２でも40.8%（n = 39,

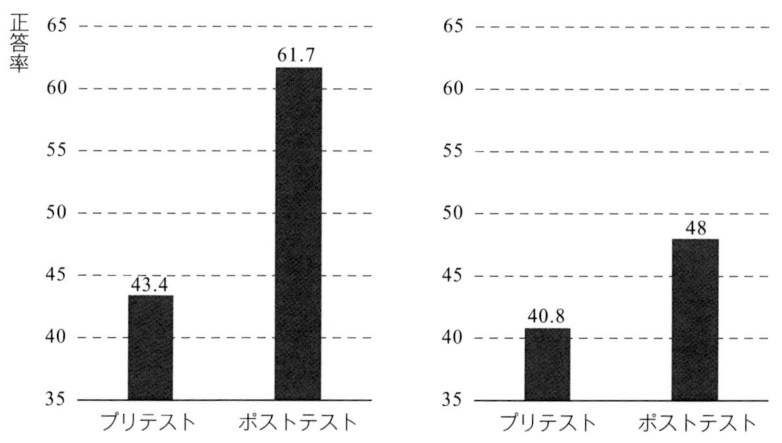

図5.11　問１の平均正答率（学習英文） **図5.12　問２の平均正答率（応用問題）**

SD = 12.20) から 48.0% (n = 39, SD = 13.49) への有意な改善が見られた ($t(38) = 3.40^*$, $p < .01$, $d = 0.56$) (**図 5.12**)。これらのことから，本指導実践により生徒は教材をしっかりと学習して聴解力を大きく伸長させており，参加者は少ないものの，開発した 3R コースウェアである FS は高校中級レベルの学習者への指導に有効である可能性が高いと結論した。

②質問紙調査

FS 学習期間終了後に，5 段階評価と自由記述の質問紙調査を行った。5 段階評価では，65%の生徒が FS の内容に興味を持ち，80%が聞き取りの力がつき，さらに 88% が徐々に聞けるようになった，と回答した。また授業について 78%がまじめに学習し，とくに動機づけのひとつである「雑学クイズ」について 85%が学習の励みになったと答えた (**表 5.23**)。多くの生徒がこの機会を前向きにとらえて熱心に学習し，効果を上げたことが分かる。

表 5.23　教材や授業に関する評価 (主要部分のみ，中央値)

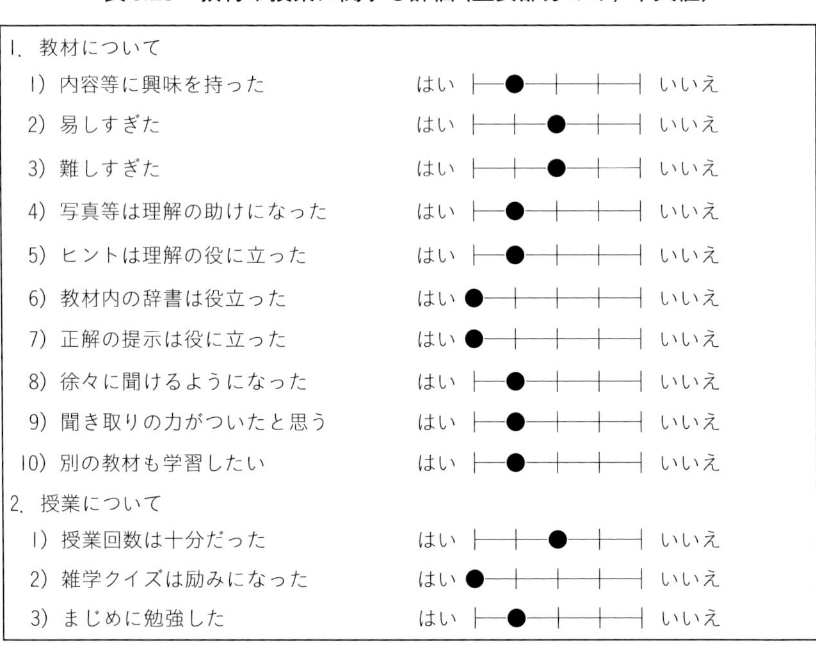

1. 教材について							
1) 内容等に興味を持った	はい		●				いいえ
2) 易しすぎた	はい			●			いいえ
3) 難しすぎた	はい			●			いいえ
4) 写真等は理解の助けになった	はい		●				いいえ
5) ヒントは理解の役に立った	はい		●				いいえ
6) 教材内の辞書は役立った	はい	●					いいえ
7) 正解の提示は役に立った	はい	●					いいえ
8) 徐々に聞けるようになった	はい		●				いいえ
9) 聞き取りの力がついたと思う	はい		●				いいえ
10) 別の教材も学習したい	はい		●				いいえ
2. 授業について							
1) 授業回数は十分だった	はい			●			いいえ
2) 雑学クイズは励みになった	はい	●					いいえ
3) まじめに勉強した	はい		●				いいえ

自由記述で表明された意見のうち，主なものを肯定的意見と否定的意見に分け，**表 5.24** に示した。肯定的なものが多数を占めたが，なかでも圧倒的に多かったのは「聞き取れるようになった」という喜びの声で，次に「内容が身近でわかりやすかった」「楽しかった」などが続いた。

一方，**表 5.23** の「授業回数は十分だった」で中間的な意見が多いことにも表れているが，否定的な意見には学習時間の不足に関するものが3件あった。また「単語テストの勉強が大変だった」という感想も聞かれた。これは，直接的には語彙小テストに関するものだが，出題元である「辞書情報」に掲載された語彙は決して難しいものばかりではなかったので，今回の生徒には FS を学ぶのに十分な語彙がなかった者もいたことが示唆されている。語彙が不足していれば，語彙テストのための勉強だけでなく，教材の学習自体にも時間がかかる。「もう少しゆっくり勉強したい」という意見も，実は本人の語彙量の不足が影響していた可能性が考えられる。聴解力養成用教材に取り組ませる際には，そこで使用される語彙も併せてしっかりと習得させ，定着させることが応用力をつ

表 5.24　授業や教材に対する自由記述での意見（主なもの）

肯定的な意見
- 最初の頃より聞き取れるようになった気がするし，英語を聞くと理解しようという気が出た。（普段の生活の中で聞いた時）
- とても楽しい勉強方法でした。イラストがあることで，内容も理解しやすかったです。リスニングの勉強は簡単にできないので，貴重な授業だったと思います。
- 1回目より2回目，2回目より3回目と，だんだん聞けるようになっているのが分かりました。
- シークバーが使われていたので，やりやすかったです。ヒントが3つなのがちょうど良くて，そのヒントもわかりやすかったです。
- これからもパソコンで学習したい。
- 自分が留学とかした時に，使えるようなのがたくさんあった。日常会話とかが多かったから話が理解しやすかったです。
- 豆知識なども分かって楽しかった。

否定的な意見
- 一つのユニットを終えるのにギリギリ終わる程度だったので，もう少しゆっくりやれる時間が欲しかったです。
- 単語テストが覚えることが多くて大変でした。

けるためにも不可欠であるため，全員に同じ教材を提供するのではなく，難度の異なる複数の教材を準備し，学習者への負荷が過大になりすぎない教材を課すような環境を整備することが理想的と考える。

5.4.3　高校上級者向け指導

(1)　概要

続いて，高校上級者を対象とした3Rコースウェア，『World Health Issues（以下，WHと略す）』を使用した指導実践について報告する。WHでは，AFP通信社が配信した健康・医療に関する16編の動画ニュースを素材としており，発話速度，語彙，英語の言い回しなど様々な観点から，一般的な高校生には相当手応えのあるものと言える。なお，WHの制作には筆者も携わっており，コースウェアの一部を執筆している。

WHを使用した指導実践は，千葉県内で有数の大学進学実績で知られる私立B高校で行った（諸般の事情により，筆者の勤務校ではなく，研究協力校での実施となった）。参加者は高校3年生（30名）で，「コミュニケーション英語Ⅲ」の授業内に実施した。参加者は，英検2級以上を取得している生徒が多かったが，リスニング力を養成するための体系的な指導を高校で受けたことはなかった。

(2)　実施詳細

B高校の授業担当教員は，本指導実践を行うまで3Rコースウェアを使用して指導した経験がなかったため，事前に筆者と何度も指導手順を打ち合わせた。指導スケジュール，小テスト，配布物，USBメモリに保存した教材など，授業で必要なものはすべて筆者が準備した。また，指導期間中も定期的に連絡を取り合い，状況を確認した。

WHは4 Unitで構成されているが，時間的制約から，本指導実践は実験的指導と位置づけ，4 Unitのうちの1 Unitのみ（ニュース4本で構成）を学習させた。指導実践の時期は4月中旬からで，期間は約1か月半であった。学校ではコンピュータ室において週1回授業内（50分）で勉強させた。大半の生徒の自宅にPCがあるとのことだったので，教材を持ち帰って復習（繰り返し学習）することを授業時に推奨してもらった。指導スケジュールと内容を**表5.25**にまとめて示す。

授業中は，担当教員に動機づけの指導（スケジュールの提示や小テストの実施）を行ってもらった。小テストは**表 5.26** に示したように 3 種あり（①教材「辞

表 5.25　指導スケジュールと内容

回	授業中に実施した内容
1	プリテスト，指導理論や教材に関する説明，ラウンド 1 学習
2	ラウンド 1 学習，語彙プリント（教材「辞書情報」を印刷したもの）・学習進度表・学習スケジュールを配布
3	小テスト①（教材の語彙）実施，ラウンド 2（Part 1 & 2）学習
4	ラウンド 2（Part 3 & 4）学習
5	小テスト②（ラウンド 2 学習内容確認）実施，ラウンド 3 学習
6	小テスト③（英文空所補充），ラウンド 3 学習
7	ポストテスト，質問紙への回答

表 5.26　小テスト問題の例

小テスト①教材の語彙問題（単語 15 問，熟語 5 問）

教材で学習した英語句を読み上げ，その意味を選択させる

例）leeches　ア．吸う　イ．好調な　ウ．ヒル

小テスト②学習内容確認問題（5 問）

1）教材で学習した内容に関する質問に答えさせる（3 問）

例）ヒルの養殖場ではどんな餌を与えていますか。

2）英語を読み上げて，空所に入る語句を答えさせる（2 問）

例）How do you praise guys after 9 ／ 11 and then (4 語) ?

小テスト③英文空所補充問題（5 問）

ラウンド 2 のタスクで使用された英文から各パート 1 〜 2 文を選び，空所を設けて提示し，指定された文字で始まる適切な単語を答えさせる

例）The government said that the ①（a　　　）was clean.

書情報」の語彙，②学習内容確認，③英文空所補充），きちんと学習していれば正解できるような難度の低い設問とし，達成感を感じさせることで学習の継続を促すようにした。

(3) 結果と考察

教材 WH 及び今回の授業について，質問紙調査と客観的な効果測定（プリテスト，ポストテスト）を実施した。参加者 30 名のうち，質問紙に回答したのは 27 名，両テストとも受験したのは 29 名であった。ただし，無回答者が含まれることにより，回答者数が 29 名未満の項目もあった。

教材に関する質問紙調査（5 段階評価）では，66.7％の生徒が「徐々に聞けるようになった」，77.8％が「教材内の辞書は役に立った」「正解の英文表示は役に立った」「解説の記事は理解の役に立った」，81.5％が「写真は学習の助けや励みになる」などと回答し，3R の指導法や教材の構成については高い評価を得られた。その反面，「難易度は適切であった」と答えた生徒が 44.4％にとどまり WH を難しいと感じた生徒が少なからずいた。しかし，時間をかけてしっかり自宅学習を行った生徒は半分に満たなかった（48.1％）ことから，指導開始前の動機づけや目標設定，そして継続的な学習意欲喚起の重要さを改めて感じた。質問紙調査の主な結果を**表 5.27** に示す。

プリテストとポストテストは同一問題で，空所補充形式のリスニング問題（各文 1 語，記述）であった。英語音声は 2 回ずつ流した。問 1 は学習した Unit のニュースから一部（全 10 文）を選定した。問 2 も同様の形式だが，WH の別の Unit（つまり未習）のニュースを使用して作成した。前者では学習量を，後者では応用力を測定した。なお，B 高校の生徒はほぼ全員が大学センター入学試験を受験し，テスト対策のための授業も行われていたため，応用力の測定にセンター試験の過去問題を使用しなかった。

平均正答率の推移を**図 5.13** と**図 5.14** に示した。問 1 では 65.2%（$n = 29$, $SD = 13.53$）から 80.0%（$n = 29$, $SD = 14.14$）に向上し（$t(28) = 5.31^{*}$, $p < .01$, $d = 1.07$），未習の英文を用いた問 2（応用問題）でも 53.1%（$n = 29$, $SD = 16.50$）が 60.3%（$n = 29$, $SD = 16.14$）と 1% 水準で有意に向上した（$t(28) = 3.45^{*}$, $p < .01$, $d = 0.44$）。学習した英文のみならず，応用問題でも有意な上昇が確認でき

表5.27　教材に対する質問紙評価（主要部分のみ，中央値）

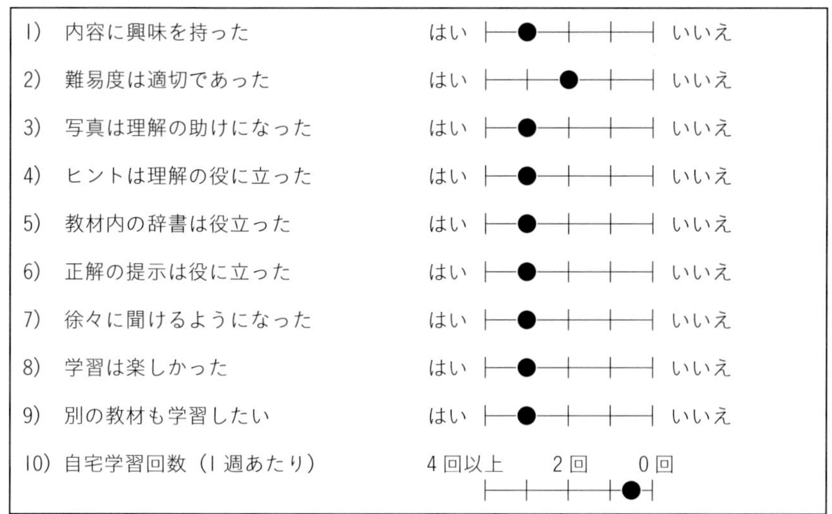

1）内容に興味を持った	はい	いいえ
2）難易度は適切であった	はい	いいえ
3）写真は理解の助けになった	はい	いいえ
4）ヒントは理解の役に立った	はい	いいえ
5）教材内の辞書は役立った	はい	いいえ
6）正解の提示は役に立った	はい	いいえ
7）徐々に聞けるようになった	はい	いいえ
8）学習は楽しかった	はい	いいえ
9）別の教材も学習したい	はい	いいえ
10）自宅学習回数（1週あたり）	4回以上　2回	0回

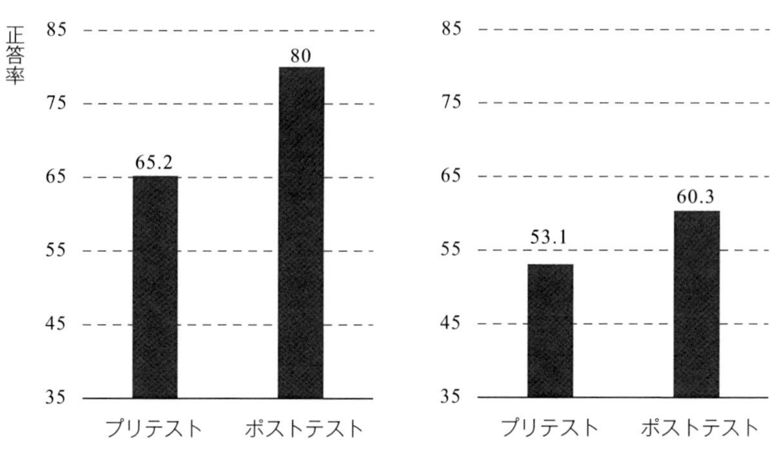

図5.13　問1の平均正答率（学習英文）　図5.14　問2の平均正答率（応用問題）

ため，WHの教材は高校上級者の指導に有効であると示唆された。

問2で観察された正答率の上昇（7.2%）は，指導の期間（約1か月半）や指導頻度（週1回）を考慮すれば，十分大きいと考える。今回の指導実践では学習期間を長く取ることができなかったが，今後，半年程度の期間で入念に指導し，再度学習効果を確認したい。

5.4.4 終わりに

本節では2件の指導実践について報告したが，この他にも筆者は別の3Rコースウェアの制作や指導，3Rの理念に基づいた教科書指導，語彙学習用CALL教材の制作や指導も行ってきた。幸いなことに，その大半で高い効果を上げることができ，生徒から感謝の声も寄せられているが，その時に共通していたことが3つある。第一に生徒が熱心に勉強したこと，第二に効果が繰り返し検証された指導理論に忠実に則った実践であったこと，そして第三に教師も真剣に生徒に向き合って指導したことである。

時代はICTの活用を求めているが，ICTは手段・基盤にすぎず，より重要なのは効果的な指導法である。英語コミュニケーション能力を確実に養成するには，先行研究や指導理論に基づいて授業を行うことが大切と考える。さもなければ，成功（失敗）してもその理由を特定できず，出口の見えない試行錯誤を延々と続けることになるだろう。

注

本稿は，桑原市郎・高橋秀夫（2010）「三ラウンド・システムに基づいた高校生向け英語リスニングCALL教材の開発」『言語文化論叢』第4号，pp. 33–44. をもとに，本書の趣旨にあわせて加筆修正したものである。

5.5 高校のクラブ活動での指導実践（星野高等学校）

5.5.1 英語学習における課題

本実践が行われた高校においては，従来，自然な英語音声に触れる機会の不足が課題であった。とくに，2006年度に大学入試センター試験にリスニングが導入されて以降，聴解力養成への需要が高まる中で，効果的な方法でリスニング学習を行う機会を確保する方法が模索されてきた。

本節では，このような状況の中で2008年度に実施された放課後のクラブ活動における指導実践（武谷, 2013）について報告する。

5.5.2　実践方法

(1)　参加者

本実践は高校1年生を対象に行われた。2008年度入学生のうち「放課後のクラブ活動において3Rコースウェアによるリスニング学習を中心とした英語の指導を受けた生徒22名」を処置群とした。比較対象として，処置群と同学年で通常授業において同じ環境で英語を学んだ他クラブの生徒322名を対照群とみなした。

なお，処置群および対照群の設定にあたっては強制的な割り当ては行わず，事前に活動内容について説明する機会を設けた上で参加を希望した生徒を処置群とした。両群の人数が異なっているのはこのためである。本実践が行われた高校は全ての生徒がいずれかのクラブに所属している。処置群の生徒が所属していたクラブは活動日数や活動時間が比較的少ない部類に属しており，特別な入部条件は設けずに希望があれば英語の得意・不得意にかかわらず入部を受け入れてきた。また，同校では習熟度別クラス編成が行われているので，両群の等質性を可能な限り保つため，対照群を設定する際には処置群が在籍するクラスと同じコースに在籍する生徒から抽出した。これらを考慮すると，英語関連のクラブに入部した点で処置群が英語に興味・関心を持っていたとは考えられるが，このことは対照群が処置群に比べて英語力や英語への関心が低いことは意味しておらず，学習開始時の両群の習熟度や学習意欲に著しい差は見られなかったと推定される。

(2)　実施期間

処置群への指導は2008年4月から翌年2月までの約11か月間行われた。指導効果の検証に用いた英語力測定テストGTEC for STUDENTS Basic（当時）は，学習開始前の2008年4月および学習終了後の2009年3月に実施された。[1] また，2009年2月には処置群を対象とした質問紙調査が実施された。

(3)　指導内容1：処置群，対照群に共通して行われた英語指導

両群とも，通常授業においては主に検定教科書を用いた文法訳読式教授法による精読中心の活動や，問題集を用いた文法演習などを行った。授業は主に日本人教師によって日本語で進められたほか，各クラスにおいて週1回カナダ人講師による会話練習が行われた。また，各ホームルームにおいて週4回（語彙1回・文法1回・リスニング2回），各5分程度の自習形式の小テストが行われた。

(4)　指導内容2：処置群のみを対象に行われた英語指導

処置群のみを対象に，放課後のクラブ活動の中で**表5.28**のようなスケジュールに基づいた英語の指導を実施した。処置群への指導は授業期間中のうち定期考査1週間前を除く期間に行われた。クラブ活動は週4日，各45～60分程度であり，このうち週3回を利用してCALL教室での3Rコースウェアによるリスニング学習が行われた。また，残りの週1回は一般教室において日本人教師とカナダ人講師による英会話の活動が行われた。

表5.28　処置群のみを対象に行われた英語指導

	1学期	2学期	3学期
CALL教室 （週3回）	First Listening 一斉 → 個別	First Listening 個別学習	American Daily Life 個別学習
一般教室 （週1回）	動機づけ 発音練習	スピーチ 原稿作成	スピーチ 発表準備

処置群の学習用教材を選定するにあたり，3Rコースウェアである*Listen to Me!*シリーズの中から生徒の状況に最も適していると考えられるものを選定した。生徒が高校生であることや，学習開始時の英語力などを考慮し，まず初級用教材『First Listening（以下，FLと略す）』から学習を始めた。次いで，FLでの学習を終了した生徒から初中級用教材『American Daily Life（以下，DLと略す）』に移行するように計画した。

CALL教室は教師用PC（1台）と生徒用PC（46台）で構成されていた。各PCにFLとDLをインストールし，各生徒が教室内のみで学習する方式をとっ

た。なお，CALL 教室での学習開始に先立ち，処置群の生徒を対象にガイダンスを行った。まず英語力向上におけるリスニングの重要性を説明し，1年間の学習計画を示した。次いで教材の画面をスクリーンで見せながら，3R コースウェアでの学習の進め方と各ラウンドの目標を簡潔に説明した。

(5)　CALL 教室での指導1：FL を用いた学習

FL による学習は 2008 年 5 月から 12 月までの 2 学期にわたって行われた。参加者が 3R での学習を初めて行う高校生であったため，Unit 6 まである教材のうち，Unit 1 については教材画面をスクリーンで見せながら一斉授業形式での指導を行った。指導は 6 回に分け，1，2 回目にはガイダンスおよびラウンド 1 を，3，4 回目にはラウンド 2 を，そして 5，6 回目にはラウンド 3 および Unit Test を行った。

個別学習が可能な教材をあえて一斉授業形式で指導した主な理由は以下の 3 点である。すなわち，①教材の進め方を実際に体験することでそれぞれのタスクやヒントの意味を理解し，利用法を具体的に知ることができる，②タスクに対する他者の回答を聞くことで参加者が互いに参考にしあうことができ，推測や発想の幅を広げるとともに学習者同士の連帯感を深めることができる，③コンピュータの苦手な生徒にとって，初めから自分ひとりで操作をする場合に比べて心理的な負担を軽減できる，という点である。Unit 2 以降は大まかな目標進度を提示した上で生徒各自のペースによる個別学習を行った。1 回の学習時間は，参加者の集中力を考慮し 45 ～ 60 分程度とした。

(6)　CALL 教室での指導2：DL を用いた学習

DL による学習は 2008 年 12 月から翌年 2 月にかけて行われた。2008 年 12 月から翌年 1 月の間に，FL (Unit 1 ～ 6) での学習を終了した生徒から順次 DL での学習を開始した。最も進度の早い生徒が DL での学習を始める前に，全ての生徒に対して一斉指導形式で 15 分程度のガイダンスを行い，その後は FL と同様の個別学習を行った。学習期間終了時点までに，Unit 5 までのうち概ね Unit 2 まで進んだ。

(7) 一般教室での指導

処置群の生徒が所属していたクラブでは，CALL での学習とは別に週 1 回 1 時間程度，一般教室での活動が行われた。実施期間の前半は主に学校行事の準備など英語学習以外の活動が中心であり，その中でリスニング学習への動機づけやカナダ人講師による発音練習などが適宜行われた。指導期間の後半には英語スピーチの原稿作成および発表練習を行った。その際，日本人教師による作文についての一斉指導を 15 分× 4 回，カナダ人講師による原稿添削および発表指導を 1 人 15 分ずつ行った。なお，実際のスピーチは翌年度の活動の中で実施された。

(8) 指導の評価

指導効果を客観的に観察するため，学習期間の前後に処置群および対照群の全員が受検した GTEC for STUDENTS Basic をそれぞれプリテスト，ポストテストとみなして分析した。このテストは英語運用能力の測定を目的としたスコア型テストで，Listening 250 点，Reading 250 点，Writing 160 点の 3 つの section から成っている。形式は Listening と Reading がそれぞれ 25 分間 40 問，45 分間 36 問のマーク方式，Writing が 20 分間 1 問の記述方式であった。

さらに，教材利用者の印象評価について調べるため，指導終了後に処置群を対象に実施した質問紙調査を分析した。これは 15 の質問項目への 5 段階評価での回答，および自由記述による記名式の質問紙調査であった。

5.5.3 指導効果の検証

(1) テストスコアによる比較

指導前後に行われた GTEC for STUDENTS Basic の Listening，Reading，読解速度，Writing および合計点について，処置群と対照群のスコアを比較した。なお，比較の条件をできる限り揃えるために以下のような処理を行った。まず，プリテストまたはポストテストのいずれかを受検しなかった生徒を両群から除外した。併せて，Writing の答案が白紙であった生徒を Writing および合計点の分析から除外した。また，クラブ活動への参加率が 3 分の 2 に満たなかった生徒を処置群から除外した。さらに，各 section のスコア上昇量を測る際，天井効果による影響の可能性を排除するため，プリテストが満点またはそれに近い点数であった生徒を両群から除外した。併せて，各 section において対照群のプリテスト平均値が処置群の平均値に最も近い値になるまで対照群の下位者を除外することで，学習開始前の英語力が処置群と同じレベルである対照群を抽出した。各 section における対象者の人数が異なっているのはこのためである。また，t 検定を行う際には，全て危険率 5% を仮定した両側検定で行った。なお，本稿では有意確率と併せて効果量（Cohen's d）を記載し，効果量の基準は 0.2 以上を小，0.5 以上を中，0.8 以上を大とした。

(2)　Listening Section

GTEC for STUDENTS Basic の Listening Section（スコア範囲：0 ～ 250 点）について，両群のプリテストおよびポストテストの平均点を比較したところ，処置群に 33.66 点，対照群に 7.52 点の上昇が見られた（**表 5.29**，**図 5.15**）。

表5.29　処置群と対照群のListening Sectionスコアと上昇量

	人数	プリテスト		ポストテスト		上昇量	t	d
		平均	*SD*	平均	*SD*			
処置群	15	137.67	32.42	171.33	29.02	33.66	5.84*	1.09
対照群	294	137.59	18.99	145.11	27.76	7.52	5.95*	0.32

注. *有意差あり（$p < .05$）

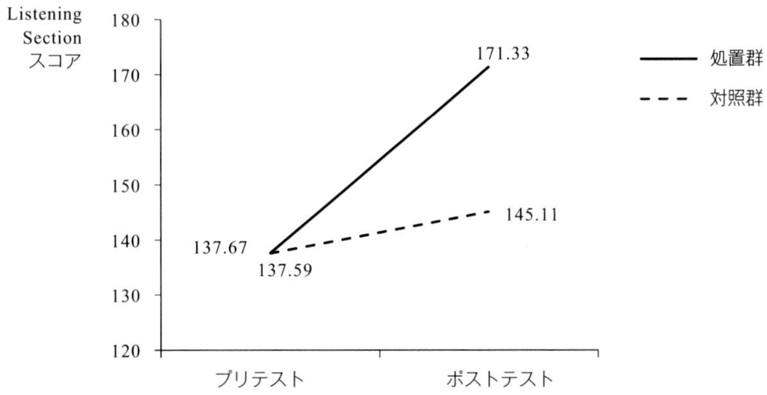

図5.15　処置群と対照群のListening Sectionスコアの推移

まず，処置群のプリテストとポストテストの平均値の差について対応のある t 検定を行ったところ，有意な差が確認され，大きな効果量が見られた（$t(14) = 5.84$, $p < .05$, $d = 1.09$）。対照群については有意な差が確認され，小程度の効果量が見られた（$t(293) = 5.95$, $p < .05$, $d = 0.32$）。さらに，処置群の上昇量と対照群の上昇量の差について等分散を仮定した t 検定を行ったところ，有意な差が確認され，大きな効果量が見られた（$t(307) = 4.55$, $p < .05$, $d = 1.19$）。

(3) Reading Section

GTEC for STUDENTS Basic の Reading Section（スコア範囲：0 ～ 250 点）について両群の平均点の上昇量を比較したところ，処置群に 25.13 点，対照群に 6.01 点の上昇が見られた（**表 5.30**，**図 5.16**）。

表 5.30　処置群と対照群の Reading Section スコアと上昇量

	人数	プリテスト		ポストテスト		上昇量	*t*	*d*
		平均	*SD*	平均	*SD*			
処置群	16	136.06	20.51	161.19	41.50	25.13	3.30*	0.77
対照群	302	136.10	16.83	142.11	29.52	6.01	4.33*	0.25

注. *有意差あり（$p < .05$）

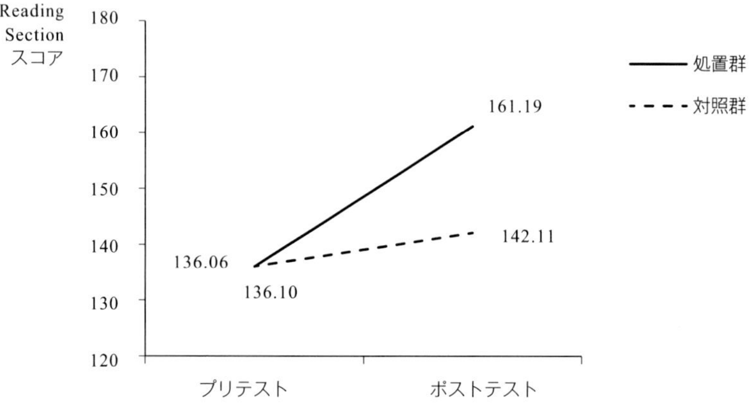

図 5.16　処置群と対照群の Reading Section スコアの推移

処置群のプリテストとポストテストの平均値の差について対応のある t 検定を行ったところ，有意な差が確認され，中程度の効果量が見られた（$t(15) = 3.30$, $p < .05$, $d = 0.77$）。対照群については有意な差が確認され，小程度の効果量が見られた（$t(301) = 4.33$, $p < .05$, $d = 0.25$）。さらに，処置群の上昇量と対照群の上昇量の差について等分散を仮定した t 検定を行ったところ，有意な差が確認され，中程度の効果量が見られた（$t(316) = 3.04$, $p < .05$, $d = 0.70$）。

(4)　読解速度（words per minute）

読解速度は「1 分間に読むことができる語数（words per minute: 以下，WPM と略す）」で算出される。両群の GTEC for STUDENTS Basic における読解速度の平均上昇量を観察したところ，**表 5.31** のように，処置群に 15.93，対照群に 4.40 の上昇が見られた。

処置群のプリテストとポストテストの平均値の差について対応のある t 検定を行ったところ，有意な差が確認され，大きな効果量が見られた（$t(15) = 3.44$, $p < .05$, $d = 1.27$）。対照群については有意な差が確認され，小程度の効果量が見られた（$t(321) = 5.79$, $p < .05$, $d = 0.20$）。処置群の上昇量と対照群の上昇量の差について等分散を仮定した t 検定を行った結果，有意な差が確認され，中程度の効果量が見られた（$t(336) = 3.25$, $p < .05$, $d = 0.71$）。

表 5.31　処置群と対照群の読解速度の上昇量

	人数	プリテスト		ポストテスト		上昇量	t	d
		平均	*SD*	平均	*SD*			
処置群	16	58.13	12.37	74.06	12.70	15.93	3.44*	1.27
対照群	322	57.73	25.38	62.13	18.10	4.40	5.79*	0.20

注. *有意差あり（$p < .05$）

(5)　Writing Section

GTEC for STUDENTS Basic の Writing Section（スコア範囲：0 ～ 160 点）について両群の平均点の上昇量を比較したところ，処置群に 7.93 点，対照群に 0.58 点の上昇が見られた（**表 5.32**, **図 5.17**）。

表5.32　処置群と対照群のWriting Sectionスコアと上昇量

	人数	プリテスト		ポストテスト		上昇量	*t*	*d*
		平均	*SD*	平均	*SD*			
処置群	16	101.13	15.07	109.06	8.29	7.93	1.95	0.65
対照群	310	101.29	14.36	101.87	14.80	0.58	0.81	0.04

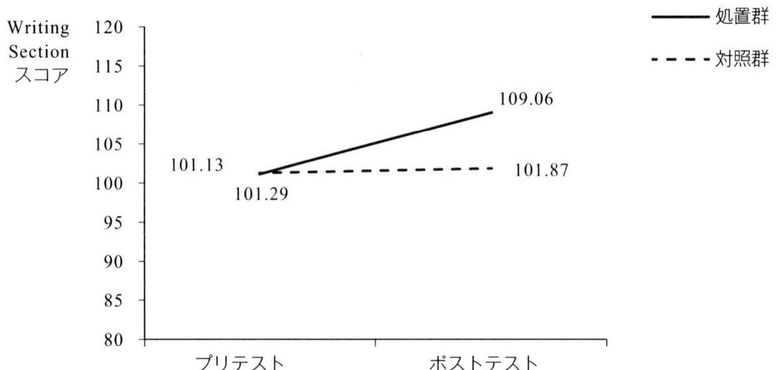

図5.17　処置群と対照群のWriting Sectionスコアの推移

処置群のプリテストとポストテストの平均値の差について対応のある t 検定を行ったところ，有意差は認められなかった（$t(15) = 1.95$, $p = .07$, $d = 0.65$）。対照群についても有意差は見られなかった（$t(309) = 0.81$, $p = .42$, $d = 0.04$）。さらに，処置群の上昇量と対照群の上昇量の差について等分散を仮定した t 検定を行ったところ，有意な差が確認され，中程度の効果量が見られた（$t(324) = 2.23$, $p < .05$, $d = 0.50$）。

(6)　合計点

GTEC for STUDENTS Basicの合計点（スコア範囲：0～660点）について両群の平均点の上昇量を算出したところ，処置群に64.37点，対照群に15.46点の上昇が見られた（**表5.33**，**図5.18**）。

処置群のプリテストとポストテストの平均値の差について，対応のある t 検定を行ったところ，有意差が確認され，大きな効果量が見られた（$t(15) = 5.76$,

$p < .05$, $d = 0.88$)。対照群については有意な差が確認され，小程度の効果量が見られた ($t(282) = 6.87$, $p < .05$, $d = 0.30$)。次に，処置群の上昇量の差と対照群の上昇量の差について等分散を仮定した t 検定を行った結果，有意な差が確認され，大きな効果量が見られた ($t(297) = 4.98$, $p < .05$, $d = 1.18$)。

表5.33　処置群と対照群のGTEC合計点と上昇量

	人数	プリテスト		ポストテスト		上昇量	t	d
		平均	*SD*	平均	*SD*			
処置群	16	381.88	69.16	446.25	77.68	64.37	5.76*	0.88
対照群	283	382.12	39.52	397.58	60.38	15.46	6.87*	0.30

注. *有意差あり ($p < .05$)

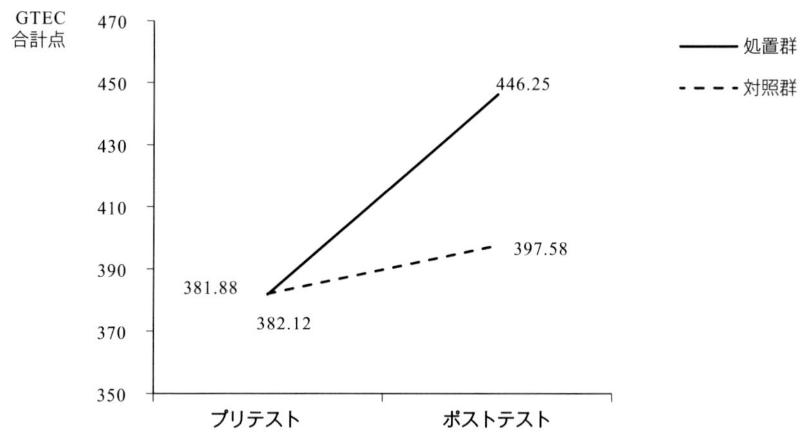

図5.18　処置群と対照群のGTEC合計点の推移

(7)　質問紙調査結果

FLとDLに対する質問事項15問と自由筆記からなる質問紙調査を行った。まず，テストと同様の基準で参加回数が規定に満たなかった生徒を分析対象から除外した。次に，各質問への5段階(「5＝はい」～「1＝いいえ」)の回答を「肯定(5, 4)」,「中立(3)」,「否定(2, 1)」のように3段階に整理して分析を行った。本節では，学習全体に関わる項目として「学習満足度」,「学習効果」,「学習継続意欲」の3点について述べる。

まず，学習満足度を表す項目については，**表5.34**のような回答結果が示された。両教材の結果を平均すると，肯定87.5%，中立6.3%，否定6.3%であった。

表5.34 学習満足度について

項目	FL（回答数16）			DL（回答数16）		
	肯定	中立	否定	肯定	中立	否定
このCD-ROMでの学習は楽しかった	75.0%	12.5%	12.5%	100.0%	0.0%	0.0%

次に，学習効果を表す項目については**表5.35**のような回答が示された。両教材の結果を平均すると，肯定が約93.8%，中立が約6.3%，否定が0%となった。

表5.35 学習効果について

項目	FL（回答数16）			DL（回答数16）		
	肯定	中立	否定	肯定	中立	否定
ラウンドが進むにつれ聞けるようになった	100%	0%	0%	100%	0%	0%
この教材を使用して聞き取りの力がついた	81.3%	18.8%	0%	93.8%	6.3%	0%
上記2項目の平均	90.6%	9.4%	0%	96.9%	3.1%	0%

さらに，学習継続意欲を表す項目については，**表5.36**のような回答が示された。両教材の結果を平均すると，肯定が約71.9%，中立が約25.0%，否定が約3.1%であった。

表5.36 学習継続意欲について

項目	FL（回答数16）			DL（回答数16）		
	肯定	中立	否定	肯定	中立	否定
別の教材でも学習したい	62.5%	37.5%	0.0%	81.3%	12.5%	6.3%

(8) 自由記述欄への回答

自由記述欄への回答は，FLについては「ラウンドが進むにつれてだんだん聞きとれるようになっていった」という内容の記述が最も多く，16名中7名に見られた。DLについては「動画で学習するので分かり易く楽しかった」という記述が最も多く，16名中13名に見られた。また，両教材を通じて，自然な英語に触れる機会ができたことへの肯定的な回答が見られた。

5.5.4　考察

(1)　リスニングにおける指導効果

Listening Sectionでは，処置群のスコアに対照群の約4.48倍（= 33.66 ／ 7.52）にあたる上昇量が見られた。テスト結果を総合すると，処置群の聴解力には通常授業のみの場合に比べて顕著な伸びがあったことが読み取れる。また，処置群への質問紙調査においても肯定的な回答が多く見られ，学習者が効果を実感しながら意欲的に学習を継続できたことが示唆された。特別なテスト対策を行わなかったにもかかわらず処置群のスコアに上昇が見られたのは，3Rのリスニング学習に取り組む中で，話題の大まかな把握，詳細の正確な理解，話者の意図の推論といった総合的な聴解力が高まり，その結果がスコアに反映されたためであると考えられる。

(2)　リーディングおよび読解速度における指導効果

Reading Sectionでは，処置群のスコアの平均に対照群の平均の4.18倍（= 25.13 ／ 6.01）の上昇が見られた。これはListening Sectionの上昇量の約74.7%にあたる。さらに，読解速度（WPM）についても，処置群の平均には対照群の3.62倍（= 15.93 ／ 4.40）の上昇がみられた。テストの結果からは，処置群の読解力に通常授業のみの場合と比べてより大きな伸びが見られた。本研究では処置群に対してリーディングのための特別な指導は行っていないが，聞き取った音声素材のトランスクリプション（書きおこした英文）を読むなど，リスニングに付随する形でリーディングの活動も行われた。また，3Rは自然な速度の英語を聞いてタスクを解決する学習を通じて英語で情報を受信する力そのものを養成する構成になっている。こうした活動を通じた受信力や言語情報処理速度の向上がリーディングやWPMのスコア上昇に繋がったと推定される。

(3) ライティングにおける指導効果

Writing Section (160 点満点) における処置群の上昇量 (7.93 点) を 250 点満点に換算すると 12.39 点になり，Listening Section の上昇量 (33.66 点) の 36.8% に相当する。処置群，対照群ともにプリテストとポストテストとの間に統計的有意差は認められなかったが，上昇量の平均については，処置群と対照群との間に有意な差がみられた。このことから，処置群の作文力には通常授業のみの場合と比べて一定の向上が見られたと考えられる。GTEC for STUDENTS Basic の Writing Section は意見陳述型の自由記述形式の問題である。通常授業の作文指導では自由記述形式の作文指導は行われなかったが，処置群の生徒はリスニングの学習に加えてその 1 ／ 6 程度の時間をかけてスピーチ原稿作成の活動を行った。3R のタスクにおける話者の意図を推論するプロセスを通して「話し手の発信する情報が聞き手にどのように伝わるのか」を学んだことが「自分の意図を相手に効果的に伝える表現力」の土台となり，そこに実際にスピーチ原稿を作成するという学習体験が加わることで，作文力の向上に一定の役割を果たした可能性が推定される。

(4) 合計点について

最後に，合計点の上昇量について比較すると，処置群の上昇量は対照群の上昇量の約 4.16 倍 (= 64.37 ／ 15.46) であった。検定の結果，処置群と対照群の上昇量の平均値の間に有意な差が見られた。当時の GTEC 公式 Web サイトに掲載されていたスコアの目安によれば，処置群のスコア平均は指導前には「高校 1 年生」の水準であったが，指導後は「高校 2 年生」の水準を超え「短期の語学留学で英語圏に行き授業についていくための英語力」に到達している。

(5) 質問紙調査結果にみる学習動機への効果

「学習者満足度」，「学習効果」，「学習継続意欲」に対する印象評価を表す項目を観察した結果，それぞれ平均で 87.5%，93.8%，71.9% に肯定的な回答が見られた。このことから，3R コースウェアで学習した生徒の多くが高い満足感を持ち，学習効果を実感しながら学習を続け，さらに継続して学習を行いたいと考えていたことが推定される。また，自由記述において「ラウンドが進むにつれてだんだん聞きとれるようになっていった」という回答が多く見られたことは，生徒たちが今回の活動を通して「目標に到達するまでの作業が細分化され，かつ有機的に関連付けられていることで，一つ一つの作業は易しいと感じながら全体としては難易度の高い素材の学習を可能にする」という 3R の特徴を実感しながら学習できたことを示していると考えられる。また，DL に対して「動画で学習するので分かり易く楽しかった」という回答が多く見られことから，動画によって話者の表情や背景の変化などから発話の内容を推測する手掛かりを得つつ臨場感を持って学習でき，それが学習動機をさらに高める役割を果たしたことが推察される。

本実践では，FL を終えた後に DL に進み，教材の難易度が上昇したにもかかわらず質問紙調査の結果では肯定的な反応が多く見られた。これは，今回の学習が学習者の興味・関心を失わせず，英語力が向上していることを実感させ，学習動機を維持することに寄与した可能性を示唆している。このことは，高校生を対象とした指導においても，3R に準拠したリスニング学習を効果的に行うことができれば，学習者が高い意欲を維持しながら学習を継続することができる可能性を示していると考える。

5.5.5　本実践の結論およびその後の取り組み

本節では，高校現場での英語指導における課題として，リスニング学習に関する課題を挙げ，その解決を目指して実施された実践例を報告した。通常授業に加えて，クラブ活動の一環として 3R コースウェアを取り入れた学習を行った結果，聴解力に加えて読解力に顕著な伸びが示され，作文力についても一定の効果が示されたほか，学習満足度，学習効果，学習継続意欲といった英語学習への動機づけについても肯定的な回答が得られた。

竹蓋（2005, pp.192-193）では，学習者の言語力の養成には，学習者の言語情報処理力，行動，学習意欲を中心的な要素として，教員，コースウェア，カリキュラム，機器，友人，時間，社会といった要素がそれぞれの役割を果たし貢献し合うことができる総合的なシステムとしての学習支援環境を構築することの重要性が指摘されている。本実践においても，学校現場の状況の中で可能な限りの学習支援環境を整えることを心掛けた。こうした 3R を中心とした総合的な指導が学習者の英語力の向上や英語学習への動機づけに効果的に働き，テストデータや質問紙調査の回答における肯定的な結果に結びついたものと結論づける。

なお，本実践の後，通常授業においても 3R コースウェアの利用が検討され，これまでに高 2 や高 3 の一部の授業における副教材として導入が進められてきた。また，リスニングとともに英語力向上の鍵となる語彙学習についても，3R の複合システム（竹蓋，2005，pp.77-86）を構成する語彙学習システムの構造に準拠した高校生レベルの CALL 語彙教材を校内において制作し，実用化する取り組みが進められている。

今後はこうした取り組みを有機的に結び付けた指導体制を構築し，生徒の英語学習をより効果的に支援する環境を整えて行きたい。

注

1. 本研究では，英語力測定の手段として旧GTEC for STUDENTS（©Benesse Corporation）を用いた。これは中学生・高校生を対象としたスコア型英語力テストである。Core，Basic，Advancedの3段階のうち，本研究では中位レベルにあたるBasicを用いた。なお，GTEC for STUDENTSは2017年よりGTEC CBTとともにGTECに統合され，テスト形式や評価基準等も変更されている。

本稿は，武谷容章（2013）「日本人高校生 EFL 学習者を対象とした英語コミュニケーション能力向上のためのコンピュータ支援による指導に関する研究」*Language Education & Technology*，50 巻，pp. 131–153. をもとに，本書の趣旨にあわせて加筆修正したものである。

5.6　中学校での指導実践（品川区立荏原第六中学校）

5.6.1　はじめに

文部科学省による大学入試改革の話題を目にすることが多くなり，これまでの聞くこと，読むこと，書くことの 3 技能に話すことの技能が加わり，4 技能での試験が導入されるようになった。また，TOEFL の試験では，話す・書くことで表現する際には，聞くことがその前に要求される。すなわち，聴解力なしには表現できずに高得点も望めないのである。ゆえに，今後はますます聴解力の養成が注目されるに至るだろうと考えている。

5.6.2　中学校での実態

小学校での外国語活動は聞く・話すことに重きを置いて導入され，ベネッセ教育総合研究所（2015）の「小学生の英語学習に関する調査」では，「小学5・6年生の6割が教室の外で英語を使ってみたい」という意欲を示しており，「外国語活動」は，英語で「コミュニケーションを図ろうとする態度」を育成している，として，態度面や進んで英語でコミュニケーションをとる姿勢などで，一定の効果も認められているのだが，2014年の東京都の中学2年生を対象とした「児童・生徒の学力向上を図るための調査」の結果において，英語全体の正答率53.6％であった。また，リスニング問題7問の平均正答率は52.5％であり，正答率が15.5％しかないものもあった。この設問の正答率が低かった原因として考えられるのは，この問題では音声内容の概要を捉えるだけでなく，詳細な事柄を聞き取る必要性があったことである。中学生の聞き取る力は伸びているとは言え，まだ弱点と見られるところもあり，指導法の改善は急務と考える。

ベネッセ教育総合研究所（2016）による中学校での授業の実態調査の報告では，リスニングに関連する活動は，音読や教科書本文のリスニング，口頭導入，ディクテーション，そしてドラマや映画などの初見の英語を聞くことであり，玉井（1992）や高橋（2003）が10年以上前に指摘した状態と大差ないことがわかる。

このような現状を踏まえ，中学1年生からリスニングの指導理論を踏まえた指導を開始するべきと考えた。

5.6.3　効果を上げている指導法

繰り返し効果が実証されているリスニング指導理論である三ラウンド・システム理論（3R）の効果は，大学生のみならず高校生や中学生を対象とした指導においても実証されている（楠，2005; 西垣，2005）。筆者はこれまでに，中学3年生を対象とした教材開発（牛江他，2012）及び指導実践，そして中学2年生に対象とした教材開発及び指導実践（岡﨑，2013）を行ってきている。これらの経験を踏まえた上で，本研究では中学1年生を対象に教材開発を試みた。

5.6.4　研究の目的

本研究の目的は，三ラウンド・システムの指導理論に基づいた中学 1 年生を対象とした教材を開発し，検証することである。

5.6.5　教材開発

3R の特長は，リスニングの目的を達成するまでに中間目標を設定し，3 つのラウンドに分けており，それぞれのステップを踏むことで最終目的をスムーズに達成できるようにしている。そして，ラウンド内の様々なタスクが有機的に関連していることで，学習者が難なく最終目的を達成できるようになっている。

(1)　音声素材

教材開発をする上で困難であったのは，中学生が指導対象のため，生徒の集中力や授業時間等を考慮して，素材の長さを短くしたり，内容の難度を低く抑えなければならないことであった。

そこで，音声素材はオーセンティックなものを使用しつつ，学習者が生活にも生かせるようなものを生徒の生活から考えた結果，電車内のアナウンスを活用することにした。電車内の放送での語彙や文法面のみならず，内容面から判断しても難易度は高くないと推測された。電車の選定は，生活圏から行動範囲が波紋のように同心円状に広がることを考え，まずは住んでいる地元地域の馴染みのある沿線の東急目黒線，東急池上線，東急東横線を選定した。次に，塾や部活動の遠征などで行動範囲が広がり，使用することになるであろう JR 山手線を選定した。さらに，2 年後の修学旅行で乗車する新幹線を選定し，それぞれのアナウンスについて各会社から使用許諾を得た。本教材で使用した音声素材は，ナレーションの訓練を受けた英語母語話者（アメリカ出身の男性，カナダ出身の女性）によって実際の車内放送に聞こえるように発音してもらった。教材名は『Announcements on Trains』とした。

(2)　タスクとヒント例

本研究で開発した『Announcements on Trains』は，中学 1 年生が対象であったため教材全体の難易度が低くなるように種々の工夫を施した。たとえば，聞き取りの最終目標であるラウンド3では，話者の意図などを問うような難易度の高いタスクではなく，複数の箇所で言われていることを聞き取り，総合的に情報を理解することなどを最終目標に設定した。

3Rコースウェアでは各ラウンドで目標が設定されており，ラウンド1では文章の大まかな理解，ラウンド2では正確・詳細な理解，そしてラウンド3では話者の意図・結論等の理解（本研究では，「複数の情報を聞き取る」）である。最終目標のラウンド3を達成するために，ラウンド2が存在し，ラウンド2を助けるのがラウンド1なのである。

各ラウンドでのタスクを達成するために5種類の情報が提供されるが，本教材ではどのようなものを提示したのか，具体例を提示しながら概説する。

①「事前情報」は学習者の背景知識を活性化させる役割がある。本教材では，写真で提示した（**図5.19**）。具体的には，アナウンスの使われている電車，車内やプラットフォーム上の駅名の表示や線路マップ，駅付近の街中などである。

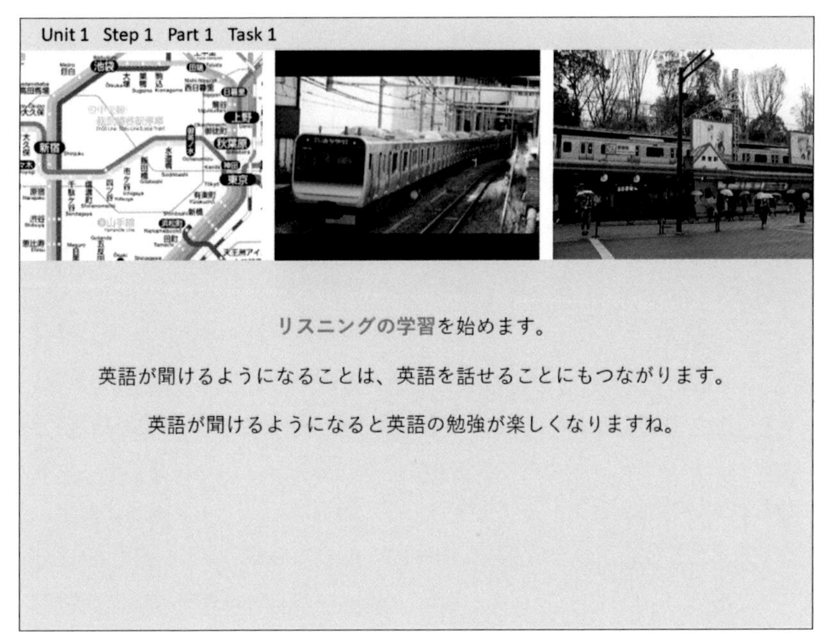

図5.19　『Announcements on Trains』のUnit 1スタート画面

②「参考情報」は必要に応じて使える辞書情報である(**図5.20**)。これは，タスク内で生徒が必要に応じてクリックすれば使用できる。たとえば，英単語やフレーズをクリックすると音声が聞こえ，2秒後に日本語の意味を確認できる。ここでの意味は，記憶への負担を考慮に入れるようにし，本教材内での意味に合うものの1つに限定した。

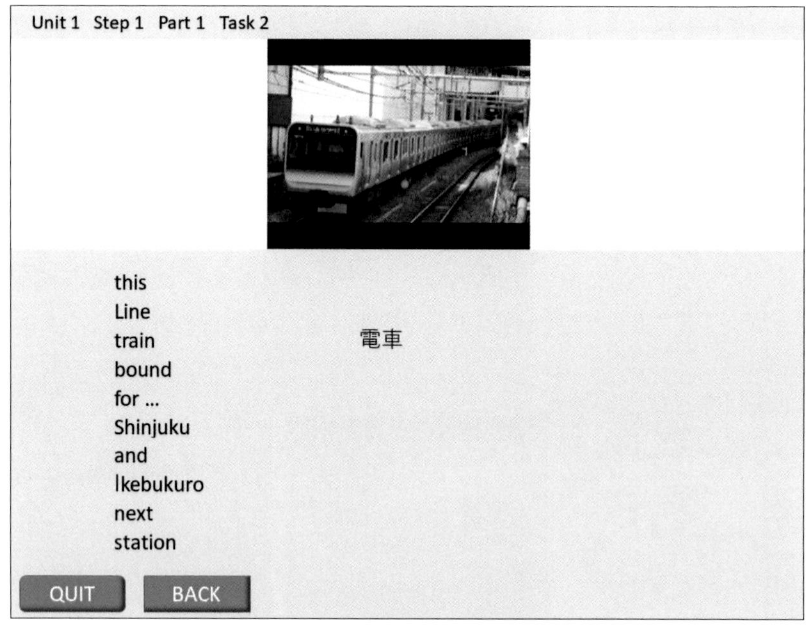

図5.20　参考情報(辞書情報)

③「ヒント情報」は学習者が自力でタスクを達成できるように援助するものであり，考えの道筋などである。1つのタスクに3種のヒント情報を用意した。初めからピンポイントで解答が分かるものではなく，徐々に聞くポイントが絞られていくようにという方がイメージしやすいだろう。具体的には下にある「タスクとヒントの一例」内のHINT 1，2，3である。

④「補助情報」はコミュニケーションの技術や異文化情報，文法的な解説も含まれる（**図5.21**）。教材のなかではTipsと呼んでいる。以下にラウンド2及び3で使用しているタスクとヒントの一例を示す（Unit 1, Part 1）。

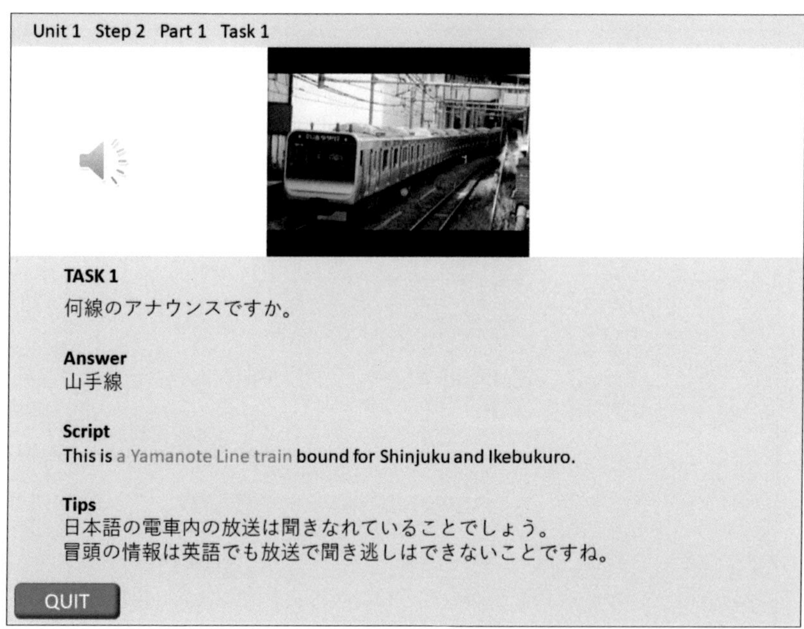

図5.21　ラウンド2（Unit 1, Part 1, Task 1の解答とTips）の画面例

ラウンド2

Task 1	何線のアナウンスですか。
HINT 1	電車の放送では，最初にどのようなことを言うか考えてから聞きましょう。
HINT 2	初め方に注意して聞きましょう。
HINT 3	This is a ... Line train bound for ... という表現で「〜行きの…線です」と言っています。
Answer	山手線。
Script	This is **a Yamanote Line train** bound for Shinjuku and Ikebukuro.

Tips	★日本語の電車内の放送は聞きなれていることでしょう。冒頭の情報は英語でも放送で聞き逃しはできないことですね。
Task 2	**乗り換えができる線はいくつありますか。**
HINT 1	日本語の放送で乗り換えの放送はどの辺りで流れてくるかを考えて聞きましょう。
HINT 2	放送の後半に集中して聞きましょう。
HINT 3	Please change here for ... で「ここで…線に乗り換えてください」という意味です。具体的に路線の名前がいくつ挙がっているかを聞き取ろう。
Answer	2つ（線)。
Script	Please change here for **the Chiyoda Subway Line and the Fukutoshin Subway Line**.
Tips	★日本語も入っていますので聞き取りやすいかもしれません。しかし, いくつもあったら大変ですよね。... and ～や ..., ～, and ... のように, いくつかある中で最後のひとつ前に「and」をはさみますので, このことを知っていると心構えができます。 ★英語は, 単語を1つ1つ聞き取ろうとするのではなく, もう少し大きなかたまりで聞けるように, 次のタスクで練習しましょう。
Task 3	**英文の空所に入る単語を下記の選択肢の中から選びましょう。単語はボックス内の▼をダブルクリックし, 選択してください。すべて埋め終わったらＯＫをクリックしてください。分からない場合は, 下の「HINT」を参照しましょう。**
	This is a Yamanote [1] train bound for Shinjuku [2] Ikebukuro. The next station [3] Harajuku, JY19. The doors on [4] right side will open. [5] change here for the [6] Subway Line and the [7] Subway Line.
HINT	頭の中で下のチャンクを繰り返してから「BACK」で TASK3 に戻ってもう一度トライしましょう。 a Yamanote Line train bound for Shinjuku and Ikebukuro The next station is Harajuku. on the right side Please change here the Chiyoda Subway Line the Fukutoshin Subway Line
Answer	チャンクを覚えたら, もう一度これを聞いてみよう。 This is a Yamanote Line train bound for **Shinjuku and Ikebukuro. The next station is Harajuku**, JY19. The doors **on the right side** will open. **Please change here** for **the Chiyoda Subway Line** and **the Fukutoshin Subway Line**.

ラウンド3

Task 1	副都心線に乗り換えるには，何駅で降りて，どちらのドアから出ますか。
HINT 1	次の駅はどこですか。
HINT 2	The doors on the ... side will open. と言っていましたね。
HINT 3	right「右」か left「左」のどちらかが聞こえます。
Answer	原宿駅で降りて，右のドアから。
Script	The next station is **Harajuku**, JY19. The doors **on the right side** will open. Please change here for the Chiyoda Subway Line and **the Fukutoshin Subway Line**.
Tips	★ The next station is ... The doors on the right[left] side will open. は多くの電車で使われる表現です。何度も繰り返して言って覚えると聞き逃すことはありませんね。

※下線部は実際には青字，二重下線部は緑で提示した。

⑤「発展情報」は教材と似たような場面や内容に関連した語彙などを追加で学習させるものであり，トピックで必要となりそうな補助的，応用的情報である。本教材では，後続教材の素材の語彙や語句にした。たとえば，英語表現（この場合，This train is **bound for** Kamata.）をクリックするとその音声が流れ，音声が流れ終わったあとに**図5.22**に示したように意味（「この電車は蒲田方面です」）が表示される。

(3)　教材化

コースウェアをICT教材とするためのソフトは，教材開発が容易で，指導者による教材編集が可能であり，かつ機器やOSなどのバージョンアップにも影響されにくいことから，マイクロソフトのプレゼンテーションソフトであるPowerPointを使用した。PowerPointであれば，少々のプログラミングの知識とソフトウェアの使い方が分かれば，教材を作成，編集することが可能である。PowerPointでサポートされているファイル形式に従い，音声はMP3形式に，画像はJPEG形式に統一し，タスクなどの情報はテキスト入力した。

また，個人のペースで学習できることや適切な順序で学習できることから，生徒はパソコンを使用して学習することとした。

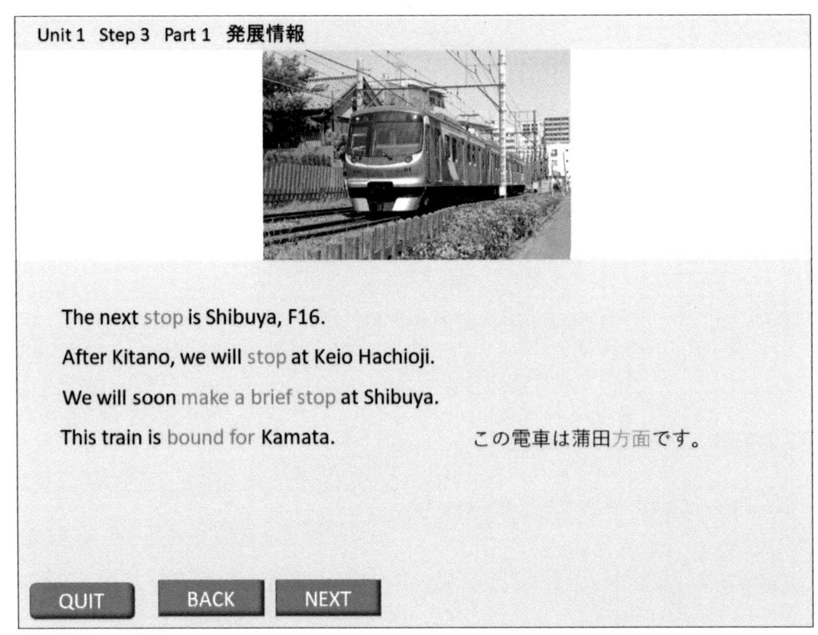

Unit 1 Step 3 Part 1 発展情報
The next stop is Shibuya, F16.
After Kitano, we will stop at Keio Hachioji.
We will soon make a brief stop at Shibuya.
This train is bound for Kamata.
この電車は蒲田方面です。
QUIT
BACK
NEXT

図5.22　Useful Expressionsの例文・音声・意味の提示

(4)　指導方法

東京都公立中学校の英語科では，2クラスを3つに分けた3展開での少人数制指導体制である学校がほとんどである。しかし，CALLを使用した指導期間では，パソコン使用の人数制限と教材作成した筆者が授業を統一して実施することを考慮し，管理職の許可を得てから通常クラスサイズに戻し，時間割を入れ替え，各クラスの指導にあたった。中学1年生にあたる学年のため，9回のうち6回は教材のタスクや使用されている理論などについて説明し，教材についての理解を深めるための動機付けを行った。その後に集中力が続くであろう30分程度の学習時間を確保した。学習に慣れてきた7～9回に関しては，50分を確保できるようにした。動機付けとして説明した内容は，①三ラウンド・システムの概要，② Study Tipsの内容と役割，③ Top-down 処理，④ Magical Number 7 ± 2，⑤繰り返して聞くことの重要性，⑥ WORDSの機能と使い方，であった。

(5)　検証授業

・授業科目名　必修科目（英語）の通常授業50分内で9回実施
・参加者　7年生（品川区では小中一貫教育のため中学1年生を7年生と呼ぶ），82名
・指導時期　2017年12月
・施設　コンピュータ教室
・使用教材　開発した3Rコースウェア『Announcements on Trains』（プレゼンテーションソフトで作成）
・CALL活用形態　一人一台，パソコンを使用
・指導体制　一斉授業で専任教師1名

5.6.6　研究方法

(1)　参加者

品川区立荏原第六中学校の7年生，82名を対象に，プリテスト，ポストテスト，検証授業，質問紙調査を実施した。このうち，欠席者等を除き，対応のある集団として74名を分析対象とした。検証授業は2017年12月に9回実施した。

(2)　評価データ

①プリテスト・ポストテスト（客観的評価）

教材使用後の聴解力等の伸びを観察するためのプリテスト・ポストテストを実施した。テストは，A～Dの4種類に分かれている。Aは放送を聞き取り，メモをするものを1問出題した。採点法は単語，語句，文レベルでそれぞれ点数化した。Bは単語を聞き取り，適語を選ぶもので，4問出題した。Cは文を聞き取り，適する絵を選ぶものを6問出題した。Dは語句の整序問題を6問出題した。

②質問紙調査（主観的評価）

教材の学習後に等間隔尺度法（5段階）を用いた印象評価と自由記述を組み合わせた質問紙調査を実施した。

5.6.7 結果と考察

(1) プリテスト及びポストテストの結果

教材使用前後にて前述のテストを実施し，それらの平均点を比較した。それらの差について t 検定を行ったところ，A タイプ（単語）以外の A タイプ（語句，文），B ～ D タイプで 1％水準でプリテストとポストテストの正答率の差は有意であることが判断された（**表 5.37**）。

効果量においても同様であり，A タイプ（単語）以外で効果量は .50 を上回った。それらの中で，C タイプは効果量中であったが，他の A（語句，文）と B と D タイプの 4 種類で効果量大と確認された。

表 5.37 プリテスト及びポストテストの結果と t 検定の結果

Type	プリポスト (n = 74)		ポストテスト (n = 74)			
	M	*SD*	*M*	*SD*	*t*	Δ（効果量）
A（単語）	3.95	5.91	4.54	9.21	1.67	.10
A（語句）	0.30	0.62	1.24	1.94	6.30*	1.52
A（文）	0.70	0.60	1.35	2.29	4.07*	1.09
B	2.16	0.74	3.07	0.69	7.00*	1.22
C	3.98	1.94	4.98	1.30	6.95*	.52
D	1.21	1.30	3.25	2.36	12.64*	1.58

注．Δ =.50 なら意味があるとみなす（Koizumi & Katagiri, 2007）：
|.20| ≦ small<|.50|; |.50|<medium<|.80|; |.80| ≦ large.
*p < .01

(2) アンケート（主観的評価）

前術の印象評価の 5 段階評価のうち，4 と 5 を肯定的回答，1 と 2 を否定的回答として分類した。それらのうち，「ラウンドが進むにつれて聞けるようになった」の肯定的回答は 87％，「聞き取りの力がついたと思う」が 89％，「学習は楽しかった」が 78％であり，成就感，満足感，継続学習意欲への評価が高かった。

自由記述での評価内容を分析したところ，79％が肯定，18％が中立，4％が否定的な記述をしていた。このうち，肯定的な記述では，「ユニット 1 から始めてユニット 3 までいくと，だんだん難しくなっていったけど 3 つのヒントで分かるようになった。自分のリスニングの力はぐんとのびたんじゃないかなと思った」や「最初は聞いた事があるくらいで全部はなにを言っているかわからなかったけれど，最後の方になってくるとだんだん聞き取れてきて，すごく楽しかったし，今後電車に乗るときは聞いてみたいと思いました」，または「部活で練習試合に行くときはアナウンスがどんなことを言っているのかわかりました」などの声があった。否定的な記述は，パソコンに関するバグ等によるものであった。

5.6.8　結論

客観的評価と主観的な評価ともに全体的に肯定的な評価を得られたことから，本研究での目的は達成できたと考える。以前に教材開発を共同研究（牛江他，2012）し，中学3年生を対象に試用した。そして，中学2年生に対しても教材開発と試用（岡﨑，2013）を行ったが，生徒からの否定的な意見として「何度も聞くと飽きる」という声が聞かれた。そのことを踏まえ，本研究ではオリエンテーションの際にひとつのタスクに対して「何度も聞く」ことの趣意説明をおこなった。生徒がそのことをしっかりと理解をして取り組んだ結果，本研究においては同様の否定的な記述は見られなかったとみられる。

本研究では，中学1年生を対象にしたものであったが，以前の中学2年生と3年生の実践を含めると，三ラウンド・システム理論が中学生全般に対して有効であると言えると考える。

謝辞

本研究の教材開発にあたり，公益財団法人ちゅうでん教育振興財団より第17回ちゅうでん教育振興助成を受けました。心より感謝申し上げます。

注

本稿は，岡﨑伸一（2018）*Development and Effects of Teaching Materials Used For Improving Listening Proficiency Through ICT For 7th Graders*，千葉大学大学院教育学研究科修士論文（未公刊）をもとに，本書の趣旨にあわせて加筆修正したものである。

5.7　國學院大學へのCALLシステムの新規導入と授業実践

5.7.1　國學院大學におけるCALLシステム導入の背景

國學院大學では以前から民間企業開発のCALLシステムを導入していたが，顕著な効果を上げることができないどころか，あまり活用されないまま廃止されることとなった。その代わりとして，千葉大学等で実績のあるCALLシステムと3Rコースウェアを導入したいとの構想が出てきた。また，國學院大學の共通教育における英語教育改革の一環として2019年度から英語教育センターが発足することも決定した。本書5.1に示したように筆者には千葉大学の専任教員として3Rコースウェアの開発と指導実践の経験があったことから，このタイミングで筆者に國學院大學への異動の打診があり，受諾することとなった。千葉大学のCALLシステムを國學院大學に導入することについては，大学の意向と筆者自身の希望が合致していたが，実際には筆者の着任から2021年度前期のCALL教室の本格運用開始までに2年間かかった。本稿では，システム導入の経緯と授業実践について概略を記すこととした。なお，本書の他の実践例のほとんどはコロナ禍以前のものであるが，本稿のみは出版直前に追加しため，コロナ禍の影響についても述べられている。

5.7.2　CALL教室とサーバーの設置

本学で新規に3Rコースウェアを導入するにあたり，筆者の着任以前から数千万円規模のCALL教室とサーバーを新設する案もあったが，残念ながら大学予算の都合で実現はできなかった。しかし，管財課，情報システム課，教育開発推進機構事務課等の尽力により，既存のコンピュータ自習室と36台のWindowsパソコンをCALL専用の教室として利用する許可が得られ，小規模ながらも場所が確保できた。

3Rコースウェアを使用するには，サーバーがなくとも教材別に提供されている数十枚のCD-ROMのソフトウェアを学校およびユーザーのパソコンすべてにコピーすることも可能であるが，千葉大学と同様にサーバーからインターネットで配信するほうが教材管理やユーザーの学習履歴管理の面で格段に便利である。サーバーについても新規購入はできなかったが，既存のサーバーを

CALL専用で使用する許可が得られ，情報システム課，教育開発推進機構事務課，および業者によって設置と保守管理の体制が整った。サーバーによる配信システムの権利は千葉大学が持つため，両大学の間で使用契約も締結された。

以上のように，教室，パソコン，サーバーの確保と設置，契約の締結，予算の捻出のために事務職員による努力と時間が必要であったが，さらに予想外のコロナ禍の影響により作業が遅れ，2020年度末にやっとCALLの試用を開始し，2021年度前期の授業から本格稼働が可能になった。

もともと本学では2021年度から共通教育の英語カリキュラム改革が予定されていたため，2021年度前期は筆者が担当する3種6クラスの選択授業で3Rコースウェアを活用することとなった。該当クラスの内訳は以下の通りである。

⑴「英語Ⅲ（CALL）」3クラス：　新カリキュラムの1年生が飛び級をして履修する場合と，旧カリキュラムの2年生以上が「発展英語（CALL）」と読み替えて履修する場合がある。

⑵「英語Ⅲ（CALLによる留学準備）」1クラス：　上記⑴の「英語Ⅲ（CALL）」と同様の履修資格で，授業方法もほぼ同じであるが，本クラスでは留学を題材とした教材を使用する点が異なる。「英語Ⅲ（CALL）」との同時履修はできない。

⑶「英語（再）」2クラス：　旧カリキュラムの2年生以上で過去に指定クラスを履修できなかった学生や，3年次編入のため1，2年次対象のクラスを履修できなかった学生が主な履修者である。

前述の通りCALL教室のパソコンは36台であるが，コロナ禍における対面授業への対策として半数の18名以内を各クラスの定員とすることになった。

5.7.3　教育実践の概要

あとで國學院大學の実情に合わせた変更を加えることがあるとしても，初年度の2021年度は千葉大学で長年にわたって成果を挙げている授業方法にできる限り準じることを目指した。したがって，ほぼ本書5.1.2の方法の通りであるが，以下の点は変更した。

(1) 授業科目名，履修者，コマ数，授業回数と学習期間

授業科目は前述のとおり 3 種 6 クラスで，うち 1 クラスは定員を大きく超える希望者からコンピュータ抽選により履修者が決定した。その一方で，初めての授業開講で学生に CALL の存在や長所が知られていなかったことや，コロナ禍で対面授業を避けて遠隔のみによる授業を希望する学生が多かったこと等の理由もあり，他の 5 クラスについては，履修希望者が定員を下回った。その結果，6 クラスの合計履修者数は 56 名であった。授業回数は東京オリンピック開催に対応するために 2021 年 4 月から 7 月の週 1 回，計 14 回であったが，自宅等での自習時間を多く確保することによって 15 回分の学習をすることを求めた。ただし，当初は 14 回とも対面授業の予定であったが，緊急事態宣言の発令にともなう大学全体の方針に基づき，各クラスとも 5 月中の 3 ～ 4 回は「遠隔授業」となった。CALL はもともと遠隔でも学習できることが特徴であるので学習自体に大きな支障はなかったが，連絡や質疑応答等は本学の学習支援ツールである K-SMAPYII や Zoom，そしてメールを使用した。しかし，毎週教室で実施する予定であった小テストを遠隔授業で実施することは困難で，その分はテスト範囲を減らすことなく 6 月と 7 月の対面授業時のテスト範囲に上乗せしたため，小テスト 1 回あたりの学生の負担は増大した。

(2) 施設

渋谷キャンパスの百周年記念館地下 1 階にある CALL 教室を使用した。2022 年度以降は，たまプラーザキャンパスの PC 教室でも授業を実施することを検討しているが，初年度の 2021 年度は渋谷のみの開講となり，履修者 1 名がたまプラーザキャンパスの学生であったことを除けば，他の履修者は全員が渋谷キャンパスの学生であった。

(3) 指導体制

専任教員である筆者 1 名で担当した。

(4) 使用教材数とテスト数（聴解教材の場合）

週 1 回の授業を 14 回実施するにあたり，千葉大学の週 1 回授業と同様に 1

教材（4ユニット）を割り当てた。各学生の英語力に合わせて適切な教材を割り当てることが理想であるが，そのようなデータがなかったので，比較的簡単な教材をまず全員に割り当て，英語力が高い（教材が易しい）と自己判断する学生は教材の変更を申し出るよう推奨した。その結果，56名の履修者の使用教材は以下のようになった。つまり，56名中，8名がより高いレベルの教材に変更したということである。

「英語Ⅲ（CALL）」

- 『Doorway to the UK』（初期割当教材）　19名
- 『New York Live』（一段階上）　3名
- 『People at Work』（二段階上）　1名

「英語Ⅲ（CALLによる留学準備）」

- 『Introduction to College Life』（初期割当教材）　8名
- 『College Life』（一段階上）　1名

「英語（再）」

- 『Doorway to the UK』（初期割当教材）　21名
- 『New York Live』（一段階上）　3名

聴解テストの回数は，ユニットごとに1回で計4回を予定していたが，途中の遠隔授業の実施にともない，テスト回数は2～3回に減少した。ただし，学期全体のテスト範囲（学習量）は変更しなかった。

(5)　使用教材数とテスト数（語彙教材の場合）

「英語Ⅲ（CALL）」および「英語（再）」

- 全員が『Business Communication 1』
- 週1回のペースで2セットずつテストの予定であったが，遠隔授業の一部実施にともない，テスト回数を減らして1回あたり3セットずつの範囲とした。ただし，全体のテスト範囲（学習量）は変更しなかった。

「英語Ⅲ（CALLによる留学準備）」

- 全員が『Academic Communication 1』
- 週1回のペースで2セットずつテストの予定であったが，遠隔授業の一部実施にともない，テスト回数を減らして1回あたり3セットずつの範囲とした。ただし，全体のテスト範囲（学習量）は変更しなかった。

(6)　90分授業の組み立て

通常時の90分授業の典型的な組み立ては千葉大学とほぼ同様で，最初と最後の20～30分程度は各自のペースによる自習と質疑応答で，中間で教員によるレクチャー等も行った。

(7)　特別な回の授業内容例

千葉大学とほぼ同様で，1週目には教材の使用法の説明，動機付け，学習進度の確認，印刷資料の配付等を行ったが，学期最初と最後の実力テストは実施しなかった。また，学生が個々に教員と英語で面談し，クラスメートの前で英語の自己紹介をする機会も設けた。

上記以外に千葉大学の方法から変更した点は，1学期間に自習すべき合計時間をノルマとして設定しなかったことである。授業以外に自宅で学習することは重要であるが，本学で初めてシステムを使用するにあたり，不具合等の可能性も予想されたため，無理を避けたということである。

5.7.4　アンケート実施結果

授業およびシステムについてのアンケート調査は学期途中に1週間の期間を設けてオンラインで実施し，56名中46名が回答した。設問内容は千葉大学の設問をほぼ変更せずに使用した。多数の設問のすべてについて詳説する紙面はないが，とくに土肥（2011）の研究で重視した5項目の結果を**表5.38**に示した。**表5.38**では，今回の國學院大學での結果と対照する目的で，参考までに土肥（2011）による千葉大学での9年間1万名超の回答結果と，与那覇他（2021）による2018～2020年（それぞれ前期のみ）の千名超の回答結果も併記した。与那覇他の結果が2018年度前期および2019年度前期の結果と2020年前期の結果に2分割されているのは，対面授業（2018年度＋2019年度）とコロナ禍での遠隔授業（2020年度）の結果を比較するためであった。なお，國學院大學と千葉大学では諸条件が異なり，とくに國學院大學はシステムを導入したばかりで学習者数が少ないこともあって，厳密な比較や優劣の判定を意図するのではなく，両大学の学生による評価の傾向の大まかな比較を目指した。

表5.38　國學院大學の５段階アンケート結果の一部

設問	國學院本研究2021	（参考）千葉大学		
		土肥（2011）	与那覇他（2021）	
		2001 ～ 2009	2018 ～ 2019	2020
	46 名	10,813 名	746 名	353 名
Step 1，2，3と進むにつれ聞けるようになった	4.5	4.2	4.3	4.5
聞き取りの力がついたと思う	4.4	3.9	3.9	4.3
学習は楽しかった	4.4	4.0	4.0	4.3
このシリーズの別の教材でも学習したい	4.4	4.1	4.0	4.3
この授業を取ってよかった	4.6	4.4	4.4	4.7

回答結果の数値は，肯定を5，否定を1とした場合の5段階評価の平均

アンケートでは５段階評価と同時に，自由筆記による意見の記述も求めている。自由筆記の回答すべてを列挙することは避けるが，回答例を３つだけ以下に挙げる。

- この教材はごにゃごにゃ言ったり，雑音が入っていたりしてよりリアルに近いリスニング教材だと感じました。
- 最初に予想していたよりも頭にすんなりと内容が入ってくる感覚があり，今まで行ってきた言語学習よりも手ごたえが感じられた。
- 学習を続けることで徐々にリスニング能力が高まっているように感じた。このクラスが終了した後も，自己学習として継続していきたい。

いずれも教材開発者や授業担当者の意図を正しく理解しながら，真剣に学習に取り組んでいる様子がうかがえる。

5.7.5　システム導入の成果と考察

2021年度前期は，初めてシステムを導入したこと，オリンピック対応のために授業回数が１回少ないこと，新型コロナウイルス感染症への対応のために対

面授業の回数が減る可能性があること，等を考慮し，無理のない授業運営を心掛けた。その結果，1学期で英語力（応用力）がどれだけ伸びたかをプリテストとポストテストという形で直接測定することはできなかったが，アンケート分析によって，学習成果を間接的に評価することを目指した。

システム導入前の予想としては，千葉大学等で長年にわたって英語力と興味が多様な学生に対して安定した成果が得られていることから，その方法をできる限り踏襲した教育を行えば，國學院大學でも良い成果が得られることはほぼ保証されていると半面では考えた。その一方で，英語学習という複雑で困難な行動を成功させるためには，表面的に成功例の真似をするだけでは不十分で，わずかに一部分を失敗しただけで全体の成果が大きく棄損される危険性もある。

表5.38に示したアンケート結果を見れば，前述のように國學院大學と千葉大学を厳密に比較することはできないので國學院大學のほうが良い結果が得られたとまでは言えないが，遜色のない結果が得られた，つまり両大学とも共通して良い成果が得られたと判断した。特筆すべきは，千葉大学では近年のコロナ禍での遠隔授業でCALLシステムがより真価を発揮していることで，本学でもわずか数回とは言え遠隔授業と対面授業が混合した不安定な授業形態でもシステムが受け入れられ，学習成果が得られたと考える。

筆者はコロナ禍の前の段階で國學院大學にCALLシステムを導入することについて，懸念していたことがあった。それは，千葉大学とは異なり，パソコンを所有しない学生が相当数いると聞いていたことである。そのような学生が，週1回の授業時間外にわざわざ大学のコンピュータを使って学習してくれるかどうかを心配していた。しかし，コロナ禍の影響で遠隔授業が一部で必須になり，ほとんどの学生がパソコンを所有することになり，さらに遠隔学習の利点を学生が評価するようになったことはCALLの導入に追い風になったと考える。

わずか1学期の授業実践で一応の成功を見たことが，今後の成功を保証するのではなく，本学にはさらにいくつかの課題がある。まず，今学期はCALLシステムの存在がほとんど周知されていないのに，わざわざシラバスに目を通して履修を希望するほど意欲の高い少数精鋭の学生が含まれていたようで，過去

2 年に筆者が本学で担当した学生よりも真剣に授業や授業時間外の学習に取り組んでいるようであった。前に述べた通り，今学期は学習時間のノルマを設けなかったが，結果的に多くの学生が千葉大学でノルマとしている 21 時間を超える学習をしていた。

今後は履修者数を増やして，より多くの学生に成果を還元したいと考えるが，CALL の存在が知られるようになるにつれて，必ずしも学習意欲の高くない学生の割合も増えると予想している。また，渋谷キャンパスだけでなく，たまプラーザキャンパスにも CALL 授業を導入することを要望されている。その一方で本学には 3R コースウェアに精通する教員が現在のところ筆者しかおらず，規模の拡大には限界がある。このため，CALL の授業を担当できる教員の育成や採用も急務である。

本学に限ったことではないが，大学の英語授業は時間数が限られ，授業だけで英語力が大きく伸びることを期待するのは難しい。とくに 1，2 年次で英語の必修単位を取り終えてしまうと，英語を学習しなくなる学生が多いことが各大学共通の問題である。授業を履修しない学生でも，説明会に一回参加することによって独習者として CALL を大学でも自宅でも自由に使う権利が得られることにしているが，説明会を試験的に 2 回開催した後はコロナ禍の影響で開催を自粛している。コロナ禍の収束の見通しが立ったら説明会を再開して，より多くの学生の期待に応える体制作りを目指したい。最後に，中学から大学，社会人に至るまで，幅広い英語力と多様な興味を持つ英語学習者に対応可能な 3R の指導理論を開発し，英語教育の基礎から応用までご指導いただいた竹蓋幸生先生に感謝の意を表したい。

第6章

三ラウンド・システムの評価

概　要

本章では，三ラウンド・システムに基づいて開発された3Rコースウェアを使った指導を受けた学習者のデータを分析した結果を報告する。**6.1節**では，外部テストのデータに基づく定量的評価として，3Rコースウェアを使用した学習者群と使用していない学習者群の比較，および3Rコースウェアによる学習が高得点取得者に与える影響について分析した結果を報告する。続いて**6.2節**では，数値化が難しい文章による学習者からの評価を，テキストマイニングの手法を用いて定性的に分析した結果を報告する。

最後に，**6.3節**では3Rを検証した2本の英語論文に必要な加筆修正したうえで掲載する。まず，Takefuta, Takefuta, and Yonaha (2008) は，3Rコースウェアを使用した大学生と高校生の学習者（計14,309名）のTOEICスコアの変遷とアンケート調査の結果を分析し報告している。次に，Takefuta, Doi, Yonaha, and Takahashi (2013) は，TOEFLやTOEICのスコア，アンケート調査の結果，そして留学時の成績という多角的な視点から3Rの有効性を検証した。信頼性と再現性を確保するためデータを経年的に観察した結果，3Rは日本人が持つ英語力に関する要求を満たすと同時に，英語教育の問題の一部を解決するのに十分な効果が期待できると結論づけた。

6.1 三ラウンド・システムの定量的評価

三ラウンド・システム(3R)の構想の妥当性に関しては，理想的環境における実験的指導から始まり，繰り返し実施，報告されている(竹蓋・水光, 2005)。文京学院大学では，第5章で報告されているように2001年度に竹蓋幸生先生が3Rの構想に基づいたCALL教材を導入して以来，継続してこの教材を使った指導を行っている。本節では，文京学院大学で収集されたデータに基づいた定量的評価のうち，おもに竹蓋・水光(2005)以降に分析されたものを報告する。

6.1.1 普通授業での評価

実験的環境や特別な実験クラスではない，大学の普通英語授業に3Rコースウェアを使った指導を導入した場合の一例として，文京学院大学外国語学部の選択授業「e-ラーニング応用a」での一学期間の指導実践の結果について報告する。

外国語学部の学生は1, 2年次に週5コマの必修英語科目を受講するが，それに加えて選択英語科目を受講することができる。この選択英語科目として，2012年度から「e-ラーニング応用」2クラスが開講された。初年度の2012年度は1年次生のみが受講可能であった。入学当初の宣伝の影響もあり，開講初年度にも関わらず定員を超える受講希望者がいたため，それぞれのクラスで40席あるCALL教室で受け入れ可能な最大人数である40名，合計80名を抽選により決定した。

習熟度別の授業ではないため，様々な英語レベルの学習者が混在しており，受講直前(入学時)のTOEIC IPのTotalスコアは最低170点，最高500点で，平均スコアは319.6点(n = 80, SD = 75.8点)であった。

この指導実践では，入学時の学内TOEIC IPをプリテストとし，前期終了時(7月31日)の学内TOEIC IPをポストテストとして効果の測定を行った。分析の際には，ポストテストを受けなかった8名を対象から外し，さらに最低15時間をかけて学習するように指示したにも関わらず，3Rコースウェアの総学習時間が4時間未満の学習者8名も，本授業の効果を観察する対象としてはふさわしくないと判断し，分析対象から除外した。その結果，分析対象は授業履修登録者 80 名からこれらの 16 名を除外した 64 名となった。以下「受講者」とは，この分析対象の 64 名を指すこととする。この科目の指導内容の詳細については第 5 章 2 節を参照されたい。

指導結果 1：教材学習量と学習結果

受講者の 3R コースウェアの総学習時間の中央値は 13 時間 16 分であった。学期中 5 回実施した 3R コースウェアの Unit Test の平均点は 100 点満点で 68 点であった。この Unit Test は，十分に学習していなければ正答することが難しいため，68% という正答率は概ね学習を適切に行っていたことを示していると言える。語彙教材である TOEIC Vocabulary テストの平均点は約 80 点であった。一学期間を通しての合計点であることを考慮すれば及第点であると考える。

指導結果 2：TOEIC スコア

「e- ラーニング応用 a」受講者 64 名と非受講者（受講者と同学年で当該科目を受講していない学生のうち，入学時および期末の学内 TOEIC を受験した全学生 130 名：本論文で分析対象とならなかった 16 名は除く）の 1 学期間の TOEIC スコアを観察した結果を**表 6.1** に示す。

表 6.1　「e- ラーニング応用 a」受講者と非受講者の TOEIC の平均点と上昇量

		プリテスト（括弧内は *SD*）	ポストテスト（括弧内は *SD*）	上昇量（点）
受講者（n = 64）	Total スコア	318.5 (75.8)	391.2 (85.6)	72.7
	Listening Section スコア	201.6 (50.0)	241.6 (53.7)	40.1
	Reading Section スコア	117.0 (35.5)	149.5 (44.0)	32.6
非受講者（n = 130）	Total スコア	316.5 (104.0)	351.7 (102.7)	35.2
	Listening Section スコア	198.4 (63.8)	218.7 (60.4)	20.2
	Reading Section スコア	118.1 (49.3)	133.0 (49.7)	14.9

表 6.1 から，受講者は非受講者に比べて TOEIC Total スコアに 2 倍強の伸び（2.07 = 72.7 ／ 35.2）があったことがわかる。受講者と非受講者の Total スコアについて t 検定の結果，有意差が見られた（$t(192) = 3.89$, $p < .001$, $d = 0.67$）。

受講者と非受講者は，同じ必修英語コミュニケーション科目を週5コマ受講している。また，「TOEIC・英検入門／初級／中級」や「Business English」といった他の選択の英語関連科目を同時に履修していた者が含まれたデータであるため，スコアの伸びのすべてが「e-ラーニング応用 a」の学習効果であると言うことはできない。しかし，その他の選択英語関連科目を履修している者の割合は受講者においても非受講者においても同程度の割合で存在すると考えられるため，結果を大きく左右する要因とは考えにくい。したがって，「e-ラーニング応用 a」ではTOEICスコア対策の授業を行ったわけではないが，結果として上記の差を生み出す大きな要因となった可能性は高いと考えられる。

6.1.2　学習時間・学習内容定着度とTOEICスコア

本項では，全学生が3Rコースウェアへのアクセスを可能にしている文京学院大学外国語学部における教材の利用実態とその効果について調査した結果を報告する。2013年度1年間における3Rコースウェアを使った学習の実態とその効果に関して，以下の3つのことを明らかにすることを目的とした調査報告である。

(1) 3Rコースウェアが1年間で，どのくらい，誰に利用されたか。

(2) 3Rコースウェアの使用量と学習内容の定着度は，TOEIC IPスコアから観察できる英語力に影響したか。

(3) 3Rコースウェアを使った指導を行った授業と3Rコースウェアによる学習にはどのような関係があったか。

収集したデータ

本調査では3種のデータを収集した。ひとつ目は，3Rコースウェアの学習管理システムに記録されている学習履歴データ（2013年4月1日～2014年4月8日分）である。学習管理システムには，個々の教材利用者が，いつ，どの教材のどの部分を，どのくらいの時間をかけて学習したかがわかるデータが保存されている。なお，2014年4月8日までと，次年度が数日含まれているのは，年度末である3月31日が春期休業中のためデータの取り出しができなかったためであるが，春期休暇中の数日間で教材を利用した学生もほとんどいなかったため，分析に大きな影響はないと考えた。

2つ目は，学内で実施されたTOEIC IPのスコアデータである。外国語学部生は入学時および全学年各学期の終わり（7月末と1月末）にTOEIC IPを受験することになっている。本研究では，一年間の英語力の変化を観察するために，調査対象である2013年度の前年度後期末の2013年1月に実施したTOEIC IPをプリテスト，2013年度後期末の2014年1月に実施したTOEIC IPをポストテストとみなし，スコアデータを収集した。ただし，1年次生は前年度後期末のデータがないため，入学時である2013年4月に実施したTOEIC IPのデータをプリテストとして使用した。

3つ目は，3Rコースウェアを使用した授業の履修者名簿と授業への出席記録，授業中に実施した3Rコースウェアの学習内容の定着度を測るテストのデータであった。

教材を使用した環境

教材利用者は，インターネットに接続したパソコンがあれば，どこからでも3Rコースウェアにアクセスすることが可能であった。学内では，CALL教室3室，コンピュータ教室のうち6室とコンピュータ自習室等にあるほとんどの端末からアクセスが可能で，自宅からアクセス可能な学生も多くいた。なお，スマートフォンやタブレット上での利用には対応していなかった。3Rコースウェアは，本調査の対象とした2013年度，文京学院大学では14タイトル（**表6.2**参照）が利用可能であった。

外国語学部生と短期大学生，学部横断プログラムのBunkyo GCI履修者は，年度初めに全員「潜在ユーザ」としてアカウントを作成しておき，教材にアクセスすることを可能にした。それ以外の学部に所属する学生は，文京語学教育研究センター（BLEC）に申請した学生にのみアカウントを発行した。

教材を使用できる環境を整えたものの，e-learningの最大のデメリットは動機を持続して継続的に学習することが難しいことであり，教員等のサポートがない完全自習で長期間の学習を継続できる学生は少ない。そこで，阿佐・与那覇は複数の英語授業で3Rコースウェアを使った指導を取り入れた。2013年度には，我々が担当する選択科目「e-ラーニング応用」，「TOEIC・英検」，「TOEFL講座」，GCI「e-learning」や「英語資格講座Ⅱ」で，前期計8コマ，後期計8コマ，3R コースウェアを使用した指導を行った。なお，対面授業なしの GCI e-learning（阿佐・畑・与那覇，2014）は1コマとして数えた。ほとんどの授業では，週1回90分の授業内で15分から30分程度教材を使用する時間を設け，加えて課題として授業外で毎週1時間から1時間半程度，教材を使って学習するように指示した。1学期（約3か月）でおよそ1タイトルの教材（1タイトルの教材は30から40時間の学習が必要となるボリューム）を使用させた。これらの授業の履修者のうち，半分以上の授業を欠席した者を除いた受講者は，前期・後期を合わせて190名であった（2つ以上の授業を受講した者も1名と数えた）。

一方，3R コースウェアの利用を望む学生全員が，選択科目である上記授業を履修できるわけではない。上記の授業のなかにも，受講希望者が定員を超えてしまったため，受講できない学生が多く出た授業もあった。そこで，授業を履修していない学生でも希望すれば教材を使えるようにするため，1年次必修科目である「大学入門・活用法」で全員に教材を紹介したうえで，数回にわたり教材の説明会を実施した。また BLEC で，使用方法の説明書を入手できるようにすると共に，BLEC にて英語学習相談の時間を設け，希望者には随時個別に教材の使い方を説明した。さらに，授業受講者以外が3R コースウェアのユニット毎の学習内容の定着度を測るテストを受けることができる「オープンテスト」を実施した。オープンテストは，学生が自ら予約をして平日昼休みに受けるテストである。予約をすることで学習のペースを作り，テストを受けることで学習内容の理解度を教材利用者自身が確認できるようにすることを狙ったものである。2013年度のオープンテストの利用者は29名，延べ49回実施された。

結果と考察

1. 3R コースウェアの利用実態

2013年度から導入したオンラインの3R コースウェア学習管理システムでは，個々の教材利用者の使用教材と，それぞれの教材の学習箇所，時間，日時のデータを記録している。本調査では2013年度の学習実態を観察するため，個々の利用者の2013年4月1日から2014年4月8日までの総学習時間を算出した。2013年度には14タイトルの教材が利用可能であったが，1人の学生が複数の教材を使用していた場合は，その学生が使用した教材全ての学習時間を合計した。その結果，以下のことが明らかになった。

(1) 2013 年度には合計521名が3Rコースウェアを使用した記録があった。そのうち，教材1ユニットの学習に最低限必要だと推定される3 時間以上の学習記録があったのは371名であった。

(2) 教材使用者の所属別人数は，外国語学部395名，経営学部81名，人間学部15名，保健医療技術学部4名，短期大学25名，大学院外国語学研究科1名であった。

(3) 521名の教材利用時間の平均は16.9時間であった。また，3Rコースウェアを3時間以上使用した371名の平均利用時間は25.4時間であった。

(4) 教材使用記録のあった521名は平均3.0タイトル (SD = 2.16) の教材にアクセスしていた。ただし，3時間以上使われた教材に絞って観察したところ，平均1.6タイトル (SD = 0.92) が使われていた。

(5) それぞれの教材の利用について，1人の学生に3時間以上使用されたものに絞って調査したところ，**表6.2**のような結果になった。

表6.2　3Rコースウェアごとの利用者数 (2013／4／1～2014／4／8)

レベル	教材名	利用者数
初級	English One	7
	First Step Abroad	89
	First Listening	110
初中級	New York Live	105
	American Daily Life	78
中級	Introduction to College Life	56
	People at Work	59
	Canadian Ways	25
中上級	College Life	29
	Gateway to Australia	16
	A Bit of Britain	12
	College Life II	8
上級	AFP News from the World	2
	World Health Issues	0

上記5項目について，項目毎に考察する。

⑴に関して，3R コースウェアを使った授業の受講者は 190 名であったため，教材の利用記録のあった 521 名から 190 名を引いた 331 名は授業を受講せずに 3R コースウェアを利用したことになる。我々の予想よりも多くの学生が，授業の課題ではなく自主的に教材を利用していたことがわかった。

⑵については，利用者の大部分（約 76%）が外国語学部生であった。2014 年 3 月の外国語学部在籍者数は 4 学年合計 968 名であったため，そのうち 395 名が利用したということは，外国語学部生の約 41% が年度中に少なくとも一度は 3R コースウェアにアクセスし，教材を利用したことになる。

⑶の平均利用時間に関して，3R コースウェアを 3 時間以上使用した 371 名の平均利用時間である 25.4 時間は，1 学期間の 1 科目の合計授業時間である 22.5 時間より多かった。教材を継続して利用した学生は 3R コースウェア のみで 1 科目分の授業時間以上の学習を行なっていたことになる。

⑷の使用教材数については，3 時間以上使用された教材が一人当たり平均 1.6 タイトルであったことから，複数の教材を使用した学生が少なからずいたことがわかった。

⑸の教材別利用者数から，初級と初中級の教材利用者が圧倒的に多く，それ以上の難易度の教材では徐々に利用者数が少なくなる傾向にあることがわかった。本学の学生の英語習熟度レベルから考えて当然の傾向ではあるが，上級レベルの教材まで継続して使用できる学生が少ないということでもある。または，入学時の英語習熟度レベルが低く，数年間かけても上級の教材を使えるレベルまでいかない学生が多いことを表しているとも考えられる。英語力が思うように伸びず停滞している学生は，同じレベルで内容の異なる教材を複数使うことで徐々に力をつけていくことが望ましいが，現状では本学の学生が必要としている初級，初中級レベルの教材の数が不足している。新たな初級・初中級レベルの教材開発が必要であると考えられる。

2. 3R コースウェアの使用時間と TOEIC IP スコア

3R コースウェアを使った指導効果については，これまで繰り返し報告されているが（高橋・鈴木・竹蓋，2003；竹蓋・草ヶ谷・与那覇，2004；Takefuta et al., 2013），本調査ではまず教材の使用時間と TOEIC により測定できる英語コミュニケーション能力の変化の関係を調査することにした。

調査の方法は，まず 2013 年 1 月（2, 3, 4 年次生が受験）と 4 月（1 年次生が受験）に実施した TOEIC IP をプリテスト，2014 年 1 月の TOEIC IP をポストテストとし，両テストを受験した者のデータのみ抽出した。この作業の結果，観察可能なデータは 688 件となった。次に，3R コースウェアの 3 時間以上の学習の記録のあった 248 名を「教材使用者」とみなした。観察可能な 688 件のデータを，3R コースウェアの使用時間により 7 つのグループに分け，それぞれの群の TOEIC IP 平均スコア観察した。その結果を**表 6.3** に，グループ毎の TOEIC スコアの伸びを**図 6.1** に示す。

表6.3　3R コースウェアでの学習時間と TOEIC 平均スコア

使用時間	*n*	プリテストの得点（括弧内は *SD*）	ポストテストの得点（括弧内は *SD*）	上昇量（点）
45 時間以上	37	404.3 (99.2)	522.6 (117.2)	118.2
35 ～ 45 時間未満	24	398.5 (93.5)	521.0 (103.0)	122.5
25 ～ 35 時間未満	31	374.4 (77.8)	462.4 (91.7)	88.1
15 ～ 25 時間未満	70	362.3 (83.7)	436.3 (89.6)	74.0
5 ～ 15 時間未満	69	378.3 (97.5)	451.9 (113.1)	73.6
5 時間未満	17	401.5 (104.4)	438.2 (139.2)	36.8
教材利用なし	440	407.8 (113.8)	444.0 (120.5)	36.3

教材利用なしと使用時間 5 時間未満の学生群の TOEIC 年間上昇スコアはほぼ同程度の 36.3 点と 36.8 点であり，両者に有意差は認められなかった（$t(455) = .03$, n.s.）。一方，3R コースウェアの利用が 5 時間以上 15 時間未満の群と 15 時間以上 25 時間未満の群は，そのほぼ 2 倍のスコアを伸ばしており，「教材利用なし」群のスコアの伸びとの t 検定の結果，それぞれ 5% 水準で有意差が認められた（$t(507) = 4.19$, $p <. 05$, $d = 0.55$, $t(508) = 4.25$, $p < .05$, $d = 0.55$）。また，25 時間以上の利用記録のあった 3 群はさらに大きくスコアを伸ばしており，「教材利用なし」群とそれぞれ有意差が認められた（$t(469) = 4.079$, $p < .05$, $t(462) = 6.44$, $p < .05$, $d = 1.27$, $t(475) = 6.64$, $p < .05$, $d = 1.19$）。以上のように，5 時間以上 3R コースウェアを利用した学生は，利用しなかった学生に

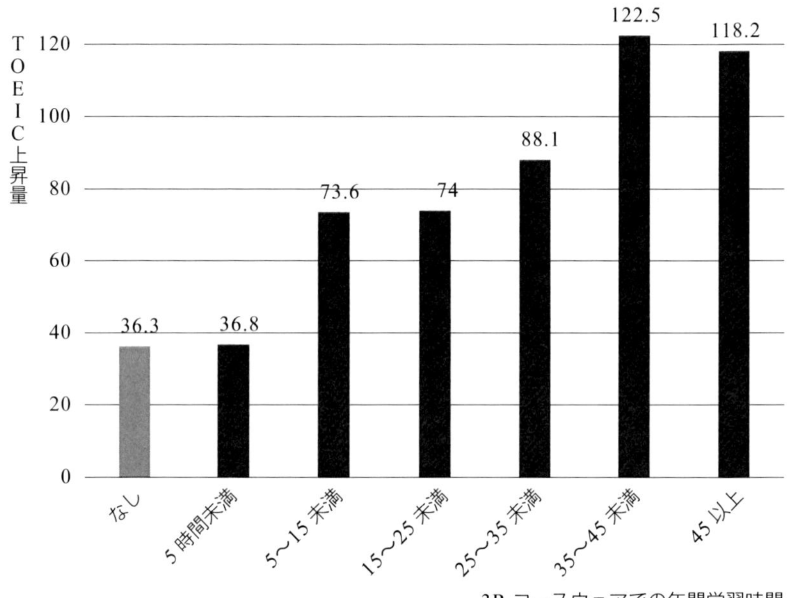

図6.1　3Rコースウェアの学習時間とTOEIC年間上昇スコアの関係

比べてTOEICスコアの伸びが大きくなる傾向が観察された。

竹蓋・草ヶ谷・与那覇(2004)は，本学における3Rコースウェアを使った実験的指導の結果，教材を使った指導をした実験群は，教材を使っていない統制群と比較して，TOEICスコアの年間上昇量が約3倍であったと報告しているが，本研究の結果からも35時間以上教材を利用した群に同様の傾向が観察された。ただし，自習用教材を長時間使用するということは，英語学習への動機付けが高く3Rコースウェア以外の英語学習も真剣に行なっている学生が多い，つまり3Rコースウェア以外の英語学習の影響も少なからず含まれている可能性がある。しかし，三ラウンド・システムの開発者である竹蓋幸生先生が，3Rコースウェアは「バラエティに富んだ他の要因との組み合わせにより教育の総合力を高めることに貢献するものである」(竹蓋・与那覇，2009，p.24)と述べているように，英語力の基礎となる聴解力が効果的に養成されたことで，他の英語学習の効果との相乗効果で大きなスコアの伸びが得られたという解釈もできるだろう。

3. 3R コースウェアのテストと TOEIC IP スコア

同じ教材を使って学習しても，その学習内容がどの程度定着するかは，学習にかける時間，学習への態度，意欲，教材の内容への興味や，教材利用者の英語力と教材レベルの一致度など様々な要因に影響を受ける。学習内容の定着度を確認することは学生と指導者の両方にとって重要であるため，我々は本学で利用可能な全ての教材で，それぞれの Unit の学習内容の定着度を測るオンラインのテストを開発し，授業での指導と自習者用のオープンテストで利用している。なお，このテストの 2013 年度の受験回数は延べ 2231 回で，平均正答率は 63% (*SD* = 17.5%) であった。

妥当性の高い教材で学習した場合，学習内容の定着度が高ければ，応用力も向上するはずである。そこで，上記テストから観察できる教材内容の定着度と TOEIC スコアの伸びに関係があるかどうかを調査することにした。調査方法は，まずほぼ同じ量の教材を学習した者同士を比較するために，2013 年度 1 年間で 3 時間以上使用した教材が 1 種類のみで，かつその教材の Unit Test を 4 つ以上受験していた者のみを抽出した。次に，英語力の変化を観察するために，その中からプリテストとポストテストの 2 回の TOEIC IP を両方とも受けた者のみを抽出した。すべてを満たした 92 件のデータについて以下に分析する。

授業で Unit Test を実施する場合は，正答率 60% 以上が合格点であると指導している。そこで，上記で抽出された 92 名を 4 回または 5 回の Unit Test の平均スコアが 60% 未満，60% 以上 80% 未満，80% 以上の 3 群に分けた。それぞれの群の TOEIC IP 平均スコアと平均学習時間をまとめた結果を**表6.4**に示す。

表6.4　3R コースウェアの Unit Test 平均正答率と TOEIC のスコア

3R コースウェア		TOEIC			人数（名）
Unit Test 平均正答率	学習時間（時間）	プリテストの得点（括弧内は *SD*）	ポストテストの得点（括弧内は *SD*）	上昇量（点）	
80%　以上	19.1	388.9 (62.3)	505.0 (93.5)	116.1	14
60-80%　未満	14.4	371.7 (70.7)	440.7 (91.4)	69.0	47
60%　未満	13.4	368.4 (120.1)	413.2 (116.5)	44.8	31

Unit Test の平均正答率が 60% 未満の群は，TOEIC スコアの伸びが 45 点，

60-80%未満の群は69点と，後者の方が平均TOEICスコアの伸びが高かったが，t検定の結果，両者に有意差は観察されなかった（$t(76) = 1.50$, n.s.）。しかし，テストの平均正答率が60%未満の群と80%以上の群は有意差が観察され（$t(43) = 3.24$, $p < .05$, $d = 0.98$），同様に60-80%未満の群と80%以上の群にも有意な差が観察された（$t(59) = 2.34$, $p < .05$, $d = 0.69$）。この結果から，Unit Testで正答率が60%以上の場合には，3Rコースウェアの学習内容の定着度が高ければTOEICスコアの伸びが大きくなる傾向にあること，Unit Testで80%以上の正答率を得られる程度に3Rコースウェアでの学習内容が定着していれば，TOEICスコアにも顕著な伸びが期待できることがわかった。ただし，**表6.4**の「学習時間」の欄から，Unit Testの得点が高い群は平均学習時間もやや多い傾向が見られるため，この結果には学習時間の多寡の影響も多少含まれていると考えられる。

●6.1.3 3Rコースウェアの適切使用学習者の分析

本項では，「英語教育総合システム」（竹蓋，1997；竹蓋・水光，2005）の構想をもとに，文京学院大学外国語学部での11年間の指導の成果として得られた客観的および主観的データを分析して3Rコースウェア適切使用学習者を定義し，英語学習の成功と3Rコースウェアの使用，さらには学習者自身の考え方，教師，カリキュラム，時間，環境，友人，機器などの体制的システムの要因との関係について明らかにすることを試みる。

文京学院大学外国語学部では，TOEICで高得点（800点以上）に到達した学生を表彰する「学長顕彰」の制度があり，多くの学生にとって，英語学習の動機づけのひとつとなっている。この学長顕彰の対象となった学生が，2001年度から2011年度までの11年間で合計59名おり，この学生群に関するデータを用いて以下のような手順で分析を行った。

1. 3Rコースウェア適切使用学習者群の選定
2. 3Rコースウェア適切使用学習者群と対照群の比較
3. 3Rコースウェア適切使用学習者群の学習内容の分析

3Rコースウェア適切使用学習者の選別

TOEIC800点到達者59名から3Rコースウェア適切使用学習者を選別するため，まずTOEIC 800点以上を取得した過程での学習方法について個別に調査した。調査対象としたデータは，竹蓋・水光(2005)や新井(2009)，竹蓋・与那覇(2009)，牛江・与那覇・フェアバンクス(2010)に記載または引用された，分析対象者による学習報告の自由記述内容，BLECの「3Rコースウェア(CD-ROM)貸出簿」の記録，対象者の授業受講記録，本学外国語学部のシラバスなどであった。なお，外国語学部では2002年度からCALL教室での3Rコースウェアの使用が可能になり，希望者には3RコースウェアのCD-ROMを貸し出して自宅のパソコンでの使用も可能にしていた。一年あたりのCD-ROM貸出数は500から700枚程度であった。

まず，3Rコースウェアでの学習経験があったことが確認された学生の割合は59名中48名，約81%であった。この割合は，59名のうち文京学院大学の留学制度を利用して3から9か月間留学をした学生の割合である約50%よりはるかに多い。このことから，これらの学生がTOEICで高得点に到達した要因の一つとして3Rコースウェアの使用が関わっている可能性の高いことが推定された。

文京学院大学のCALL教室はほぼ常時自習で使用できるように開放されていたので，BLECの教材貸し出し簿に記録のない者でも3Rコースウェアを学内で使用して学習していた可能性は否めない。調査対象とした期間には3Rコースウェアはオンライン化されておらず，使用したか否かを遡って確認することは不可能であった。そのため，TOEIC 800点到達者で教材使用記録がなかった11名のデータについては本研究では使用しないこととした。その結果，分析対象は59名から11名を除いた48名となった。これをX群とする。

英語教育総合システムでは，英語学習の効果は「教材だけでなく，その使い方や学習者の考え方や行動，教師の情熱，精緻なカリキュラム，かけた時間，学習をサポートする環境，目標となる友人，教育用機器」など，数多くの要素とその組み合わせにも影響を受けるとしている。分析対象者の学習報告のなかにもこれらの要素が個別に，または組み合わされて貢献したことがわかる記述が多く見られた（補遺1）。そこで我々は，この指摘を念頭に以下に列記する4項目の条件を設定し，X群をさらに2つの群に分類することで，教材の使い方およびそれ以外の要因が与える影響を調査することにした。

- ・条件1：授業中に3Rコースウェアを使用し，教師からの適切な動機づけや定期的な小テストなどによる評価を通した「強化」があったことを推定させるデータの存在。
- ・条件2：授業以外にも自律的に3Rコースウェアで学習していた，つまり学習者に「積極的な学習態度」があったことを示すデータの存在。
- ・条件3：ある程度の長期間，「継続的に学習」していたことを推定させるデータの存在。
- ・条件4：学習者が「教材の趣旨を理解し，それを信じて」学習したことを推定させるデータの存在（補遺2）。

なお，これらの条件を個々に見ると完全には満たしていないが，トータルとして1から4の条件が満たされていると考えられる者もいたため，それらを拾い出すために「4項目の条件に準ずる条件」も設定した。柔道の判定における「合わせて一本」の考え方と言えよう。これらの条件が満たされているかどうかの判断は，3名の研究者が繰り返しデータを精査することで可能な限り客観性を確保した。

我々は設定された条件を満たした者を，教材を能動的かつ適切に活用した「3Rコースウェア適切使用学習者群（以下，3R群と略す）」とし，これらの条件を満たしていないが3Rコースウェアを使用したことのある学習者を「3Rコースウェア不適切使用学習者群（以下，準3R群と略す）」とした。各群の人数は，3R群が8名，準3R群が40名であった。

国際ビジネスコミュニケーション協会（2012）は「TOEIC Proficiency Scale（TPS）：TOEICスコアとコミュニケーション能力レベルとの相関表」を公表している。この相関表ではTOEICのスコア範囲である990～10点をレベルAからEに分け，レベルA（860点以上：Non-Nativeとして十分なコミュニケーションができる），レベルB（730点以上，860点未満：どんな状況でも適切なコミュニケーションができる素地を備えている），レベルC（470点以上，730点未満：日常生活のニーズを充足し，限定された範囲内では業務上のコミュニケーションができる）と定義している。以下，このTPSのレベル（A ～ E）を表中に示す。3R，準3R両群のTOEIC平均スコアとTPSレベルの変遷は**表6.5**に示した。

表6.5　3Rコースウェア適切使用学習者（3R群）と3Rコースウェア不適切使用学習者（準3R群）のTOEIC平均スコアとTPSレベルの変遷

	1年次	2年次	3年次	4年次
3R群（$n = 8$）	503 **C** (117.7)	760 **B** (118.3)	794 **B** (76.6)	872 **A** (85.6)
準3R群（$n = 40$）	487 **C** (134.5)	636 **C** (97.8)	707 **C** (69.9)	791 **B** (68.8)

注. 括弧内はTOEICスコアの*SD*値である。

対照群の選定と比較

次に相対的観察のために，3Rコースウェアがない環境における一般的な学生との比較を試みることにした。そのための「対照群」として，文京学院大学外国語学部の授業に3Rコースウェアが正式に導入される以前の2001年度入学生のデータを観察することにした。X群は全員が大学在学中（1名は修士課程在学中）にTOEICスコアで800点以上に到達しており，入学時のTOEIC平均点は同学部の平均点よりも高い。そこで，2001年度入学生の中からX群と1年前期の平均スコアがほぼ同じになるよう抽出された「入学時TOEICスコア最上位群11名（非3R群）」のTOEIC平均スコアの変遷をTPSにも着目して調査した。非3R群の学年ごとの平均スコア及びTPSに基づくレベル（AからE）の変遷を**表6.6**にまとめて示す。

表6.6　対照群（非3R群）の学年毎のTOEIC平均スコアとTPSレベルの変遷

	1年次	2年次	3年次	4年次
非3R群 （$n = 11$）	506 **C** (122.4)	571 **C** (144.3)	533 **C** (100.1)	590 **C** (153.9)

注. 括弧内はTOEICスコアの*SD*値である。

表6.5と**表6.6**のデータをまとめて，**表6.7**と**図6.2**に示した。また，1年次，2年次，3年次，4年次それぞれの時点において，3Rと準3R群，3Rと非3R群

の平均値の差を有意水準5%で両側検定の t 検定により検定した結果を**表6.8**, **表6.9**に示した。

表6.7　3Rコースウェア適切使用学習者（3R群），不適切使用学習者（準3R群），伝統的学習による入学時同等スコア者（非3R群）のTOEIC平均スコアとTPSレベルの変遷

	1年	2年	3年	4年	3R教材数
3R群（n = 8）	503　**C**	760　**B**	794　**B**	872　**A**	7.0
準3R群（n = 40）	487　**C**	636　**C**	707　**C**	791　**B**	2.5
非3R群（n = 11）	506　**C**	571　**C**	533　**C**	590　**C**	0

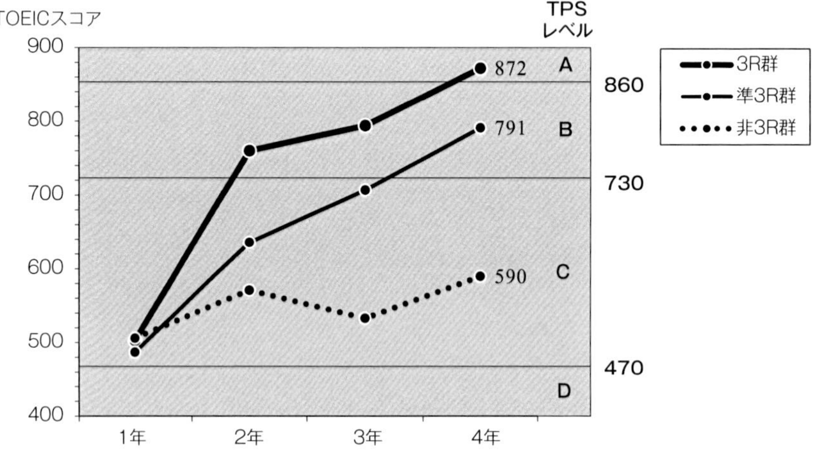

図6.2　3R群・準3R群・非3R群のTOEICスコアの推移

3R群の学部在学中のスコアの変遷を準3R群と比較した結果，まず1年次の両群の平均スコア（503対487）を有意水準5%で両側検定の t 検定では統計的な有意差はないことが判明した。しかし，2, 3, 4年次の平均値は760対636, 794対707, 872対791で，いずれにも統計的に有意な差が見られた（**表6.8**）。次いで，3R群の学生のスコアの変遷を文京学院大学に「3Rコースウェアによる指導が導入される以前（2001年度）の入学時英語力最上位者」である非3R群のTOEICスコアの変遷と比較した。やはり，1年次の平均点は503対506で，非3R群は同等スコアの者を抽出したため両者に統計的な有意差はなかったが，2, 3, 4年次には760対571, 794対533, 872対590と，いずれも統計的に有意な差が見られた（**表6.9**）。

表6.8　3R群と準3R群の平均値の差の検定結果

	準3R群（n = 40）			
	1年次	2年次	3年次	4年次
3R群（n = 8）	0.25	3.05*	2.83*	2.51*

注. 有意水準5%の両側検定。データはt値（*は有意差あり）

表6.9　3R群と非3R群の平均値の差の検定結果

	非3R群（n = 11）			
	1年次	2年次	3年次	4年次
3R群（n = 8）	0.05	2.93*	5.47*	3.76*

注. 有意水準5%の両側検定。データはt値（*は有意差あり）

表6.7に示したTPSレベルから，3R, 準3R, 非3R, 各群の英語熟達度の変遷が容易に観察できる。3R群が在学中にレベルAに到達し，学習開始後のすべての評価機会に他群に対し統計的有意差をもって上回っている。このことから，3R群の8名は英語学習成功者と言えるであろう。

3R群に含まれる学習者はTOEICの到達点が高かっただけでなく，学部在学時に国際的イベントにおいて同時通訳を依頼され，それを見事にこなしたとの報告もある（福島, 2008）。また，学部高学年になってからの海外留学では，語学クラスでない幅広い専門分野の講義を受講し，高評価で単位を取得しただけでなく，英語力を買われて大手の外資系企業に就職したり，大学の英語教員に採用されたりして，実務でその英語力を活かしながら社会で活躍している（補遺3）。

英語学習成功者（3Rコースウェア適切使用者：3R群）と各種要因との関係

3Rコースウェアを適切に使用して学習した3R群の学習の実態を「学習者の自由筆記による報告の内容」および教材貸出簿や授業受講記録等から，他群と比較をしながら詳細に観察した。その結果，以下のようなことが明らかになった。

⑴　使用した教材の量と学習の継続期間

使用した3Rコースウェアの数は，3R群は平均7セット，準3R群は2.5セットであった（**表6.7**）。1セットの教材は，週1回の大学授業で1学期間（15週）かけて学習する量である。したがって，3R群が学習した量は3R群と比べて4学期分以上も多かったと言える。このことから，教材はただ使えばよいというものではなく，継続的に学習して，ある程度以上の教材量をこなす必要のあることが推定された。

⑵　学習目標

3R群をTOEICスコアの到達点の高い順に並べ，各人がどのような目標を立てて学習を開始し，継続したのかを調査したところ，高い目標を持って英語学習を続けたことを示す報告の例として以下のようなコメントが見られた（誌面が限られているため，一部を掲載するが同趣旨の報告はいずれの場合も3R群の者から多くあがっている）。

> 英語を学習するにつれて，将来は英語を使う仕事に就くことを望むようになったこともやる気の維持に役立ちました。（下線筆者）

到達点の高い学習者は，テストのスコアをあくまでも中間目標（ペースメーカーや自己評価の手段）として捉え，コミュニケーションのツールとして英語が使えることによって得られる情報（異文化情報，専門的知識）の習得，自己啓発などを目標とし，さらに海外留学（語学留学を除く）や卒業後に英語を使う仕事をして活躍したいといった，具体的で高い目標を持っていた。一方，到達スコアが相対的に低かった学習者からは，英語という言語の学習（発音や語彙など）や「日常会話である程度コミュニケーションがとれるようになること」といった曖昧な目標しか持っておらず，むしろ下の引用のようにテストを強く意識してスコアの上昇を目標にしている傾向が見られた。

> 1年次ではTOEIC 700点を，2年次には800点を，3年・4年次には900点取得を目標に立てて勉強していました。（下線筆者）

到達したTOEICスコアの比較的高い学習者が言語の「形式」の習得だけを目標にするのではなく，英語を通じて収集できる情報，つまり「内容」に興味を持っていたという事実は，外部テストのスコアの上昇とは無関係のようだが，実は深い関係があると考える。言語処理にトップダウンの情報処理を活用したことを示す報告例を下に挙げる。

現地では一般学生と同様に授業を受けて単位を獲得してきました。私が学んだ分野は歴史とコミュニケーションです。歴史は東アジア史と近代日本史をとりました。何故今さら馴染み深い地域や自国の歴史を学んだかという理由の一つは元から知識のある分野をとって少しでも英語で授業を受けることの負担を軽くしたかったのと，二つ目は日本とその周りの地域を改めて西洋の視点から観察してみたかったからです。（下線筆者）

内容に興味があることで学習の継続が容易になり，談話の中に聞こえない音や未習語が現れてもその内容を予測したり，コンテクストから推測したりするといったトップダウンによる情報処理が可能となり，理解が容易になるからである。逆に，相対的にスコアの低かった学習者は言語の音声や語彙をひとつひとつ確認してから上位構造の意味を理解していくというボトムアップの情報処理に頼っており，ほとんど発音されない音，音変化した音，未習語などが現れるたびに情報処理が滞ってしまうため，理解力も上がらないのだと考えられる。3R群の8名にアンケート調査に積極的に協力してくれた2名（他大学出身者で3Rコースウェア使用者）を含めた計10名の中には，「3Rコースウェア，とくにその学習法に興味を持ったので継続学習ができた」と報告している者が6名いる。この6名は，高校卒業時点での自分の英語聴解力の低さを認識した上でシステム化された学習法に興味を持ったと報告している。

3ラウンドの魅力は，なんと言っても台本のない生の英語，かつ視覚的，視聴的効果が大きいことです。普通では聞くことのできない有名大学の先生，学生や教務員の話など，興味深いトピックなども魅力のひとつでした。こんな教材だからこそクラスの中心の話題は3ラウンドでした。あのフレーズが面

白いとか，あの人が恰好いい，はたまた特徴ある人の物まねまで，いつも3ラウンドの話題で溢れていました。(下線筆者)

それまでの非効率的な学習法から脱却して英語力を高めたいという強い意欲がこうした姿勢を生み，それが効果的な学習に結びついたのだと考えられる。

さらに，テストスコアを目標とすることに関して以下のような比較も行った。学長顕彰はTOEIC800点を超えた者が対象になるので，学生にとって一つの目標となる。そこで，その目標の達成前と達成後の半年間での得点の変化を観察したところ，3R群も準3R群も目標達成前の半年では115点と151点と大きな上昇があったにも関わらず，達成後の上昇量はどちらも14点，−30点と大きく落ち込んでいる(**表6.10**)。

表6.10　顕彰対象者の目標達成前後のスコア上昇量の観察

	目標達成前の上昇得点の平均値	目標達成時の平均スコア	目標達成後の得点の変動
3R群 (n = 8)	115 (79.3)	846 (42.1)	+14 (45.9)
準3R群 (n = 40)	151 (103.4)	830 (28.4)	−30 (56.3)

注. 括弧内はTOEICスコア上昇量の*SD*値である。

実際に数名の学習者から「TOEICで高得点を取った満足感から学習を怠けてしまった」といった感想が寄せられていることからも，目標を絶やさずに学習を継続する方策を講ずることが大切であることがわかる。なお，目標の達成時期は学習者個々に異なるので，**表6.10**の平均値は他の図表の数値とは異なる。

さらに，3R群と準3R群を目標達成後のスコアの変動量で比較してみると，3R群はわずかではあるが達成後もスコアを上げているのに対して，準3R群は−30とスコアを下げている。個人々々の変動のバラつきが大きいので中央値で比較してみると，35対−25と，この差がさらに顕著に見えてくる。つまり，3R群も800点達成直後にはスコアの上昇は鈍るものの，続けて上昇はさせているのである。このことからも，3R群の目標は真の英語力の習得などさらに高いところにあったことが推定できる。

(3)　海外留学前の熟達度レベル

続いて，3R 群と準 3R 群の海外留学前と後の最高点を，前後の TOEIC スコアが確認できるものを抽出して観察したところ（**表 6.11**），両群の留学前のスコアの最高点は平均 838 点と 685 点で，留学後の最高点の平均値は 919 点と 846 点であった。このデータから留学中の得点上昇量を計算すると 81 点と 160 点であるので，表面的には準 3R 群の方が留学の機会を効果的に活かしたかのように見える。

表6.11　3R群と準3R群の海外留学前後のTOEICスコアとTPSレベルの推移

	n	留学前	留学後	上昇量
3R 群	6	838　**B** (85.2)	919　**A** (43.8)	81 (50.9)
準 3R 群	24	685　**C** (98.4)	846　**B** (29.6)	160 (91.7)

注. 括弧内は TOEIC スコアの *SD* 値である。

しかしこの見方には疑問符がつく。一つは準 3R 群の方が留学前のスコアが大分低かったためにスコアを上昇させやすかった（竹蓋・草ヶ谷・与那覇，2004）という点である。二つ目は到達点の違いである。3R 群の到達点が 919 点で準 3R 群が 846 点であるが，これは TPS のレベルでいうと 3R 群がレベル A，準 3R 群がレベル B ということであり，3R 群が留学中にレベル B から A に昇格しているのに，準 3R 群はレベル B から抜け出せなかったということである。なお，**表 6.11** の留学者とは 3R 群，準 3R 群に分類された学習者で大学から 3 から 9 か月の海外留学をした者の割合である。

3R 群と準 3R 群の間に**表 6.11** に見られるような差が生じた理由については以下のように考える。3R 群は学習方法が適切であっただけでなく，TOEIC で平均 838 点というある程度の英語力をつけてから留学したので留学中の経験を有効に活かせ，その結果，英語力もレベル B から A へと大きな進歩を見せた。以下は，留学前に英語力を高めておくことの重要性を示唆する報告の例である。

3ラウンドを通して学んだことが，留学先で大いに役に立ち，また3ラウンドで実際に学んだことを体験する機会を得ることができました。たとえば，ICL（Introduction to College Life：3Rコースウェアのうちの1つ）である経済学の先生の講義のトピックがあったのですが，私の選択した授業で同じような内容が講義として話されました。（下線筆者）

一方，準3R群は学習方法も不適切で，かつ不十分な英語力のまま留学したために，留学の効果を十分享受できず，テストのスコアの伸びとしては大きかったものの，到達した英語力はレベルBの域を脱することができなかったと考えられる。

本研究の結論の多くがTOEICスコアの解釈に頼りすぎているように見えるかもしれない。しかし，英語学習成功者群（3R群）はTOEICのスコアを上昇させることだけを目標にテスト対策をしていたのではなく，あくまでも自己啓発のため，あるいは海外留学や英語力を活かせる企業への就職の実現といった真摯な目標をもって，外部テスト対策用に制作されたものではない3Rコースウェアとその他の自然な（オーセンティックな）教材を含めて学習したのである。そして，その結果として外部テストのスコアを向上させると共に個々の目標を達成している。また，学習者自身が執筆した詳細な学習報告の記述と照らし合わせてみても，TPSの記載内容（国際ビジネスコミュニケーション協会，2012）と本節の学習者の実際の熟達度レベルは相関が高い。

まとめ

本研究では，まず，大学在学中にTOEICスコア800点以上を取得した59名の顕彰対象者のうち，3Rコースウェアを使用した者48名を4つの条件に基づいて2群に分類し，さらに3Rコースウェアを適切に使用したと考えられる学習者を選定した。これらの学習者が執筆した学習報告やTOEICスコアの変遷の観察から，これらの学習者には，(1) TOEICのスコアだけでなく具体的で高い英語学習の目標を持っていた，(2) 3Rコースウェアである程度継続して学習した，そして，(3)十分な英語力をつけてから海外留学することで留学先での経験を有効活用できた，といった特徴があることが判明した。

本研究で観察の対象とした学習者群は，大学が開講している英語コミュニケーション力の養成を目指す他の授業も受講しており，自律的に語彙力や文法力の強化にも努めている。さらに同大学には英語で自由に会話ができるチャット・ラウンジや，語学留学，交換留学の制度も充実しているので，当然それらの影響も含まれているだろうと考えられる。そこで，3R コースウェアの導入以外の教育環境についてはほぼ同様の制度が整備され実践されていた 2001 年度入学の学生の TOEIC のスコアとそれ以降に入学し，3R コースウェアを使用して学習した学生のスコアを比較したところ，有意差があることがわかった。この理由として，それまでの大学の教育体制がシステム化されていなかったが，3R コースウェアが導入されたことによって「英語教育総合システム」として効果を発揮し始めたことが挙げられる。つまり，チャット・ラウンジや，外国人教員による授業，それに留学制度などが，存在はしてもそれぞれが有機的な繋がりを持たず，有効活用されなかったために期待された効果が上がっていなかった。そこへ，「三ラウンド・システム」の中核システム（竹蓋，1997）とそこに組み合わされた語彙指導システム（竹蓋，2000）が導入されたことによって，外国語教育の基礎である聴解力と語彙力が着実に養成され，その結果，既存の制度や設備が期待通りに機能し始めたのではないかと推定される。つまり，このようなシステム化された教育体制の下で自然な生の教材を使用した学習の結果として TOEIC のスコアも上昇し，成就感を得たり，学習者の継続的な学習への意欲が引き出されたりするといった好循環が生まれたのであろう。この推定には「未熟な英語力で海外に留学したのは大きな無駄であった」，「留学前の十分な準備は大いに役立った」との学習者の指摘が重要な示唆を与えてくれた。以下は，留学の効果は留学前の英語力で大きく変わることを示す報告例である。

> 大学に入学する前に，<u>短期でイギリスとカナダ</u>へ留学していました。趣味で英語を続けながら，実現させたものです。正直，当時は海外に行きさえすれば英語が上手くなると思っていました。しかしそのときの留学は，大半が<u>現地観光と文化交流</u>に費やされました。当時の留学体験の全てが無駄であったとは言いませんが，支払った金額を考えるとあまりに高いレッスン料でした。……<u>大学での交換留学</u>は私が以前行ったものより，費用においても，英

語力向上においても断然効率的だったと思っています。(下線筆者)

3R コースウェアの導入を進めてきた我々が，学生の貴重な海外留学の機会をより効果的で意義あるものにすることに少しでも貢献できたとしたら，大きな喜びである。

本研究の結果，グローバル化社会を生き抜くために必要とされる英語力は，音声学，英語学，英米文学などの素養だけでは養成が困難であり，専門科目の内容に対する興味，その幅広い正確な知識が概念駆動型の情報処理能力を向上させ，English for Specific Academic Purposes (ESAP) のコミュニケーション能力の養成に大きな助けとなるということが明らかとなった。以下は，内容に対する興味や知識が学習を容易にすることを示す報告例である。

英字新聞は自分の興味のある記事や，すでに日本語で内容を知っている内容のものを選び，分からない単語があっても出来るだけ周りから推測して内容を楽しむように心がけました。(下線筆者)

言い換えれば，大学英語教育において効果的な英語教育を実践するためには，English for General Academic Purposes の素材で主に言語の形式を指導する英語教師と，ESAP で扱われている内容を指導 (必ずしも英語で授業をする必要はない) する専門科目の教師との緊密な連携が不可欠ということである。

本論で英語学習成功者と定義された学生のうちの一人は，中学校，高等学校ともに国内の公立学校に通い，日本人の教師から典型的な受験英語の指導しか受けなかったにもかかわらず，大学入学後のコミュニケーション能力習得のための授業の受講，3R コースウェアやチャット・ラウンジ等を活用した自律学習，そして海外留学のおかげで成功者になれたと報告している。さらにこの学生は次のようにも述べている。

帰国子女でなくとも，幼稚園や保育園で英語を学んだ経験がなくとも，英会話教室に通った経験がなくとも，世界中の人とコミュニケーションを図るために必要な英語力を身につけることは誰でもできると私は思います。

これらの英語学習成功者たちが相手からのメッセージを100％正確に理解し，文法的に完全な英語を発信できているとは我々も考えていない。多少の間違いはあっても，英語という言葉を通して世界中の人々とコミュニケーションが取れて理解し合え，英語圏の大学の専門授業にネイティブスピーカーと共に参加して議論でき，グローバルに活躍している企業でその力が発揮できているのであるからそれで十分と考える。

上記学生の発言は，グローバル化社会に即戦力として対応できる大学生の養成が求められている今日の我が国の大学英語教師にとっては，やればできると激励されている一方，それができないとすれば何かが足りないのではないかとの警告ともとれる。英語教育総合システムを構成する各要素は決して軽視できないが，ひとつひとつの要素ばかりに注目するのではなく，大学での英語教育を総合システムとして捉え，各要素が適切に機能するように全体を見渡したカリキュラムを構築し，教育を実践していくことがこれからの大学英語教育を成功に導くためには不可欠であろう。

補遺

本項で3Rコースウェア適切使用者と定義された学習者による学習報告の一部を以下に引用する（下線筆者）。誌面が限られているため，引用は各項目とも一編ずつ選定したが同趣旨の報告はいずれの項目も多数ある。

補遺1：英語教育総合システムを構成する全8要素（学習者，教師，コースウェア，カリキュラム，機器，時間，友人，環境），またはその中の複数の要素の貢献があったことを示す報告の例

「どれほど授業が素晴らしくとも，どれほど教材が優れていても，1回90分×週5日の授業だけで英語を習得することは非常に困難だと思います。だからこそ私は，授業に出席するだけでなく，Chat Loungeに通い，ニュースや本を利用して日々英語の自習に取り組んできました。そしてそれを可能にするのは，動機とその根底にある興味だと思います」

補遺2：3Rコースウェアの趣旨を理解し，それを信じて学習した事を示す報告の例

「私は一年生の時にクラスで教授に三ラウンド教材を紹介してもらって以来，毎日かかさず40分～1時間，三ラウンド教材を使っての学習に励みました。この教材の良いところは，加工された英語ではなく実際に話される生の英語を聞くことができることと，シンプルでいて単語やイディオムを丁寧に，且解りやすく覚えさせてくれるところです。三ラウンドを通じて私のリスニング力は急上しました。この教材での学習を始めたことをきっかけに，それまでは理解不能な雑音のようなものでしかなかった英語の音がいつしかチャンクごとに聞き分けられるようになり，きちんと意味を持つ音として聞くことができるようになりました」

補遺3：在学中の海外留学，卒業後の就職で英語力を活かせたことを示す報告の例

「卒業後，私は社会人として4年のブランクがあったにも係わらずTOEICの成績を高く評価していただき，幸運にも大手アメリカ企業の日本法人立ち上げに携わることができました。勿論そこでの私の役割は国際物流を一から構築すること。大好きな仕事に再び就くことができたうえ，アメリカ本社で行われる20ヶ国以上が参加する国際会議にも出席できるほどに成長しました。私にとってTOEIC 800点越えは正にキャリアアップへのパスポートそのもの。社会で英語を操っているのって案外気持ちいい！」

6.2　三ラウンド・システムの定性的評価

本書では，「三ラウンド・システム」(3R) の効果を検証するにあたり，5章では各学校独自の方法で成果が示された。竹蓋・水光 (2005) にも3Rの成果を示す各種データが多面的に示されているが，千葉大学の場合，**5.1節**にテストスコアの伸びと5段階アンケートの結果の一部を示した。本節では，3Rコースウェアによる CALL 授業について，数値化が難しい文章による評価の例を土肥他 (2018) に加筆修正した形で紹介する。

6.2.1　千葉大学の 3R の外部評価

千葉大学は 2007 年度に大学評価・学位授与機構による大学機関別認証評価を受け，そのうち千葉大学開発の CALL システムについて

「国内的に主導的な役割を果たす」

「単位の実質化への配慮がなされている」

「自主的学習環境が十分に整備され，効果的に利用されている」

と評価された。

また，2013 年度に当時の千葉大学言語教育センターが外部評価を受けた際には，CALL システムについて

「大きな成果を上げている点が高く評価できる」

「全国の大学の英語教育改善に大きく貢献している」

「各大学に提供していることは素晴らしい」

という評価を得た。

いずれの評価でも CALL について否定的評価がなかったことが特筆できる。

6.2.2　自由記述式アンケート結果の定性的分析の試み

社会的に幅広く実施されるアンケートには，記号選択式や 5 段階評価等の数値化しやすいものと，自由記述式の文章によるものがあり，一般的に文章を数値化して客観的に分析することは難しい。3R コースウェアを使用する文京学院大学では CALL を活用して TOEIC 800 点以上を取得した 10 名を英語学習成功者と定義し，各学生に 5 から 10 ページにわたる報告書の提出を依頼した。竹蓋・与那覇 (2009) は，その報告書の内容を詳細に分類して，「英語学習成功への道程」を取りまとめるという独創的な研究をした。

千葉大学でも **5.1 節**に示したアンケート調査を実施し，量的データとしての 5 段階評価の部分は土肥 (2011) および土肥・竹蓋 (2012) に分析結果を示した。自由記述式アンケートの部分は，現在の設問形式になってからだけでも 2009 年度後期から 2017 年度前期までの 8 年間に千葉大学の CALL 授業 131 クラスを履修した 4 千名以上の学習者の自由記述によるコメントが集まったが，各教員が目を通して改善の参考にしたり，必要に応じて一部を抜粋して紹介したりする程度の活用しかできていなかった。システム利用者の生の声を紹介するの

は意義のあることだが，一部だけ引用すると，都合のよい意見だけ選んでいるのではないかという疑念を持たれる可能性がある。とくに英語学習という複雑で多岐にわたり困難をともなう行動について，4千名以上の回答があると，包括的で偏りの少ない形で意見をとりまとめることは困難である。

近年はIT技術の発展により，データマイニングやテキストマイニングの手法が発達し，各種ソフトウェアが利用しやすくなってきた。そのなかでも樋口(2020)は，分析者の基準に沿って分類する「Dictionary-basedアプローチ」と，多変量解析によって分類しようとする「Correlationalアプローチ」を併用した計量テキスト分析の手法を提案するとともに，KH Coderというソフトウェアを無償で公開している。樋口は，下記のように述べた上で，「量的方法の利点」として，「信頼性ないしは客観性」と「データ探索を行えること」の2点を挙げている。

> 一般にテキスト型データのような質的データを分析する場合には，素データの中から分析者が典型的だと考える箇所を引用し解釈するという，質的な方法を用いることが多い。本書でもこのような素データの引用や解釈を否定するわけではない。だが，それを行うにしても，その前の段階で計量的分析手法を用いることで，以下のような量的方法の利点を活用することが望ましいというのが本書の立場である。(樋口，2020，p.5)

本研究では，前述の「その前の段階で計量的分析手法を用いること」を実践することを重視し，質的分析の前に量的分析を加えることを試みた。

6.2.3　千葉大学の自由記述式アンケート実施の方法

原則的に各クラスで聴解教材ひとつを使用後に5段階評価アンケート(土肥2011；土肥・竹蓋2012)1枚と自由記述式アンケート1枚を実施した。週1回計15回の授業では聴解教材を1種のみ使用するため，学期末の時期にアンケートを実施することになり，週2回，計30回の授業では聴解教材を2種使用するため，ひとつめを使い終わった学期の半ばに実施することになる。2つめの聴解教材の使用後(つまり学期末)にも自由記述式アンケートを実施することは可能であるが，同一学生に自由記述式アンケートを2回実施しても回答内容に大きな違いが出るとは期待しにくいことと，学期末には千葉大学普遍教育（全学共通教養教育）で統一した書式のアンケートを実施することになっていてアンケートの回数が多過ぎて学習者の負担になることを考慮し，2つめの教材使用後は5段階評価アンケートのみ実施することを原則とした。

アンケート実施前には，目的が今後の授業とシステムの改善であり，個人情報が公開されたり，成績に影響したりすることはないと説明し，8年間131クラスで計4,228名に回答を依頼した。アンケート実施時に欠席した学生は人数に含めなかった。

自由記述式アンケートの設問は，以下に示したように，属性として使用教材名の略称を2文字の英字で答えることを求める1問と，システムに関して自由なコメントを求める3問（Q1～Q3）からなる。まったく自由に書いてよいという指示だけでは記入量が少なくなることを予想し，Q1～Q3の設問構成にすることによって学習者の意見をより多く引き出すことを目指した。

使用教材名
Q1. 聞き取り教材について自由に感想を聞かせてください
Q2. 学習形態（授業＋自習）について自由に感想を聞かせてください
Q3. その他CALL英語に関する感想や要望を自由に書いてください

6.2.4　収集した自由記述式アンケートのデータ入力方法

手書きで提出された自由記述式アンケートの回答は，CALLの事務補佐員の協力を得て，全文を電子ファイルに入力した。日頃から使い慣れたソフトウェアであるMicrosoft Wordを使用し，クラスごとの回答を明確に区別するために，131クラスのそれぞれについてひとつのWordファイルを作成した。ファイル名は以下の規則に基づき，5桁の数字を使用し，拡張子をdocとした。

1桁目と2桁目	西暦の下2桁	（例：2009年度は「09」となる）
3桁目	期別	（例：前期は「1」，後期は「2」）
4桁目	曜日の数値表記	（例：月曜は「1」，金曜は「5」）
5桁目	授業の限	（例：1限は「1」，5限は「5」）

したがって，たとえば2009年度後期月曜2限の授業の回答結果は，「09212.doc」というファイル名となる。なお，この授業は月曜2限と金曜4限をセットで履修する週2回授業であるが，週のうちの早い曜日のほうを使用して「09212.doc」というファイル名とした。クラス内の数十名の入力は順不同とした。ひとりひとりの入力の際の書式としては，上記の4問の順に入力し，設問それぞれについて1回改行記号を使用した。また，Q1～Q3の3問のコメントのいずれかが無回答であった場合は，「(該当なし)」と入力した。

次に，入力が完了した131個のWordファイルを1個のテキストファイルに統合し，一部書式を調整した。以下に実例として，テキストファイルの先頭の3名分を引用した。

<h1>09212.doc</h1>

<h2>PW</h2>
インタビューとの自由な感じのやりとりが難しかった。自然な英語をきくことができてよかった。
週2回の授業+90分以上の自習という形態で，頻繁に英語を耳にしたので英語を習うと同時に英語に慣れた気がした。
今までやったことのないような学習方法で初めは驚いたが，英語学習における核心を付いたような方法で，比較的楽しく学習できたと思った。

<h2>FL</h2>
個人的には動画があるとやる気がでてきます。
いいと思います。

<h2>PW</h2>
リスニングをまずこんなに集中してやった事がなかったので，どんなものかと思っていたが，後になるとやや慣れてきた気がした。単語がわからないと何も聞きとれないことが多かった。逆に単語さえ分かれば比較的安易に聞きとれた。

上記の例では，まず，クラス名を区別するため，

<h1>09212.doc</h1>

のように，もともとのWordファイル名をh1の属性としてタグを示した。これによって，統合後のテキストファイルの内容に疑問がある場合，元ファイルに遡って確認することが可能である。また，各回答者の回答内容はWordの内容をそのままコピーしたが，最初の「教材名」だけは

<h2>PW</h2>

<h2>FL</h2>

のように，h2の属性としてタグを示した。なお，PWとFLは，それぞれ『People at Work』と『First Listening』の略である。h1とh2のヘッダーの内容は，本文とは区別され，回答者の属性を知りたい場合に参照したり，属性に基づいて回答を分類したりすることが可能である。上記の例の3名の回答を見ると，ひとり目は内容に関する3問の質問にひとつずつの回答が示されているのに対し，ふたり目は2つの回答，3人目はひとつの回答しか示されていない。もともとのWordファイルに入っていた「（該当なし）」の行については，「（該当なし）」という回答を学習者が実際に記入したのではないため，統合後のテキストファイルでは削除したからである。ひとりあたり1～2個の回答しか示されていない場合，どの設問に対する回答なのかという対応関係がわからなくなるが，本研究の分析では，設問番号と回答番号との対応関係を考慮する必要がないため支障はない。実際に多くの回答を見ると，Q1に対する回答がQ1とQ3の両方に書いてあったり，Q2に対する回答がQ2とQ3の両方に書いてあったりするので，回答の分析をする際に区別する必要はなく，区別すべきでもない。もし設問と回答の対応関係を厳密に調べる必要がある場合は，最初のWordファイルに遡って調査することが可能である。

手書きの回答内容には，漢字や言葉遣いの誤りが多数含まれ，判読不能のものや意味不明のものもある。電子化の際にも多少の誤入力が含まれるが，大量のテキストデータを完璧に修正することは不可能であるし，多数のデータの一部に誤りがあっても大勢に影響はないと判断し，原則的に原文のまま修正はしなかった。ただし，半角カナや機種依存文字（丸数字等）は，KH Coderでの処理の際にエラーとなるため，あとでKH Coderが指摘するエラーをすべて修正した。

6.2.5　KH Coderによる分析

分析段階で Windows 版 KH Coder 最新版である khcoder-200f-f.exe（2015／12／29）をウェブサイト（http://khc.sourceforge.net/dl.html）から入手し，指示通りインストールして，上記のテキストファイルを分析した。KH Coder の機能の紹介や使用法の詳細については，http://khc.sourceforge.net/ を参照されたい。本研究の分析結果は，分析方法の概略の一部も含めて，次の「分析結果」欄に示し，質的分析を含む考察については「考察と今後の課題」に記した。

6.2.6　分析結果

以下の(1)から(3)では計量的分析の結果を示し，(4)から(13)ではコメントの具体例を偏りなく示す工夫をした。

(1)　テキストの概要と使用教材名

本研究の対象となる 131 クラス 4,228 名の回答結果のテキストの概要は，以下の通りである。括弧内の「使用語数」とは，助詞，助動詞等を分析の対象から除外した数字である。

総文数	23,213	
総抽出語数	367,300	（使用語数　155,204）
異なり語数	7,403	（使用語数　6,535）

KH Coder による分析ではないが，4,228 名の回答者が使用した聴解教材数を集計した結果は**表 6.12** に示した通りである。

すべての教材が同一指導理論に基づいて制作されたものであるため，学習方法についてのコメントに大きな差は生じないと考えている。しかし，教材の内容や難易度が異なるため，興味・関心という点では学習者の情意面に影響する可能性もある。今回は教材別の分析を試みなかったが，別の機会に検討する予定である。

表6.12　回答者が使用した聴解教材

3R コースウェア名	使用した人数
First Listening	276
Doorway to the UK	29
American Daily Life	341
New York Live	1628
People at Work	857
Canadian Ways	115
College Life	620
Horticulture in Australia	89
A Bit of Britain	1
English for Science 2	12
News from the World	74
World Health Issues	26
English for Nursing Science	128
不明	32
計	4,228

(2)　出現頻度順リスト

KH Coder で形態素解析の手法を用いて活用形を基本形に自動変換し，助詞，助動詞，代名詞，1 文字のアルファベット等を除外してから，使用されている語を頻度順に 30 位まで抽出した結果を**表 6.13** に示した。

(3)　階層クラスター分析

表 6.13 で頻度順が 1 位の「思う」は感想を述べるときによく使う語であるが，**表 6.13** だけでは「思う」の頻度が高いことを示すに過ぎない。何を思ったのかは 2 位以下の語とも関連が高そうだと推測できるが，これだけでは具体的な意見の内容はわからない。2 位の「自習」は CALL の根幹をなす部分であるが，これも自習についてどう思ったのかは不明確である。そこで，上位 30 語のどの語とどの語が共起しやすいかを調査する必要があると考え，KH Coder に内包されている統計分析プログラム R の機能を使用して階層クラスター分析をし，並

表6.13　頻度順上位30語

頻度順	抽出語	出現回数
1	思う	5406
2	自習	2754
3	英語	2692
4	教材	2438
5	授業	2428
6	学習	2246
7	時間	2035
8	良い	1966
9	聞く	1684
10	自分	1420
11	聞き取る	1260
12	内容	1240
13	勉強	1058
14	楽しい	960
15	出来る	945
16	面白い	936
17	テスト	791
18	リスニング	788
19	少し	782
20	話	747
21	感じる	717
22	家	688
23	単語	687
24	人	676
25	多い	659
26	聞ける	600
27	難しい	589
28	使う	540
29	分かる	539
30	理解	536

べ替えた結果が**図 6.3** である。

表 6.13 よりも**図 6.3** のほうが各語の関連性が示されて，学習者のコメントの内容が推測しやすくなったが，KH Coder の「文書検索」機能を利用して，実際の原文を抽出することとした。**図 6.3** に基づき，30 個の頻出語を以下のように 10 分類した。

クラスターA　授業　自習　時間
クラスターB　思う　良い　自分　学習
クラスターC　出来る　家
クラスターD　単語　テスト
クラスターE　少し　感じる　難しい
クラスターF　内容　理解　分かる　多い
クラスターG　教材　聞き取る　楽しい　英語　聞く
クラスターH　使う　リスニング　勉強
クラスターI　話　面白い
クラスターJ　聞ける　人

以下の(4)から(13)では，各クラスターのすべての語を含む原文を機械的に抽出してそのまま引用した。ただし，読みやすさを考慮して，原文が 21 個以上ヒットする場合は無作為に 20 個以内に絞り込んだ。また，原文を文単位で抽出しているため，文脈がわかりにくいコメントも散見されるが，ご了解いただきたい。引用に際しては，学生名や教員名等の個人情報が含まれる場合は匿名化する予定であったが，今回の引用文には個人情報に相当するデータは存在しなかった。

(4)　クラスターA（授業　自習　時間）

クラスターA（授業　自習　時間）のすべての語を含む原文が 165 個ヒットしたため，出現順に 8 の倍数（8，16，24，…，160）の原文 20 個を以下に抽出した。

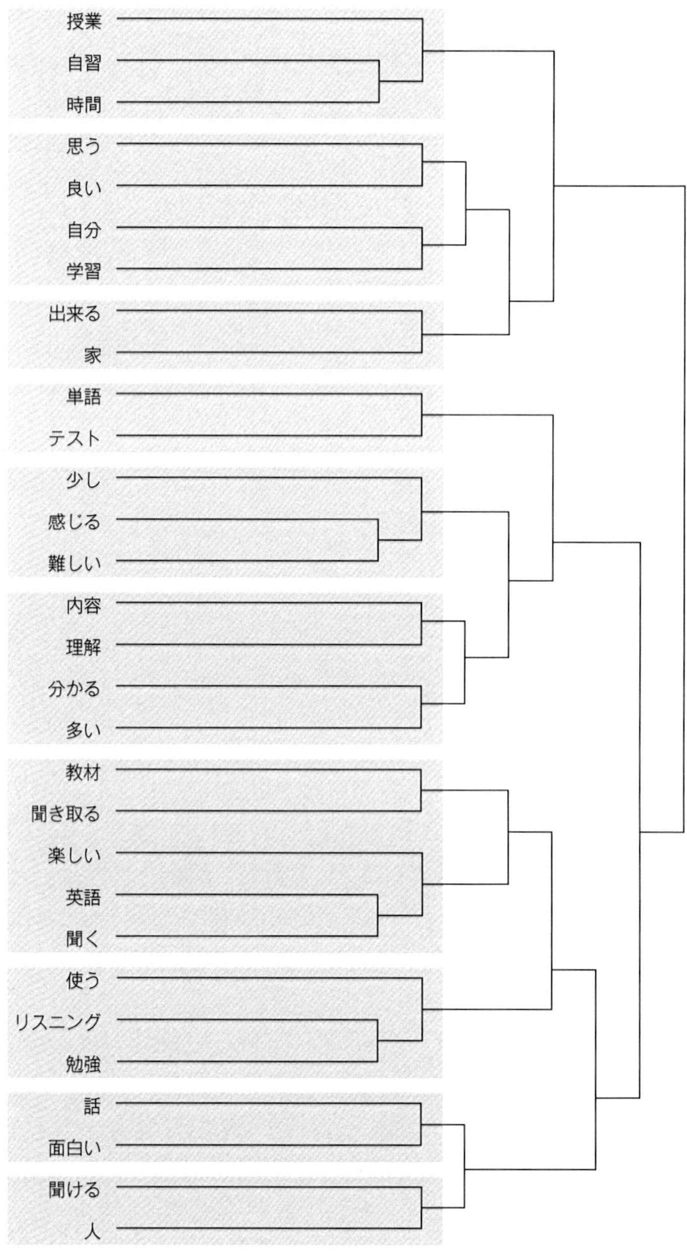

図6.3　頻度上位30語の共起関係を示すクラスター分析結果

単位を取るには自習をやらなければ取れないという，はっきり言ってそんなのやりたくない私にはきつい授業だったが，英語が苦手だっただけに，きちんと時間が取れて結果的には良かったと思う。

授業数が多いうえに部活，バイトもあるので，自習時間があまりとれなかった。

授業時間だけでなく，自習をすることでより教材の内容の理解が定着するのだと感じました。

授業時間内だけでなく自習もしなければならないと決められているのは，コツコツやることが苦手な私には丁度勉強サイクルを作るのに良かったです…。

自習をやるのはけっこう大変でしたが，授業時間だけだと教材が終わらないのでこれで良かったのかなと思いました。

私はあまり自習をしなかったが，正直授業内だけでも学習時間は十分な気がした。

この英語の授業を受けてから英語だけではないものの自習の時間も増加したのでその点は良かったと思う。

最初は自習しなければならない時間が長いと感じたが，実際にやってみるとそれほど長くなくて，設定時間は適切だと思ったし，授業だけでは少し物足りない気もするので，この学習形態は良いと思う。

授業時間は，とても集中することが出来たが，自習はあまり進んでやろうと思わなかった。

授業ではしっかりできたが，自習時間がテスト前に集中してしまった。

授業中に時間を与えてくれるので，あまり自習をする気が起きませんでした。

授業は週に2回あるので，3時間やり，自習は家でやることは無かったですが，大学の図書館で週に1度空きコマをCALLの時間にしてやっていました。

授業の時間にやるのは良いのですが，週90分の自習を必ずやらなければならないのは正直きつかったです。

授業外の好きな時間に自習を始められて便利でした。

授業でも自習でも，あまりやっていることが変らないので，先生のお話やその他（映画，ラジオなどの聞き取り）の時間がもう少し多いと，授業に来た甲斐があったと思える，と思います。

授業中の自習時間はもう少しすくなくてもいい気がした。

授業と自習のノルマの時間が長いにしては，内容が易しく分かっている部分も何度も聞かなければならなかった。

4タームは授業が忙しく，また他のこと（大学祭等）でも時間に追われて，十分な自習時間が取れなかった。

週によって学習できる時間がバラバラだったりするので，自習時間が伸びる週と伸びない週があったが，授業中に教材を扱う時間が取れたので継続性があった。

自習が義務つけられているから，授業以外に英語の学習をする時間が増えて，単語の能力が向上すると思った。

(5) クラスターB（思う　良い　自分　学習）

クラスターB（思う　良い　自分　学習）のすべての語を含む原文が45個ヒットしたため，出現順に3の倍数（3, 6, 9, ..., 45）の原文15個を以下に抽出した。

英語があまり得意ではないので自分のペースで学習が進められるこの学習形態は良いと思う。

自分のペースにあった速さで学習できるので良いと思います。

パソコンを使っての学習なので自分のペースでやることが出来るところはとても良いと思った。

足りない所（文法の知識や単語）は自分で補えるので，自分のペースで学習を進められる良い教材だと思う。

自分があまり自習ができていなかった手前いう資格は無いのと思いますが，やっていて思ったのは，個人によって能力に差があるので，同じ内容をやってもかかる時間に差があると思うので，評価対象に学習時間は加味しない方が良いと思います。

他の授業にももちろん良さはあると思いますが，CALLは自分のレベルに合った教材を使用することで，勉強に対するモチベーションを継続させることができ，分からないところは反復して学習できる利点があるため，純粋に英語を学習したい人にとってとてもお勧めしたいです。

また様々な話題について学習できるので飽きることもなかったし，毎回自分のペースで楽しんでやる事ができて，この授業を取って良かったと思う。

パソコンを使った学習はやはり効果的だと思うし，自分に合ったというか個人個人が違った教材を使用できるのも良いと思います。

自分のペースで学習できるので良いと思います。

リスニングの勉強は自分だけだとなかなかうまくできないので，この授業でリスニング学習をきちんとできて良かったと思う。

自分のペースで学習できるから良いと思う。

自分の学習スピードに合わせて学ぶことが出来るのは良いと思った。

自分でいつでも学習できるという形態は，自律の精神も要される良いものだと思う。

自分のレベルに合った教材を使って自分のペースで学習を進めることができる点が良かったと思う。

自分で学習したいときにできて良いと思う。

(6)　クラスターC (出来る　家)

クラスターC (出来る　家) のすべての語を含む原文が78個ヒットしたため，出現順に4の倍数 (4, 8, 12, ..., 76) の原文19個を以下に抽出した。

単語が家で出来ません。

この授業であれば家でも出来る。

家でも学習が出来てしまうので，授業に出る気がおこらなくなってしまう…。

家でも授業と同じことが出来るのが良い。

ソフトを使って家で出来るので英語学習の習慣を身につけやすかったです (してないとバレるので自然とやるしかない，ってなっていたのも事実ですが)。

家のPCで出来るので「少しやろうかな」という気になった。

自分の家にインターネット環境がないのと，全日5限終わりで放課後にCALL自習室を使うことが出来ず，自習をするのが難しく，あまり時間を取れなかった。

授業中に家で出来ることをやる必要はないと思う。

インターネットを通じて家でも学校でも同じ教材を好きな時に好きなだけ出来るのが画期的だと思った。

隙間時間をみつけて，家で学習が出来るのはとてもありがたいです。

家でちゃんとしようという気になれるし，大学に自習室もあるので，空いた時間に出来るのがいいと思う。

自習は家でも出来るので，やりたい時にやれて便利だと思います。

授業では自習と外国についての話を学べて，その他の時間の自習は自分の空いている時間を利用して家でも学習出来たので良かったです。

週の授業だけでなく，家でも単語の音声を聞くことが出来たので良かった。

家であまりパソコンを使わないので，なかなか自習が出来ませんでした。

自習をするとき，急に音が出なくなったりして家で出来なくなるときがあって困るけれど，90分の自習は無理な時間設定ではないし，毎日英語を聞いてなれるのが必要だから大変とは思いません。

自分の家でも学習が出来るのはとても良かったです。

家にwifi環境が前期なかったため，あまり自習ができなかったのですが，最近出来たため，これから自習時間を増やします。

今タームについては，特に金曜はCALL英語1コマで家でも出来る教材をやりに往復4時間かけるのは苦痛だった。

(7) クラスターD（単語　テスト）

クラスターD（単語　テスト）のすべての語を含む原文が162個ヒットしたため，出現順に8の倍数（8，16，24，…，160）の原文20個を以下に抽出した。

中間テストと同じ週に単語テストがあったのは少し大変だった。

単語テストがためになったと思う。

単語はもう少し基本的なものをテストでやりたかった。

部活などでなかなか自習はできないが，単語テストがあるとやらなきゃならないと思い，少しの時間でも勉強しようとゆう姿勢になれた。

単語の勉強にも時間をかけられないことが多かったから残りのテストをがんばりたい。

単純に教材，単語テストで評価すべきだと思った。

単語テストは教材を使うよりもプリントを使って学習する時間の方が長かったので，その辺りも考慮に入れてもらえたら良いのではないかと感じました。

いつも満点ではないので偉そうなことは言えませんが，他の授業で課題が多い自分にとって，単語テストを軽く見てしまうことがある。

聞き取り教材のテストは半分も終わらない状態で臨んでいましたし，単語も結局一夜漬けみたいな感じになってしまって残念。

単語テストの量が少し多くて大変だった。

ユニットテストや単語テストもあるおかげか，普通に勉強してればノルマはクリアでき，苦もなく楽しく学習できていたと思う。

毎週の単語テストもあるので，ノルマ量の勉強はやらないとテストに間に合わない感じでした。

単語テストなどはどこが間違っているのかを知りたい。

語彙テストもあることで，定期的に単語や文法を覚えられるのも良かったと思う。

単語もレベルが上がっているので不安ですが，テストまでになんとかしたいと思います。

単語テストの回数が多く大変だった。

そうすればテスト形式の単語問題に慣れる事が出来るし，語彙学習の機会も増える。

少し単語テストの負担が大きい気もしますが……。

専門的で覚えにくい単語もあるので，もう少しテストの頻度が減ると勉強しやすい。

今まで聞き取りというより読取りを中心に英語を勉強していたので，CALL英語の教材や単語テストでも聞き取りが難しく感じました。

(8)　クラスターE（少し　感じる　難しい）

クラスターE（少し　感じる　難しい）のすべての語を含む原文が8個ヒッ

トしたため，出現順にすべての原文を以下に抽出した。

テストの応用問題は少し難しく感じました。

自分にとっては少し難しく感じたが，初めて教材を聞いた時と何回も聞いたあとでは明らかに聞きとれる量が増えた。

自分のペースで進められるので，簡単だと思った部分は早めに進んで少し難しく感じた分はじっくり聞けて良かった。

NY を比較的易しく感じたのと比べると，少し難しく感じた。

文章で習うことはあっても，こういったリスニングを主に習う講義はあまり取ったことがなかったので，少し難しく感じたが，良い経験になった。

PW はやはり少し難しいと感じた。

単語テストは難しく，ネットというよりもプリントで勉強していたのであんまり意味がないかなとも少し感じた。

ネイティブの人，発音が難しく感じられていたが，回を進めるごとに少しずつ聞き取れるように感じられた。

(9) クラスターF（内容　理解　分かる　多い）

クラスターF（内容　理解　分かる　多い）のすべての語を含む原文が1個ヒットしたため，以下に抽出した。

内容は一回聞くだけだと分からない部分が多かったが，何度か聞くと理解できることができるようになった。

(10) クラスターG（教材　聞き取る　楽しい　英語　聞く）

クラスターG（教材　聞き取る　楽しい　英語　聞く）のすべての語を含む原文が2個ヒットしたため，出現順にすべての原文を以下に抽出した。

今まで英語の授業は読むこと中心で，聞くことにはあまり力を入れていなかったので，聞き取り教材で学習するのは今までと違って新鮮で楽しかったです。

しかし call 英語の教材は，初めは聞き取ることが難しいものでも何度も繰り返して聞くことで，英語を聞き取れることができるようになり，楽しく思えてきました。

(11)　クラスターH（使う　リスニング　勉強）

クラスターH（使う　リスニング　勉強）のすべての語を含む原文が5個ヒットしたため，出現順にすべての原文を以下に抽出した。

自分ではリスニングの勉強があまりできていなかったのでCALL教材を使うことで勉強しやすかった。

生活するうえで一番大切だし使うのもリスニングだと思うので，とても良い勉強だと思いました。

日本ではなく実際の英語圏で使われている英語の音声はすごく難しいし，速くてなかなか聞き取れないけど，"生の英語"を勉強している感じがして，高校の時のリスニングの授業よりもとても面白いです。

今までリスニングの教材などは使ったことがありましたが，普通の会話を聞き取ったことが無かったので勉強になりました。

リスニングの勉強の仕方が分からなかったので，このような教材があって単位も取れてお金もかからなくていろいろな意味で使い易い。

(12)　クラスターI（話　面白い）

クラスターI（話　面白い）のすべての語を含む原文が189個ヒットしたため，出現順に10の倍数（10，20，30，...，180）の原文18個を以下に抽出した。

もう少し話を面白くしてほしい。

授業で英語圏の文化に関する話は非常に面白かった。

授業の時間にはとても面白い話しがたくさん聞けてすごく楽しかった。

授業中盤の先生の話は面白い。

授業の合間にしてくれる話が割と面白い。

授業の合間にはさむ先生の話，面白かったです。

アメリカンジョークなどもっと面白い話の聞き取り教材の方が良いと思う。

工学部の専門科目は退屈なものが多いので，この授業での海外の文化についての話は面白かった。

授業中に行われる海外のことに関する話が非常の面白いと思う。

先生の話は面白かった。

所々に面白いと思える話があるので，面白いと思う。

また先生の話が面白くとてもためになりました。

授業の途中で，先生が外国の話をたくさんしてくれるのがとても面白くて好きです。

自習の合間にある授業が毎回異なる内容についての話で面白いなと思いました。

授業での話は面白く，有益だった。

教授の話から生徒の話まで，違った立場からの話し方が知れて面白かった。

それと個人的にCM，ジョークの話が面白かったです。

要望としては，いまいち面白みのないニュースや大学の話も大切だとは思うが，ラジオやフレンズのような面白い番組を教材にすると，興味を引き出せてみんなもあまり寝なくなると思う。

(13) クラスターJ(聞ける　人)

クラスターJ(聞ける　人)のすべての語を含む原文が59個ヒットしたため，出現順に3の倍数(3, 6, 9, ..., 57)の原文19個を以下に抽出した。

普段の生活であまり聞けないネイティブの人の会話を聞けて良かった。

様々な年齢，職業の人が出てきたので，色々な話し方の人を聞けた。

雑音のある英語は日本にいるとあまり耳にしないし，よくCDで聞くような英語はアメリカ英語のものばかりなので，イギリス英語や少し声がこもっている人，早口な人など様々聞けておもしろかったです。

早口な人の話を何度も聞けるので慣れた気がする。

周りの雑音が大きくて話している人の声がうまく聞けないところがあった。

人によって英語の発音に癖があるのでたくさんの人の様々な発言を聞けるのはいい練習になると思う。

話の内容が一般的な英語教材と比べて面白い(実際の生の話，その人の経験や仕事内容)ので，興味を持って聞けました。

様々な職業の人の話が聞けて良かった。

普通の人が話しているような会話を聞けるのはいいと思う。

ネイティブじゃない人の英語も聞けて良かった。

イギリス英語，アメリカ英語の違いや訛りなど実際に出会う人の生の英語を聞けて良かった。

色々な人の会話があると多様な癖などが聞けるので，リスニング力向上につながると思います。

いろんな音質とか喋り方の人の音声が聞けて良かったです。

実際にネイティブの人が話している日常会話を聞けるので本当にいいと思う。

実際に英語を使って生活している人たちの英語を聞けるので，良い勉強になったような気がする。

人がしゃべっている自然な英語が聞けたのはとてもためになったと思う。

また，話してくれる人が，日本に住んでいたことがある人や，俳優さんだったので，やっていくにつれしっかり聞けるようになりました。

生の英語を聞く機会が少なかったので，CALL英語で沢山の人の英語が聞けてとても楽しかった。

色々な人の英語が聞けて良かった。

6.2.7　考察と今後の課題

本研究では，過去8年間に3Rに基づくCALLシステムを利用した千葉大生4,228名の自由記述式アンケートの回答全文23,213文を素データとし，まず頻出語30個をクラスター分析によって10個のクラスターに分類した。10個のクラスターのそれぞれで，すべての頻出語を含む原文を検索した結果，計714文がヒットし，そのうち127文（18%）を無作為抽出によって引用した。結果として，人為的な意図を排して客観的で信頼できる方法によって，素データのうち代表的な回答0.5%を選び出すことに成功したと考える。読者が2万文以上に目を通すことは難しいが，10個のカテゴリー別に分類された127文であれば無理はない。

樋口（2020, p.2）は「質的なデータを量的に分析することで得られるものと失うものの兼ね合いという問題」に言及しているが，99.5%のコメントを大胆に切り捨ててしまったことによって，失われたことも当然ある。しかし，日頃から学生たちと接し，毎学期アンケートを読んできた経験から言えば，今回抽出した127文によって，肯定的意見も否定的意見も含め，学習者の典型的な意見を効率よく取りまとめることができたと考える。

ここからは授業担当者およびシステム開発者としての視点で質的に論じる。まず，クラスターA（授業　自習　時間）の引用を概観すると，種々の言い訳を挙げながら授業時間外の自習に消極的な態度を示す学習者が多いのと同時に，自習を義務付けられたからこそ時間を割くことができた様子がわかる。その一方で，クラスターC（出来る　家）の引用では，授業でも家でも自習できることを評価する意見が多い半面，家でできることを授業ですることの必要性に疑問を持つ学習者も一部いることがわかる。しかし，授業時間外の自習に消極的な学習者が授業でもCALLを使わないことになれば，せっかく効果的なCALLシステムがあっても利用しないことにつながる。授業形態によって差はあるが，週2回計30回の授業の場合，授業時間外に週あたり90分自習することを推奨し，15週間で授業中と授業時間外を合わせて最低36時間はCALLで学習することを義務付けている。効果的な外国語学習のためには繰り返しや長時間の学習が必須であり，授業中にCALL以外の活動を含めながらも，CALLを最大限活用させることは今後も必要と考える。クラスターD（単語　テスト）の引用では，ほぼ毎週語彙テストがあることについての負担を指摘する声があるが，語彙力をつけることの困難と重要性を考えると，やはりテストをするからこそ学習の習慣がつくと言える。

クラスターB（思う　良い　自分　学習）の引用では，英語力に合った教材で自分のペースで学習できるシステムを高く評価する意見が多い。クラスター

E（少し　感じる　難しい）の引用は教材やテストの難しさを指摘する声があるが，これはシステムに対する否定的評価とは考えていない。少し難しいと感じるほどの教材を与えて英語力を伸ばすのが3Rの基本理念であり，少しずつ聞き取れるようになるという効果も合わせて，狙い通りの結果であったと言える。さらに，クラスターF（内容　理解　わかる　多い），クラスターG（教材　聞き取る　楽しい　英語　聞く），クラスターH（使う　リスニング　勉強）の引用は，それぞれリスニング学習の重要性，効果や楽しさを指摘している。クラスターI（話　面白い）の引用では，一部教材の内容についても言及しているが，多くはCALL教材以外の要素として，授業担当教員の話を楽しんでいる様子がよくわかる。クラスターJ（聞ける　人）の引用は，崩れた発音を含む自然な素材を使用していることと，話者や話題の多様性を評価している意見が多く，教材開発者の苦労が報われたと言える。

竹蓋（1997），竹蓋・水光（2005）は英語教育の問題として，1）音声的に真正性（authenticity）が重視されていない，録音室で録音された発話の聞き取りばかりさせても真のリスニング力は培われないこと，2）リスニング力を十分に伸長させるには週1，2回の授業時間だけでは不十分であること，3）熟達度レベルや興味，ニーズが異なる学習者群に対して，統一の教科書で一斉に指導する形態では，学習効果と効率が上がらないこと，などを挙げている。我々は，これらの問題を解決するため，1）音声的に真正性の高い，実際のコミュニケーションで遭遇するような発話を素材として採用して3Rの指導理論に基づいてコースウェアを制作し，2）時間や場所を問わず，パソコンさえあれば自習ができるようCALL教材化し，さらに，3）大きくばらつく学習者の熟達度レベルや興味，ニーズに対応できるよう20種類以上のリスニング力養成用のコースウェアを制作してきた。この結果，オーセンティックな音声が使われており，学習開始当初は難しいと感じられた素材であっても（クラスターE），興味深い発話であれば（クラスターJ），自分のペースで十分な時間をかけて継続学習することにより（クラスターA，B，C），内容が理解できるようになって楽しい（クラスターF，G）と感じているのではないだろうか。

また，竹蓋（2005, pp.192-193）は，英語教育の改善のために「英語教育の総合システム」として11の要素を挙げ，そのすべての要素が十分な貢献をすることにより学習者の真の英語力が養成されていく，と主張している。その要素には，①学習者の言語情報処理力，②学習者の行動，③学習者の学習意欲を中心として，④日本人教員，⑤外国人教員，⑥コースウェア，⑦カリキュラム，⑧学習用機器，⑨友人，⑩時間，⑪社会，が含まれる。多くの要素が本研究のクラスター分析により選出されたキーワードの概念と重複することがわかる。また，クラスターD，Ｉからは，学習者の学習意欲を引き出して，学習者に行動を促す（②，③）ためには，3R の CALL システムを使用することに加えて，授業を担当する日本人教員が学習者たちと効果的なインタラクションをとることや，適量のテストを実施することも重要であることが分かる。

本研究で収集した自由記述のコメントは，肯定的か否定的かにかかわらず，システム開発者や授業担当教員にとって貴重な宝の山である。今回の分析では頻度の高い語の組み合わせを利用して典型的な意見を抽出することを目指したが，まだまだ他にも利用価値がある。たとえば，使用教材，クラス，学部，担当教員等の諸要因によって学習者の意見が異なる可能性がある。8 年間における時系列的変化もあるかもしれない。千葉大学がシステムを提供している他大学や高校との比較も可能である。3R の理念を学習者がどうとらえているかという観点に特化した分析も必要であろう。今後も精緻な分析を加えることによって，さまざまなフィードバックを得られると期待できる。現状に満足せず，学習者の期待に応えられるようなシステム開発と授業運営を継続し，学習者の英語力向上に貢献したい。

謝辞

本研究の実施に際して，千葉大学教職員や学生のご協力を得た。とくに，CALL システムの運営，授業補佐および大量のデータ入力のため，倉重良子氏と宮重保江氏の献身的なご協力を得たことに感謝の意を表する。最後に，本 CALL システムの構想と実践は千葉大学名誉教授の故竹蓋幸生先生のご指導によるものであり，長年の親身なご指導に心より敬意を表したい。

注

＊本研究は JSPS 科研費 JP15K01057 の助成を受けたものである。

＊本稿は，土肥充・与那覇信恵・岩崎洋一・竹蓋順子・高橋秀夫（2018）「自由記述によるCALLシステムの評価結果の分析」『千葉大学国際教養学研究』2, 95-118. をもとに，本書の趣旨にあわせて加筆修正したものである。

6.3 Evaluation of the Three-step Auditory Comprehension Approach

本節には，三ラウンド・システム（英語ではThree-step Auditory Comprehension Approach［TSACA］と呼ぶ）を検証した2本の英語論文に必要な加筆修正したうえで掲載する。まず，Takefuta, Takefuta, and Yonaha（2008）は，TSACAを基盤に開発されたコースウェアの概要を説明した後，それらを使用した大学生または高校生の学習者（計14,309名）のTOEICスコアの変遷とアンケート調査の結果を分析し報告している。結論として，3Rコースウェアは英語学習の成否に影響を与える要因のひとつであることが判明したが，それのみでは効果を最適化することはできず，学習時間や学習環境なども含めたシステムアプローチが不可欠である，と主張している。

次に，Takefuta, Doi, Yonaha, and Takahashi（2013）は，TOEFLやTOEICのスコア，アンケート調査の結果，そして留学時の成績という多角的な視点からTSACAの有効性を検証した。信頼性と再現性を確保するためデータを経年的に観察した結果TSACAは日本人が持つ英語力に関する要求を満たすと同時に，英語教育の問題の一部を解決するのに十分な効果が期待できると結論づけた。

Evaluation of the relative contribution of various elements in the CALL system of teaching English as a foreign language

1. Introduction

Stevens et al. (1986: xii) stated, “There are several reasons why CALL has not fulfilled its early promise. Least to blame are the machines. … The problems with CALL lie elsewhere. … There is not a lot of really good courseware (lesson materials) available for the teacher starting out into CALL." In order to solve this problem, we locally developed multiple sets of courseware to be used in our CALL classes.

The purposes of this study were threefold, (a) to develop courseware (teaching material and a teaching method systematically combined) for a CALL system which could help students learn EFL effectively, (b) to evaluate the results of using this courseware objectively as well as subjectively, and, (c) to find and evaluate the factors in educational systems which significantly affect the function of the developed courseware either positively or negatively.

The CALL courseware in this study was designed with TSACA developed by Takefuta (Takefuta & Takefuta, 1999b) as a method for teaching EFL effectively. TSACA emphasizes (a) the importance of teaching listening skills first among the four skills of language use, (b) the use of authentic speech material, and, (c) the development and use of an original teaching method which alleviates the traditionally heavy study load students face when using authentic material and attempting to learn complex listening skills.

The concept of TSACA is expressed in the four systems that make up its structure: the Core System, the Unified System, the Integrated System, and the Comprehensive System. The Core System is primarily responsible for helping students to learn listening skills. The Unified System is made up of a combination of the Core System and a vocabulary instruction system, and is responsible for helping students learn vocabulary effectively. The Integrated System is responsible for dealing with the widely varied interests, needs, and the English proficiency levels of students. The Comprehensive System defines the content and the structure of an optimal curriculum for teaching EFL.

2. Two types of courseware developed

The first two systems in TSACA, the Core System and the Unified System, are two types of courseware developed to help students effectively learn listening skills and vocabulary respectively (Takefuta & Takefuta, 1999a). Eighteen sets of the Core System and five sets of vocabulary courseware have been developed to date. These multiple sets of courseware have been designed to deal with the widely varied levels and the needs or interests of students.

The development of TSACA-based listening courseware requires the use of authentic speech as teaching material in spite of the daunting challenge to most college-aged EFL students. To meet the challenge of using samples of authentic speech to effectively teach listening skills, it is important to minimize students' load. This is accomplished by incorporating the following six strategies into one system.

1) The Core System is divided into three progressive stages: Step 1- grasping the general idea; Step 2- grasping detailed surface information; and Step 3- succeeding in communication.
2) The tasks in each of the three successive steps are graded. The accomplishment of preceding tasks makes the accomplishment of the tasks that follow easier than had they been done independently.
3) Five types of clues (Clues A-E) are prepared and presented to assist the learners to do the learning tasks cognitively.
4) The learning strategy of spaced practice is used for improved retention of what students have learned.
5) Effective learning strategies suggested by the classical conditioning theory of learning, the operant conditioning theory of learning, and cognitive theory are incorporated into one system to enhance the learning of listening skills.
6) Tasks are designed to enable students to learn the information processing techniques of top-down processing, bottom-up processing, and interactive processing, necessary to cope with noisy authentic spoken language material.

The structure of the Core System developed by incorporating these six essential strategies is schematically presented in **Figure 1**. Courseware based on this system allows students to develop effective listening skills while reducing the psychological burden of developing listening skills using authentic materials.

Student response to this integrated system of study has been positive. After a series

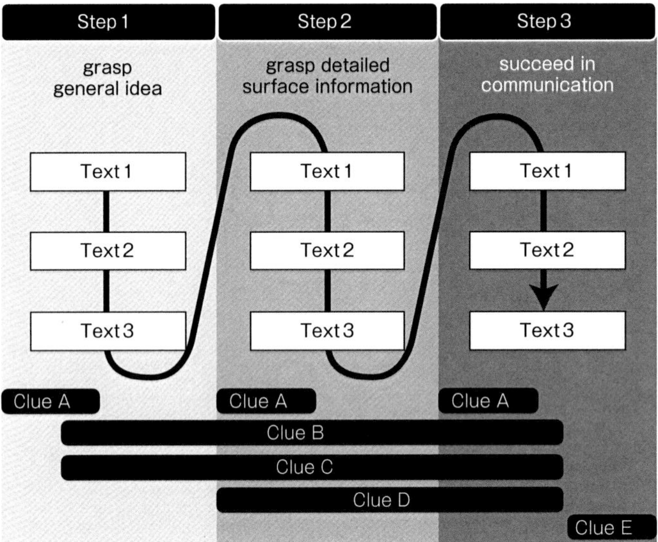

Figure 1. Structure of the Core System

of student trials using the Core System courseware, students reported feeling that they were able to effortlessly learn complex listening skills while comfortably completing a series of small manageable tasks.

Five sets of vocabulary courseware have also been developed using similar concepts and strategies to those used to develop the Core Systems. The structural design of the vocabulary courseware consists of a total of four stages and 12 steps of learning tasks:

Stage 1: Two task steps motivating learners

Stage 2: Three task steps presenting target words

Stage 3: Five task steps for comprehensive learning

Stage 4: Two task steps confirming learning

After one semester of trial use of the vocabulary courseware most of the 17 students involved expressed satisfaction and a desire to continue using the courseware in further study. Even more rewarding was the high retention rate of the learned vocabulary. Four types of tests, identification, recognition, definition, and completion, were locally made to examine learning in the four phases of 'knowing a word,' that is, its form, position, function, and meaning. These tests were used to measure the effect of using the courseware. The average score for the four types of tests administered to these 17 students after 11 weeks of learning was 93 percent (**Figure 2**).

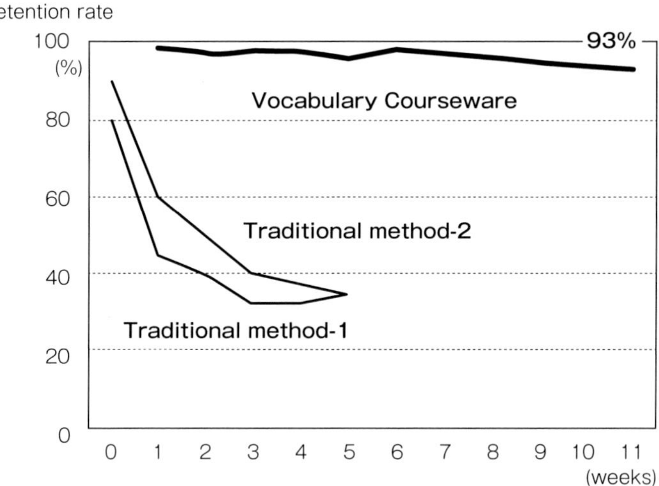

Figure 2. Retention rates of vocabulary courseware

3. Evaluation of the CALL system

Experimental use of this CALL system was undertaken in a small university in Tokyo. Ten groups of 18 students were each assigned to five teachers of English, two native speakers and three non-native speakers. All the groups studied English using the communicative approach for five class hours each week for 26 weeks. In 2002, Takefuta, the developer of TSACA and the 18 sets of courseware, replaced a native speaker teacher for one of these weekly classes and the students in this class used our Unified Systems exclusively. We called this class a treatment class and the rest of the nine classes control classes.

We were able to evaluate the efficacy of this Unified System because all students at this university were required to take the TOEIC (Test of English for International Communication, developed by Educational Testing Service, USA) before each spring semester and after each autumn semester. The average improvements in TOEIC scores in one year for both the treatment class and control classes are summarized in **Figure 3**.

The students of the treatment class improved their TOEIC score by 100 points on average, while those of the control classes improved by only 29 points in total, less than one third of the improvement of the treatment class. The difference was statistically significant (t = 4.51*, p<.05).

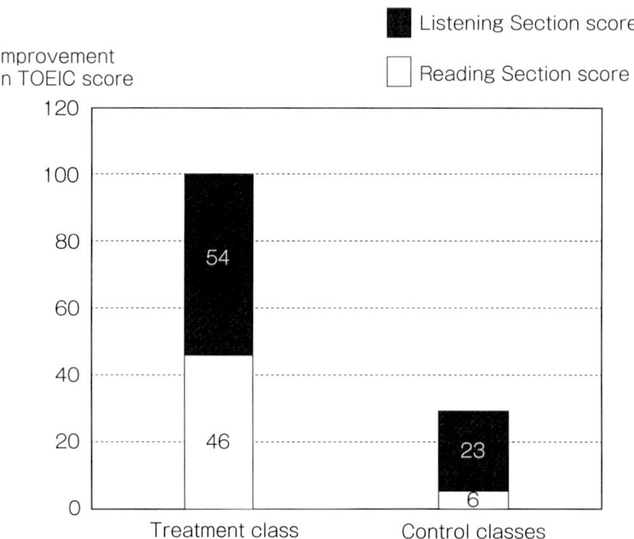

Figure 3. TOEIC scores improved after one year of study

One noteworthy discovery was that although the Unified System courseware were developed mainly to help students improve listening skills, students in the treatment class substantially improved their TOEIC reading scores (**Figure 3**). Their reading scores improved 46 points on average, while students reading scores in control classes improved only 6 points on average. In other words, the amount of transfer from the result of studying listening with our Unified System to reading was 85 percent. The average amount of improvement in reading observed in the control classes was only 21 percent of listening. This difference was statistically significant ($t = 3.57^{*}$, $p<.05$).

Further, when the comparison was limited to the advanced-level students who had scored over 450 at the time of the pretest for both treatment and control classes, the average scores of improvement were 96.3 and 6.2 respectively. Studying with our Unified System was 15.5 times more effective than studying in classrooms where teachers used solely the communicative approach. This difference was statistically significant ($t = 3.21^{*}$, $p<.05$).

4. Factors affecting the efficacy of using the Unified System

4.1. Effect of teacher types

As the results of introducing our CALL system to EFL classes became more widely known, teachers from other universities began to adopt our Core Systems in their weekly classes. As far as can be determined, these systems are currently in use by college students in approximately 90 universities throughout Japan. As a result of this widespread use, we have been able to solicit feedback from teachers of 26 universities and colleges who kindly forwarded the results of a questionnaire completed by students using the courseware. A total of 11,681 students whose teachers introduced the courseware into their classes were surveyed and a summary of their responses is presented in **Table 1**.

Table 1. Percentages of the students who responded positively to questionnaires

	Q1	Q2	Q3	Q4	Q5	*M* (*SD*)
Category A	86	95	86	88	94	89.8 (4.38)
Category B	80	82	73	76	82	78.6 (3.97)
Category C	63	66	56	57	55	59.4 (4.83)

Based on the results, we identified three categories of teachers. The teacher in

Category A was defined as one that had a good command of the concept of TSACA, a comprehensive view of what the system of teaching English should be, and also was familiar with the structure of the courseware. Teachers in Category B did not have a good command of TSACA, but knew the structure of the courseware. Teachers in Category C were those who used our CALL system without either a good knowledge of TSACA or of the structure of the courseware.

Questions included: 1) Were you interested in the content of the teaching materials?; 2) Do you feel that you can comprehend the teaching material now?; 3) Do you think that your listening skills have been improved?; 4) Are you satisfied with the study using our CALL system?; and 5) Do you want to continue to study using our CALL system? The format used for the questionnaire was a 5-point equal-appearing interval scale. On that scale, scores of 5 and 4 represented a positive response and 2 and 1 represented a negative response.

The differences in the mean ratios of the students who responded positively were statistically significant between the student groups who were taught by a teacher in Category A and teachers in Category B, and between those who were taught by teachers in Category B and teachers in Category C. The total number of the students in each group was 109, 8048, and 3524 respectively.

Some teachers sent us the scores of TOEIC administered before and after students used our Core Systems for one semester. Although we had to correct (normalize) or nullify the unwanted score variation caused by the difference in students' proficiency levels at the time of the pretest, since the English proficiency of the students of different universities varied widely, it was still possible to compare the effect of the teacher category after normalizing the scores. The average improvements in the normalized score were 200, 120 and 28 for the student groups taught by teachers in Categories A, B and C respectively. The differences in normalized score were all statistically significant (A vs. B: $t = 4.46^*$, $p<.05$, B vs. C: $t = 6.64^*$, $p<.05$).

We concluded that the teacher in Category A was able to provide the most effective English teaching environment, and teachers in Category B also provided a fairly effective environment. However, teachers in Category C provided the least effective teaching environment.

4.2. Effect of time spent for using CALL

We then observed the effect of the time spent using our Core System over one semester. The results are summarized in **Figure 4**. All of the students who participated in this experimental trial were studying English for five class hours a week. They were taught English by the communicative approach in their classes. Students were told to study additionally with our Core Systems on their own outside class time. Thus, the amount of time spent using our Core System varied widely from student to student.

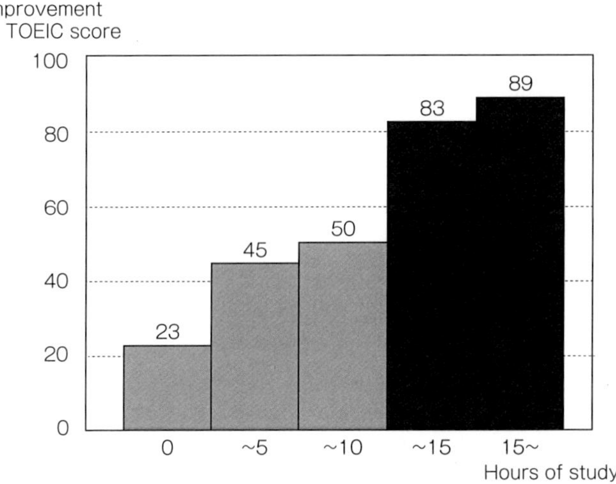

Figure 4. Scores of improvements observed as a function of study time

Those who studied less than 10 additional hours with our Core System improved their average score of TOEIC by 50 points. However, this improvement was not statistically different from the average improvement in scores of 23 obtained by those who did not study with our system (t = 1.13, p<.05). Those who studied for 10 hours or more improved their average score by 83. This improvement was significantly different from the improvement obtained by those who did not use our Core Systems (t = 2.44*, p<.05).

4.3. Effect of using proper courseware

The first question in our questionnaire asked whether or not students were interested in the content or topic of the courseware. Most students responded positively to this question, though some responded negatively. The students of both groups spent approximately the same amount of time studying with our courseware. However, the average scores of improvement in TOEIC were 77 for the group that reported being interested in the content, and 43 for those that were not as interested. The difference in the amount of improvement was statistically significant ($t = 2.11^*$, $p<.05$).

Another factor possibly influencing the efficacy of the courseware on individual students is the appropriate match of level to students' initial proficiency. A mismatch may have been responsible for any significant unwanted effect. We observed this effect by classifying the improvement scores for each Core System used and reclassifying them according to the pretest scores. Fifteen hundred and thirty-three students in total were included in this portion of the study. The results are summarized in **Figure 5**.

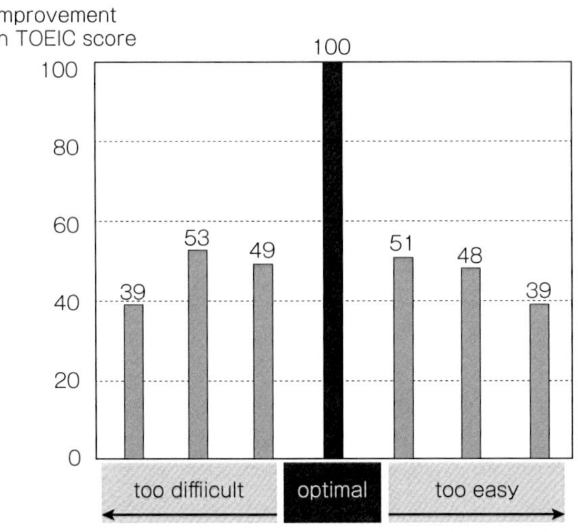

Figure 5. Effect of matching of students' English proficiency and levels of teaching material

It was found that the difference of plus or minus 100 points in the students' proficiency level (as measured by their pretest TOEIC score) and the level of the teaching material reduced the effect of using our courseware by approximately 50 percent of the effect expected from an optimal match. Reductions of 49 percent and 51 percent in the posttest TOEIC score for both too easy and for too difficult material were found to be statistically significant (too easy: $t = 4.09^*$, $p<.05$; too difficult: $t = 3.77^*$, $p<.05$).

4.4. Effect of students' motivation level

The effect of the strength of students' motivation for study was observed next. We divided the students of the control classes into three equal groups based on the amount of TOEIC score improvement achieved in the first semester: A) most improved, 63 (an average of 63 points higher), B) less improved, -2, C) least improved, -67.

It was found that students in the most improved group in the first semester improved least (-7) in the second semester. Those who improved least in the first semester improved most in the second semester (59). The results of comparison are summarized in **Figure 6**. The differences in the improvement of scores between the

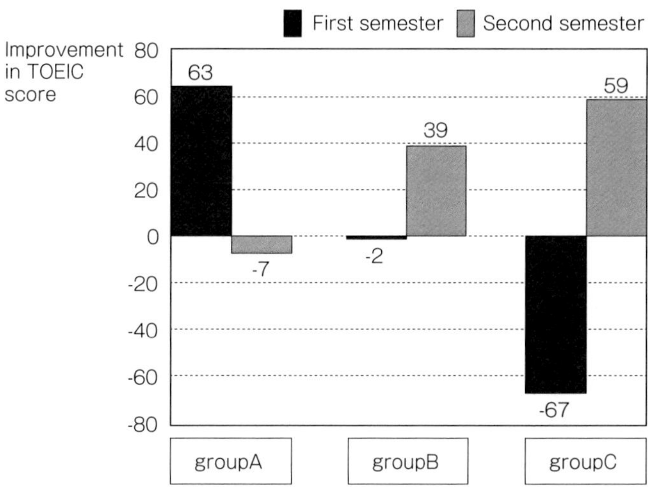

Figure 6. Effect of students' motivation levels on study

preceding semester and the following semester were all statistically significant. (A: t = 4.87*; p<.05; B: t = 3.07*; p<.05; C: t = 11.86*, p<.05)

We concluded that the students of group A were overly confident after a successful performance in the first semester and did not study as hard in the second semester, while the students of group C felt that they were in danger at the end of the first semester and studied harder in the second semester. The negative improvement in the first semester may have worked as a kind of positive reinforcement in the second semester for the students of group C.

5. Conclusion

Eighteen sets of listening courseware and five sets of vocabulary courseware have been developed. More than 14 thousand students in total, including high school pupils, have used them. We found that the proper use of our courseware in CALL classes could produce better results than the teachers who taught English as a foreign language without using any CALL systems.

However, we also found that the introduction of courseware or a CALL system did not guarantee an automatic success in teaching English. We repeatedly observed many other factors which significantly influenced the effective teaching of English as a foreign language positively or negatively. Teachers' understanding of the total system of a foreign language education, time spent in using courseware, proper selection of the courseware, and students' motivation toward study were found to be among the factors not to be neglected.

Although equipment and courseware are both currently available, they should not be considered the only requirement for a program. A systems approach with many factors to be considered is indispensable for the success of teaching English as a foreign language.

Takefuta, J., Y. Takefuta, & N. Yonaha. (2008). Evaluation of the Relative Contribution of Various Elements in the CALL System of Teaching English as a

Foreign Language, *The 8th IEEE International Conference on Advanced Learning Technologies Proceedings*, 418–422.

A validity assessment of the comprehensive CALL system developed on the Three-step Auditory Comprehension Approach

1. Introduction

The Japanese Ministry of Education proposed in 2012 that university English teaching in Japan should aim to achieve student scores on the TOEFL-iBT equal to the world average (that is, 80) because the present average score in Japan (70) is not acceptable for the people of a country dependent on global trade for its survival. The Ministry of Education added that the ultimate goal is a level of English proficiency that allows speakers to make business transactions and conduct global research activity in English.

We have other problems related to English proficiency in Japan. The percentage of students who express negative attitudes toward English lessons in school increases every year, as does the percentage of students who say that they cannot understand what is going on in English class.

In order to solve these longstanding problems, Takefuta (1982, 1984, 1989, 1997) developed a theory called the *Three-step Auditory Comprehension Approach* (TSACA). We have developed a communicative–functional CALL system based on his theory.

Our system is composed of two subsystems: *Functional System* and *Cooperative System*. The former comprises four components: *Core System*, *Unified System*, *Integrated System*, and *Control System*. The latter, in contrast, comprises eight components: *Learner*, *Instructor*, *Courseware*, *Curriculum*, *Delivery System*, *Time*, *Friend*, and *Environment*. A full, dynamic contribution from each of these components is expected and required in order for our CALL system to achieve the goals of TSACA.

2. Method

We evaluated the validity of the theory and the system first by using the four criteria for effective teaching of listening proposed by Rost (2001) and then by comparing the components to those of the instructional systems approach model proposed by Dick et al. (2008).

Since 1997, our system has been used in various educational environments, including universities of various levels and senior and junior high schools. It has been used mostly in regular classes, except in one case in a treatment class.

3. Results

3.1. Evaluation of the validity of TSACA

By carefully comparing the criteria proposed by Rost (2001) and by Dick et al. (2008) with the choices we made in developing our own CALL system, we concluded that the theory and the system both satisfy the criteria.

3.2. Results of questionnaire survey

The 11,682 students of one national university have used our system since 2001. When asked if they were satisfied with the CALL class, 85% of them responded positively (Doi & Takefuta, 2012). Further, when the system was implemented in 27 junior high schools, 77% of the 919 students responded positively to the question of whether they could understand class activities. They also expressed confidence that our system could help them improve their listening and speaking skills.

3.3. Results of objective test

Sixty-four students of a national university used our system to learn English from 1997 through 1999. After studying under the system for five months, they reached an average score of 538 on the TOEFL Paper-based Test, higher than the world average of 535 (Educational Testing Service, 2001). The average of the top third of this group was 581; seven students from this group continued study for another six months on their own, and scored an average of 595 at the end of that period.

3.4. Results of controlled observation

In a private university in Tokyo, the efficacy of our system was assessed using the method of controlled observation. Fifteen students in a treatment class improved their

TOEIC (Test of English for International Communication) scores by an average of 100 points after studying under our system, while students in other classes who were being taught using traditional methods improved their TOEIC scores by an average of only 29. On the reading section, the gap was even greater, with an improvement of 46 points for the treatment group but only 6 for the control groups.

3.5. Grades and jobs

Thirty students from the private university went abroad to study; six of them had studied hard using our system beforehand. The grades these students received at their exchange schools were mostly A's and B's. They expressed positive impressions after returning from their study-abroad experience, saying they had not had much difficulty following lectures or communicating with their classmates. They also said that our courseware was easy and fun to use, and helped them naturally improve their English proficiency. After they graduated from university, many of these students were hired by global corporations, and we often receive e-mail messages to tell us that they enjoy using English at work.

4. Conclusions

Considering the data we have collected, we conclude that our system is effective at meeting the needs of Japanese graduates for English proficiency, as identified by the Ministry of Education, and thus solving a part of the problems we have with English ability in Japan.

Not all implementations of the system were as successful as the ones we have discussed above. When we examined the reasons for the failures, we found that they were not using our approach as intended, as a "total system." For example, most of the less successful attempts were seen in cases where the students were not spending adequate time using the system. In one unsuccessful case, the delivery method was not suitable for our CALL system. Often, students studied only passively, not actively. Teachers did not always motivate the students properly. In this light, we want to conclude our report by citing the warning given in Dick et al. (2008, p.1):

> The instructor, learners, materials, instructional activities, delivery system, and learning and performance environments interact and work with each other to bring about desired student learning outcomes. Changes in one component can affect other components and the eventual learning outcomes; failure to account adequately for conditions within a single component can doom the entire instructional process.

Takefuta, J., M. Doi, N. Yonaha & H. Takahashi. (2013). A validity assessment of the comprehensive CALL system developed on the Three-step Auditory Comprehension Approach, *WorldCALL 2013 Conference Proceedings*, 337–340.

参考文献

Austin, J. L. (1962). *How to do Things with Words* (2nd ed.). J.O. Urmson & M. Sbisá (eds.), Harvard University Press.

Baddeley, A. (1990). *Human Memory: Theory and Practice*. Allyn & Bacon.

Baddeley, A. (2000). The episodic buffer: a new component of working memory? *Trends in Cognitive Sciences, 4*(11), 417–423.

Brown, S. (2011). *Listening Myths*. The University of Michigan Press.

Buck, G. (2011). *Assessing Listening* (10th ed.). Cambridge University Press.

Cameron, L. (2001). *Teaching languages to young learners*. Cambridge University Press.

Cowan, N. (2001). The magical number 4 in short-term memory: A reconsideration of mental storage capacity. *Behavioral and Brain Sciences*, *24*(1), 87–114.

Dempster, F. N. (1987). Effects of variable encoding and spaced presentations on vocabulary learning. *Journal of Educational Psychology*, *79*, 162–170.

Dick, W., Carey, L. & Carey, J. (2008). *The systematic design of instruction* (7th ed.). Prentice Hall.

Doi, M. & Takefuta, Y. (2012). Chiba Daigaku CALL Eigo Rishuusha niyoru System Hyouka Kekka no Yobiteki Bunseki (2) [A Preliminary Analysis of Students' Evaluation of the CALL System at Chiba University, Part 2]. *Papers on Languages and Cultures*, *6*, 69–86.

Dörnyei, Z. & Skehan, P. (2003). Individual differences in second language learning. In C. J. Doughty & M. H. Long (Eds.), *The handbook of second language acquisition* (pp.589–630). Blackwell Publishing.

Ebbinghaus, H. (1913). *Memory: A contribution to experimental psychology*. (H.A. Roger & C.E. Russenius, Trans.). Teachers College Press.

Educational Testing Service. (2001). *TOEFL test and score data summary 2000-2001 edition*. Educational Testing Service.

Educational Testing Service. (2009). Test and score data summary for TOEFL internet-based and paper-based tests. www.ets.org/toefl

Educational Testing Service. (2019). Test and score data summary for TOEFL iBT tests, January 2018 – December 2018 Test Data.
https://www.ets.org/s/toefl/pdf/toefl_tsds_data.pdf

Educational Testing Service. (2020). *Official TOEFL iBT Tests* (4th ed.). McGraw-Hill.

Field, J. (2008). *Listening in the Language Classroom*. Cambridge University Press.

Folse, K. S. (2004). *Vocabulary myths: Applying second language research to classroom teaching*. The University of Michigan Press.

Gagné, R., Wager, W., Golas, K. & Keller, J. (2004). *Principles of Instructional Design* (5th ed.). Wadsworth Publishing.

Gass, S, Behney, J. & Plonsky, L. (2020). *Second Language Acquisition* (5th ed.). Routledge/ Taylor Francis.

Koizumi, R. & Katagiri, K. (2007). Changes in Speaking Performance of Japanese High School Students : The Case of an English Course at a SELHi, *全国英語教育学会紀要, 18*(0), 81–90.

Laufer, B. (1997). The lexical plight in second language reading: Words you don't know, words you think you know, and words you can't guess. In J. Coady and T. Huckin (Eds.), *Second language vocabulary acquisition* (pp.20–34). Cambridge University Press.

Meara, P. (1996). The dimensions of lexical competence. In G. Brown, K. Malmkjær, and J. Williams (Eds.), *Performance and competence in second language acquisition* (pp. 35–53). Cambridge University Press.

Miller, G. A. (1956). The magical number seven, plus or minus two: Some limits on our capacity for processing information. *Psychological Review, 63*(2), 81–97.

Nation, P. (2001). *Learning vocabulary in another language*. Cambridge University Press.

Nation, P. (2013). *Learning vocabulary in another language* (2nd ed.). Cambridge University Press.

Nation, P. & Newton, J. (2021). *Teaching ESL/EFL Listening and Speaking* (2nd ed.). Routledge.

National Virtual Translation Center (2007). Language learning difficulty for English speakers. http://www.nvtc.gov/lotw/months/november/learningExpectations.html

Norman, D. & Bobrow, D. (1975). On data-limited and resource-limited processes. *Cognitive Psychology*, *7*, 44–64.

Nunan, D. (2002). Listening in Language Learning, In Richards, J. & Renandya, W. (Eds.). *Methodology in Language Teaching: An Anthology of Current Practice* (pp. 238–241). Cambridge University Press.

Ogawa, R., Harada, H. & Kaneko, A. (1990). Scenario-based Hypermedia: A Model and a System, A. Lizk, et al. (Eds.), *Hypertext: Concepts, Systems, and Application* (pp. 38–51), Cambridge University Press.

Oxford, R. (1990). *Language learning strategies: What every teacher should know*. Heinle & Heinle Publishers.

Pusack, P. (1983). Answer-processing and error correction in foreign language CAI, *System*, *11*(1),

53–64.

Rost, M. (2001). Listening. In R. Carter & D. Nunan (Eds.), *Teaching English to speakers of other languages* (pp. 7–13). Cambridge University Press.

Rost, M. (2016). *Teaching and Researching Listening* (3rd ed.). Routledge.

Rubin, J. (1994). A Review of Second Language Listening Comprehension Research. *The Modern Language Journal*, *78*(2), 199–221.

Rundell, M. et al. (Eds.). (2007). Courseware. *Macmillan English Dictionary* (2nd ed.) (p.339). Macmillan Publishers.

Schmitt, N. (2010). *Researching vocabulary: A vocabulary research manual*. Palgrave Macmillan.

Stevens, V., Sussex, S. & Tuman, W. (1986). *A Bibliography of Computer-aided Language Learning*, AMS Press.

Takahashi, H. (1984). *A Study for the Development of a Data Base to be Used for English-Teacher Training* [Unpublished Master's Thesis]. Chiba, Japan: Chiba University.

Takahashi, H. (1992). A CAI System for English Listening Practice with an Audio Output Device, *Journal of College of Arts and Sciences*, Chiba University, B25, 173–184.

Takahashi, H., Doi, M., Kubota, M. & Pagcaliwagan, L. (2009). Development of integrated English online CALL system [Tougougata Online CALL sisutemu no kaihatsu]. *Proceedings of the 49th National Conference of the Japan Association for Language Education & Technology*, 92–93.

Takefuta, J. (1997). *Development of Courseware for Teaching Vocabulary to Japanese College Students of English* [Unpublished Master's Thesis]. Chiba, Japan: Chiba University.

Takefuta, J., Doi, M., Yonaha, N. & Takahashi, H. (2013). A validity assessment of the comprehensive CALL system developed on the three-step auditory comprehension approach, *Proceedings of The World-CALL 2013 Conference*, 337–340.

Takefuta, J. & Takefuta. Y. (1999a). Development of Courseware for Effectively Teaching Vocabulary to EFL students. *The IALL Journal of Language Learning Technologies*, *31*(3), 59–68.

Takefuta, J., Takefuta, Y. & Yonaha, N. (2008). Evaluation of the Relative Contribution of Various Elements in the CALL System of Teaching English as a Foreign Language, *The 8th IEEE International Conference on Advanced Learning Technologies Proceedings*, 418–422.

Takefuta, Y. (1982). *Nihonjin eigo no kagaku* [A scientific observation of Japanese English]. Kenkyusya Co., Ltd..

Takefuta, Y. (1984). *Hiaringu no kōdō kagaku* [A scientific observation of listening in action]. Kenkyusya Co., Ltd..

Takefuta, Y. (1989). *Hiaringu no shidou shisutemu* [A System for Effectively Teaching Listening Comprehension]. Kenkyusya Co., Ltd..

Takefuta, Y. (1997). *Eigo kyōiku no kagaku* [A scientific method for teaching English to speakers of other languages]. ALC Press Inc.

Takefuta, Y. & Takefuta, J. (1999b). Courseware Developed for Effectively Teaching English to EFL students, *AILA '99 Tokyo Program Abstracts, 12th World Congress of Applied Linguistics*, 266.

Takefuta, Y., Takefuta, K., Shiina, K. & Takefuta, J. (1996). Effectiveness of Clues Prepared for Comprehensible Input in Teaching. *Discourse Communities of AAAL Annual Conference*, 7.

Tamasello, M. (2003). *Constructing a language: A usage-based theory of language acquisition*. Harvard University Press.

Tauroza, S. & Allison, D. (1990). Speech rates in British English. *Applied Linguistics*, *11*(1), 90–105.

The Sankei Shimbun & SANKEI DIGITAL (2017, February 14). 【次期学習指導要領】小学校英語，課題は授業時間や人材確保
https://www.sankei.com/life/news/170214/lif1702140041-n1.html

Ur, P. (2013). *Teaching Listening Comprehension* (3rd ed.). Cambridge University Press.

Vandergrift, L. & Goh, C. (2012). *Teaching and Learning Second Language Listening*. Routledge.

Whitlatch, C., Judge, K, Zarit, S. & Femia, E. (2006). Dyadic Intervention for Family Caregivers and Care Receivers in Early-Stage Dementia, *The Gerontologist*, *46*(5), 688–694.

Wilkins, D. A. (1976). *Notional syllabuses*. Oxford University Press.

Wood, D., Bruner, J. S., & Ross, G. (1976). The role of tutoring in problem solving. *Journal of Child Psychology and Psychiatry*, *17*(2), 89–100.

阿佐宏一郎・畑倫子・与那覇信恵（2014）．「自習型科目GCI e-learning」『文京学院大学外国語学部・文京学院短期大学紀要』*12*，31–44.

阿佐宏一郎・畑倫子・与那覇信恵（2017）．「自習型科目 GCI e-learning: GCI完成年度の分析」『文京学院大学外国語学部紀要』*16*，23–45.

阿佐宏一郎・与那覇信恵（2013）．「外国語学部新規開講科目『e-ラーニング応用』におけるCALL実践」『文京学院大学外国語学部・文京学院短期大学紀要』*9*，85–97.

朝日新聞出版（1999）．「受験英語はいらない――なぜ，勉強しているのに使えないの」『AERA』7月26日号，32–34.

東洋・春日喬・大村彰道・菅井勝雄・木村捨雄（1977）．『教育のプログラム』共立出版.

新井ゆき子（2009）．『英語学習成功者の学習法に関する分析的研究――文京学院大学生

の場合』文京学院大学外国語学研修士論文（未公刊）.
石臥薫子（2018, April 22）.「高卒時に『英字新聞8割理解』の目標も　大幅改定の新指導要領に課題」AERA. dot.
https://dot.asahi.com/aera/2018041900044.html?page=1
植阪友理（2010）.「メタ認知・学習観・学習方略」市川伸一（編）.『発達と学習（現代の認知心理学5）』（pp. 172–200）北大路書房.
上野千鶴子（2019, April 12）.「平成31年度東京大学学部入学式　祝辞」
https://www.u-tokyo.ac.jp/ja/about/president/b_message31_03.html
植村研一・竹蓋幸生・Paul Hollister・高橋秀夫・土肥充・竹蓋順子（2001）. Listen to Me! シリーズ『Medical English 1』, 植村研一・竹蓋幸生（監修）, メディア教育開発センター.
牛江ゆき子・阿佐宏一郎・岡﨑伸一・与那覇信恵（2012）.「英語入門レベル聴解力要請用 e-Learning 教材の開発（最終報告）」『文京学院大学総合研究所紀要』*12*, 1–18.
牛江ゆき子・与那覇信恵・フェアバンクス香織編（2010）.『文京学院大学でかなえた夢——先輩たちの英語学習体験記』文京学院大学・文京学院短期大学.
江利川春雄（2008）.『日本人は英語をどう学んできたか——英語教育の社会文化史』研究社.
太田雄三（1995）.『英語と日本人』講談社.
大西知佳子（1992）.『英語聴解力育成用実用型CAIコースウェアの開発』千葉大学大学院自然科学研究科博士論文（未公刊）.
岡﨑伸一（2013）.「ICT を活用した中学生のための聴解力養成教材の開発と試用結果」*EIKEN BULLETIN, 25*, 144–152.
岡﨑伸一（2018）. *Development and Effects of Teaching Materials Used For Improving Listening Proficiency Through ICT For 7th Graders*, 千葉大学大学院教育学研究科修士論文（未公刊）.
小川隆一・佐原信幸（1988）.「理解のしやすさを重視したマルチメディア情報提示システム」『電子情報通信学会』*ET88-6*, 27–32.
小栗裕子（2011）.「3. リスニングの指導」大学英語教育学会（監修）・冨田かおる・小栗裕子・河内千栄子（編）『英語教育学体系　第9巻　リスニングとスピーキングの理論と実践——効果的な授業を目指して』（pp.106-126）大修館書店.
片桐一彦（2006）.「正規授業科目としての英語 CAI の教育効果の検証: TOEIC IP で何点伸びるか」『関東甲信越英語教育学会研究紀要』*20*, 89–100.
金谷憲（2008）.『英語教育熱—過熱心理を常識で冷ます—』研究社.

苅谷剛彦 (2003).『なぜ教育論争は不毛なのか——学力論争を超えて』中央公論社.

川澄哲夫 (編) (1978).『資料日本英学史2——英語教育論争史』大修館書店.

川澄哲夫 (編) (1988).『資料日本英学史 1 上 (英学ことはじめ) 』大修館書店.

川澄哲夫 (編) (1998).『資料日本英学史 1 下 (文明開化と英学) 』大修館書店.

楠知美 (2005).「4.2.7 横浜商業高校の場合」竹蓋幸生・水光雅則 (編)『これからの大学英語教育——CALLを活かした指導システムの構築』(pp.172-173) 岩波書店.

桑原市郎・高橋秀夫 (2010).「三ラウンド・システムに基づいた高校生向け英語リスニングCALL教材の開発」『言語文化論叢』*4*, 33–44.

国際ビジネスコミュニケーション協会 (2012).『TOEIC® プログラム DATA & ANALYSIS 2011』.

斎藤兆史 (2009).「日本の英語教育界に学問の良識を取り戻せ」大津由紀雄 (編著)『危機に立つ日本の英語教育』(pp. 82–93) 應義塾大学出版株式会社.

佐藤学 (2001).『学力を問い直す—学びのカリキュラムへ—』岩波書店.

佐原信幸・小川隆一 (1988).「マルチメディア情報提示についての一検討 (2) ——英語辞書の試作」『情報処理学会第36回 (昭和63年前期) 全国大会講演論文集 (III) 』2299–2230.

椎名紀久子 (1991).『英語長文聴解力養成用CAIのコースウェア開発』千葉大学大学院自然科学研究科博士論文 (未公刊).

椎名紀久子 (2009).『TOEICで高得点 チャンクで伸ばすリスニング』角川SSコミュニケーションズ.

椎名紀久子 (2013a).「CAN-DOリストの原点：CEFRとは？ Q9: CEFRは評価のため？指導のため？」投野由紀夫 (編)『CAN-DOリスト作成・活用 英語到達度指標CEFR-Jガイドブック』(pp. 51–55) 大修館書店.

椎名紀久子 (2013b).「CEFR-Jを理解する Q37: ListeningのCAN-DOと実際のスキルとの関連性は？」投野由紀夫 (編)『CAN-DOリスト作成・活用 英語到達度指標CEFR-Jガイドブック』(pp.228 –236) 大修館書店.

椎名紀久子・浅野昌子・森明智・新居明子・ウェストビィ三奈 (2017).「難易度別CALL教材Listen to Me!による一斉授業と自律学習の併合：必修英語科目の壁を乗り越えて」『外国語教育メディア学会第57回全国研究大会発表要項, 108-109.

椎名紀久子・森明智 (2018).「学習者の聴解力を最大限に伸ばすためのWeb教材の難易度に関する考察」『外国語教育メディア学会第92回中部支部研究大会発表要項』6–7.

椎名紀久子 (2019).「Computer支援によるListening Comprehension科目の実践と評価

―難易度別CALL教材Listen to Me! による一斉授業と自律学習の融合―」『名古屋外国語大学論集』*5*, 29–55.

白畑知彦・冨田祐一・村野井仁・若林茂則(2019).『英語教育用語辞典』(第3版)大修館書店.

GTEC公式サイト Retrieved from https://www.benesse.co.jp/gtec/fs/

水光雅則(2000).「英語自習用CD-ROM を使用して英語教育に関する諸問題を解決することに向けて」*MM News, 3*, 1–8.

水光雅則(2002).「CALL教材Listen to Me!を使った授業と自習と教師の役割」*MM News, 5*, 1–17.

水光雅則(2005).「4.2.2 京都大学の場合」竹蓋幸生・水光雅則(編)『これからの大学英語教育――CALLを活かした指導システムの構築』(pp.162–163) 岩波書店.

鈴木寿一・門田修平(2018).『英語リスニング指導ハンドブック』大修館書店

鈴木英夫(2005).「5.2 異文化理解能力と実用的な発信力の養成」竹蓋幸生・水光雅則(編)『これからの大学英語教育――CALLを活かした指導システムの構築』(pp.222–230) 岩波書店.

大学英語教育学会基本語改訂特別委員会(2016).『大学英語教育学会基本語リスト 新JACET8000』桐原書店.

大学英語教育学会実態調査委員会(2007).『わが国の外国語・英語教育に関する実態の総合的研究――学生編』大学英語教育学会.

高橋秀夫(1989).『マルチメディア情報提示機器を利用した英語ヒアリング学習システムの開発』千葉大学大学院自然科学研究科博士論文(未公刊).

高橋秀夫(1999).「Windows版英語語彙学習用ソフトウェアの開発」『言語文化論叢』*6*, 115–129.

高橋秀夫(2002a).「Windows版CALL英語学期末試験実施システムの開発」『言語文化論叢』*10*, 47–59.

高橋秀夫(2002b).「米国大学新聞における語彙　言語文化論叢』*11*, 1–13.

高橋秀夫(2003).「英語CALLシステム用単元別試験実施システムの開発」『言語文化論叢』*12*, 81–91.

高橋秀夫(2006).「英語コミュニケーション能力を養成するためのCALLシステム」『第5回愛媛大学英語教育改革セミナー――新時代の英語教育のあり方』26–30.

高橋秀夫(2012).「異文化理解を目指した英語聴解力養成用CALL教材の開発」『言語文化論叢』*6*, 41–52.

高橋秀夫・桑原市郎・土肥充・Lorene Pagcaliwagan (2009). Listen to Me! シリーズ『First Step Abroad』, 千葉大学.

高橋秀夫・椎名紀久子・土肥充・中條清美 (1996).「コミュニケーション能力を養成するためのCALLシステムの開発 (2) ――ソフトウェアの開発とその試用」『言語文化論叢』*1*, 167–191.

高橋秀夫・塩澤達矢 (2011).「千葉大学英語Online CALLシステムのマルチプラットフォーム化――Java利用したOSに依存しないCALLシステムの開発」『言語文化論叢』*5*, 43–55.

高橋秀夫・鈴木英夫・竹蓋幸生 (2003).「CALL 教材による自己学習と授業活動を融合させた大学英語聴解力の養成」『日本教育工学雑誌』*27* (3), 305–314.

高橋秀夫・竹蓋順子・与那覇信恵・Luke Harrington・Sarah Morikawa・土肥充 (2020). Listen to Me! シリーズ『World Englishes in Australia』, 竹蓋幸生 (監修), 千葉大学.

高橋秀夫・竹蓋幸生 (1987).「ハンドヘルドコンピュータを使用したヒアリング練習、評価両用CAIシステムの開発」『日本教育工学会第３回大会講演論文集』103–104.

高橋秀夫・竹蓋幸生 (1989).「マルチメディア情報提示機器を利用した英語ヒアリング学習システムの開発」『電子情報通信学会技術研究報告』*89* (297), 7–10.

高橋秀夫・土肥充・久保田正人・L. Pagcaliwagan (2009).「統合型英語 Online CALL システムの開発」『外国語教育メディア学会第49回全国研究大会要項』92–93.

高橋秀夫・土肥充・Sarah Morikawa・Lorene Pagcaliwagan・竹蓋順子 (2009). Listen to Me! シリーズ『A Bit of Britain』, 竹蓋幸生 (監修), 千葉大学.

高橋秀夫・土肥充・Sarah Morikawa・Luke Harington・竹蓋順子・与那覇信恵 (2012). Listen to Me! シリーズ『AFP News from the World』, 竹蓋幸生 (監修), 千葉大学.

高橋秀夫・土肥充・Sarah Morikawa・Luke Harington・竹蓋順子・与那覇信恵・桑原市郎・佐藤ひとみ (2013). Listen to Me! シリーズ『World Health Issues』, 竹蓋幸生 (監修), 千葉大学.

高橋秀夫・土肥充・Sarah Morikawa・Luke Harington・竹蓋順子・与那覇信恵 (2015). Listen to Me! シリーズ『Art & Design in Britain』, 竹蓋幸生 (監修), 千葉大学.

高橋秀夫・土肥充・Sarah Morikawa・Scott Bower・竹蓋順子・与那覇信恵 (2012).「異文化理解を目指した英語聴解力養成用CALL教材の開発」『言語文化論叢』*6*, 41–52.

高橋秀夫・土肥充・Daniel Jenks・Sarah Morikawa・竹蓋順子・与那覇信恵・桑原市郎 (2017). Listen to Me! シリーズ『Doorway to the UK』, 竹蓋幸生 (監修), 千葉大学.

高橋秀夫・土肥充・Luke Harington・Andrew Schouten・竹蓋順子・与那覇信恵 (2014).

Listen to Me! シリーズ『English for Nursing Science』, 竹蓋幸生 (監修), 千葉大学.

高橋秀夫・土肥充・Luke Harrington・Sarah Morikawa・竹蓋順子・与那覇信恵 (2016). Listen to Me! シリーズ『Horticulture in Australia』, 竹蓋幸生 (監修), 千葉大学.

高橋秀夫・土肥充・Lorene Pagcaliwagan (2005). Listen to Me! シリーズ『American Daily Life』, 竹蓋幸生 (監修), 千葉大学.

高橋秀夫・土肥充・Lorene Pagcaliwagan (2006). Listen to Me! シリーズ『People at Work』, 竹蓋幸生 (監修), 千葉大学.

高橋秀夫・椎名紀久子・土肥充・Lorene Pagcaliwagan・草ケ谷順子 (2004). Listen to Me! シリーズ『New York Live』, 竹蓋幸生 (監修), 千葉大学.

高橋秀夫・土肥充・Lorene Pagcaliwagan・竹蓋順子・竹蓋幸生 (2006).「学習者の興味, レベルに適合したCALL教材と教材開発支援システムの開発」『e-Learning 教育研究』*1*, 3-12.

高橋秀夫・土肥充・Lorene Pagcaliwagan・竹蓋順子・竹蓋幸生 (2008). Listen to Me! シリーズ『Gateway to Australia』, 竹蓋幸生 (監修), 千葉大学.

高橋秀夫・土肥充・Lorene Pagcaliwagan・竹蓋順子・与那覇信恵 (2010). Listen to Me! シリーズ『Canadian Ways』, 千葉大学.

高橋秀夫・土肥充・竹蓋順子・Luke Harrington・Sarah Morikawa・与那覇信恵 (2018). Listen to Me! シリーズ『English around the World』, 竹蓋幸生 (監修), 千葉大学.

高橋秀夫・土肥充・竹蓋順子・Luke Harrington・Sarah Morikawa・与那覇信恵 (2019). Listen to Me! シリーズ『Study Abroad in the UK』, 竹蓋幸生 (監修), 千葉大学.

高橋秀夫・樋山健太朗 (2016).「HTML5を使用したマルチプラットフォーム型英語CALLシステムの開発」『言語文化論叢』*10*, 1-16.

竹内理 (2003).『より良い学習法を求めて－外国語学習成功者の研究』松柏社.

武谷容章 (2013).「日本人高校生EFL学習者を対象とした英語コミュニケーション能力向上のためのコンピュータ支援による指導に関する研究」*Language Education & Technology, 50*, 131-153.

竹蓋順子 (2000).『大学英語教育における複合システムの実践的研究』千葉大学大学院自然科学研究科博士論文 (未公刊).

竹蓋順子 (2005).「2.4 複合システム」竹蓋幸生・水光雅則 (編)『これからの大学英語教育――CALLを活かした指導システムの構築』(pp.77-86) 岩波書店.

竹蓋幸生 (1981).「英語教育のための簡易型ＣＡＩシステム――試作とその評価」『千葉大学教育工学研究』*2*, 43-56.

竹蓋幸生 (1982). 『日本人英語の科学』研究社出版.

竹蓋幸生 (1983). 「英作文指導用CAIプログラムの開発——英文の事前分析及び自動分析によるフィードバック情報提供技術を中心として」『千葉大学教育工学研究』*4*, 19–34.

竹蓋幸生 (1984). 『ヒアリングの行動科学』研究社出版.

竹蓋幸生 (1986). 『英語教師のパソコン』エデュカ出版.

竹蓋幸生 (1987). 『英語科のCAI』エデュカ出版.

竹蓋幸生 (1989). 『ヒアリングの指導システム』研究社出版.

竹蓋幸生 (1997). 『英語教育の科学』株式会社アルク.

竹蓋幸生 (2005). 「4.6 学習支援環境構築の必要」竹蓋幸生・水光雅則 (編)『これからの大学英語教育——CALLを活かした指導システムの構築』(pp.192-193) 岩波書店.

竹蓋幸生監修 (1994a). 『ヒアリングマラソン入門コース』(Vol. 1 ~ 6) 株式会社アルク.

竹蓋幸生監修 (1994b). 『ヒアリングマラソン初級コース』(Vol. 1 ~ 6) 株式会社アルク.

竹蓋幸生・大西知佳子 (1988). 「リスナビリティー・ファクターの推定」『言語行動の研究』*1*, 35–38.

竹蓋幸生・大西知佳子・椎名紀久子 (1988). 「ヒアリングの指導における事後処置の効果」『言語行動の研究』*1*, 47–53.

竹蓋幸生・草ヶ谷順子 (2003). 「英語CALL教材の高度化の研究外国語CALL教材の高度化の研究」『平成12年度~ 14年度科学研究費補助金 (特定領域研究 (1)) 研究成果報告書』1–43.

竹蓋幸生・草ヶ谷順子・与那覇信恵 (2004). 「外国語学部における英語教育改善の歩み (2)」『文京学院大学外国語学部・文京学院短期大学紀要』*3*, 1–15.

竹蓋幸生・椎名紀久子・大西知佳子 (1988a). 「効果の残る音声指導—その再認と再生—」『言語行動の研究』*1*, 54–58.

竹蓋幸生・椎名紀久子・大西知佳子 (1988b). 「ヒアリングの理論と指導に関する基礎的研究Ⅱ」『名古屋学院大学外国語教育紀要』*18*, 35–42.

竹蓋幸生・水光雅則編 (2005). 『これからの大学英語教育——CALLを活かした指導システムの構築』岩波書店.

竹蓋幸生・高橋秀夫・椎名紀久子・土肥充・竹蓋順子 (1999a). Listen to Me! シリーズ『College Lectures』, 竹蓋幸生 (監修), メディア教育開発センター.

竹蓋幸生・高橋秀夫・椎名紀久子・土肥充・竹蓋順子 (1999b). Listen to Me! シリーズ『People Talk』, 竹蓋幸生 (監修), メディア教育開発センター.

竹蓋幸生・高橋秀夫・土肥充・竹蓋順子 (2000a). Listen to Me! シリーズ『TV-News』, 竹蓋幸生 (監修), メディア教育開発センター.

竹蓋幸生・高橋秀夫・土肥充・竹蓋順子 (2000b). Listen to Me! シリーズ『Movie Time 1』, 竹蓋幸生 (監修), メディア教育開発センター.

竹蓋幸生・高橋秀夫・土肥充・竹蓋順子 (2000c). Listen to Me! シリーズ『Movie Time 2』, 竹蓋幸生 (監修), メディア教育開発センター.

竹蓋幸生・高橋秀夫・椎名紀久子・土肥充・竹蓋順子 (2001a). Listen to Me! シリーズ『College Life』, 竹蓋幸生 (監修), 千葉大学.

竹蓋幸生・高橋秀夫・椎名紀久子・土肥充・竹蓋順子 (2001b). Listen to Me! シリーズ『First Listening』, 竹蓋幸生 (監修), 千葉大学.

竹蓋幸生・高橋秀夫・椎名紀久子・土肥充・竹蓋順子 (2002). Listen to Me! シリーズ『Introduction to College Life』, 竹蓋幸生 (監修), 千葉大学.

竹蓋幸生・高橋秀夫・土肥充・竹蓋順子 (2003a). Listen to Me! シリーズ『English for Science 1』, 竹蓋幸生 (監修), メディア教育開発センター.

竹蓋幸生・高橋秀夫・土肥充・竹蓋順子 (2003b). Listen to Me! シリーズ『English for Science 2』, 竹蓋幸生 (監修), メディア教育開発センター.

竹蓋幸生・高橋秀夫・椎名紀久子・土肥充・竹蓋順子 (2003c). Listen to Me! シリーズ『College Life Ⅱ』, 竹蓋幸生 (監修), 千葉大学.

竹蓋幸生・与那覇信恵 (2006).『仕事で使える英語力の養成を目指すカリキュラムの編成に関する研究 (資料集)』文教学院大学総合研究所.

竹蓋幸生・与那覇信恵 (2009).「教育力日本一を目指す文京学院大学の英語教育――外国語学部の場合」『文京語学教育研究センター活動報告 (2008年度)』3–95.

竹蓋幸生・与那覇信恵・竹蓋順子 (2006).『文京語学教育研究センター活動報告 (2001～2004年度)』文京語学教育研究センター.

田地野彰・水光雅則 (2005).「第1章 大学英語教育への提言」竹蓋幸生・水光雅則 (編)『これからの大学英語教育――CALLを活かした指導システムの構築』(pp.1-46) 岩波書店.

谷口健一郎 (1992).『英語のニューリーディング』大修館書店.

田中茂範・河原清志・佐藤芳明 (2003).『チャンク英文法――文ではなくてチャンクで話せ！　もっと自由に英語が使える』コスモピア.

玉井健 (1992).「"follow-up"の聴解力向上に及ぼす効果および "follow-up"能力と聴解力の関係」*STEP BULLETIN, 4*, 48–62.

田村哲夫 (2005).「マルチメディアを活用した内容中心教授法による高校英語学習プログラムの開発―自ら英語で，学び・考え・表現する生徒の育成を目指して―」『スーパーイングリシュランゲージハイスクール研究開発実施報告書（平成14年度～平成16年度）』渋谷教育学園幕張高等学校.

中條清美・長谷川修治 (2003).「時事英語の授業で用いられる英文素材の語彙レベル調査―BNC (British National Corpus) を基準にして―」『時事英語学研究』XLII, 51–62.

土肥充 (1995).『英語聴解力育成用総合型CAIコースウェアの開発』千葉大学大学院自然科学研究科博士論文（未公刊）.

土肥充 (2006).「TOEIC IPによる千葉大生の英語力の現状分析」『人文と教育』*2*, 15–29.

土肥充 (2011).「千葉大学CALL英語履修者によるシステム評価結果の予備的分析」『言語文化論叢』*5*, 69–81.

土肥充・高橋秀夫・椎名紀久子 (1996).「コミュニケーション能力を養成するためのCALLシステムの開発 (3) ――CAT (Computer-Assisted Testing) システムの開発とその試用」『言語文化論叢』*2*, 193–207.

土肥充・高橋秀夫・Lorene Pagcaliwagan・竹蓋幸生・竹蓋順子 (2009). Listen to Me! シリーズ『You've Got M@il』, 竹蓋幸生（監修）, 千葉大学.

土肥充・竹蓋幸生 (2012).「千葉大学CALL英語履修者によるシステム評価結果の予備的分析 (2)」『言語文化論叢』*6*, 69–86.

土肥充・竹蓋幸生・高橋秀夫・椎名紀久子・西垣知佳子・竹蓋順子 (2001).「三ラウンド・システムに基づいた英語CALL教材の開発とその試用」『日本教育工学会第17回全国大会講演論文集』809–810.

土肥充・与那覇信恵・岩崎洋一・竹蓋順子・高橋秀夫 (2018).「自由記述によるCALLシステムの評価結果の分析」『千葉大学国際教養学研究』*2*, 95–118.

東京都教育委員会 (2014).「平成26年度　児童・生徒の学力向上を図るための調査報告書（2014年11月13日発表）」東京都教育委員会公式サイト
http://www.kyoiku.metro.tokyo.jp/school/content/report2014.html

直山木綿子 (2007).「保護者の期待と小学校英語が求めるもの」『研究所報 Vol. 42 第1回小学校英語に関する基本調査（教員調査）報告書』(pp. 27–32) 株式会社ベネッセコーポレーション.

中山博・西垣知佳子 (2003).「附属中学校の"選択の時間"におけるリスニング指導の効果―CALL用CD-ROM教材の活用―」『千葉大学教育学部研究紀要』*51*, 255–263.

永井宏明 (2005).『平成16年度スーパー・イングリッシュ・ランゲージ・ハイスクール

(SELHi) 研究開発実施報告書』横浜市立横浜商業高等学校国際学科.

夏目漱石 (1966).『漱石全集』(第13巻) 岩波書店.

成田一 (2013).『日本人に相応しい英語教育――文科行政に振り回されず生徒に責任を持とう』松柏社.

西垣知佳子 (2005).「4.2.8 千葉大学教育学部附属中学校の場合」竹蓋幸生・水光雅則 (編)『これからの大学英語教育――CALLを活かした指導システムの構築』(pp.174-175) 岩波書店.

日本教育工学会 (編) (2000).『教育工学事典』実教出版.

長谷川修治・中條清美 (2004).「学習指導要領の改訂に伴う学校英語教科書語彙の時代的変化―1980年代から現代まで―」*Language Education & Technology, 41*, 141–155.

長谷川修治・中條清美・西垣知佳子 (2008).「中・高英語検定教科書語彙の実用性の検証」『日本大学生産工学部研究報告B』*41*, 49–56.

羽鳥博愛・松畑熙一 (1980).『学習者中心の英語教育』大修館書店.

樋口耕一 (2020).『社会調査のための計量テキスト分析――内容分析の継承と発展を目指して』(第2版) ナカニシヤ出版.

平泉渉・渡部昇一 (1975).『英語教育大論争』文芸春秋.

福島一郎 (2008).「地道な努力でTOEIC満点獲得」『学校法人文京学園学園誌』632, 2.

Benesse (2019).「2020新大学入試情報サイト」
https://manabi.benesse.ne.jp/nyushi/special/basic_01/#2

ベネッセ教育総合研究所 (2015).「小学生の英語学習に関する調査　ベネッセ教育総合研究所公式サイト」
https://berd.benesse.jp/up_images/research/pressrelease1105.pdf

ベネッセ教育総合研究所 (2016).「中高の英語指導に関する実態調査2015　ベネッセ教育総合研究所公式サイト」
https://berd.benesse.jp/up_images/research/Eigo_Shido_all.pdf

堀口秀嗣 (2000).「コースウェア」日本教育工学会 (編)『教育工学事典』(pp.235-236) 実教出版.

三浦孝 (2009).「『戦略構想』への2つの懸念」大津由紀雄 (編著)『危機に立つ日本の英語教育』(pp. 156–162) 慶應義塾大学出版株式会社.

毛利公也 (2004).『英語の語彙指導あの手この手』渓水社.

望月昭彦・久保田章・磐崎弘貞・卯城祐司 (2018).『新学習指導要領に基づく英語科教育法』大修館書店.

望月正道・片桐一彦（2003）.「ネットアカデミー利用実態報告：平成14年9月—平成15年1月」『麗澤大学紀要』*76*, 175–185.

文部科学省（2002）.「『英語が使える日本人』の育成のための戦略構想の策定について 文部科学省公式サイト
http://www.mext.go.jp/b_menu/shingi/chousa/shotou/020/sesaku/020702.htm

文部科学省（2003）.「『英語が使える日本人』の育成のための行動計画」文部科学省公式サイト http://www.mext.go.jp/b_menu/houdou/15/03/030318a.htm

文部科学省（2014）.「今後の英語教育の改善・充実方策について 報告～グローバル化に対応した英語教育改革の五つの提言～」文部科学省公式サイト
http://www.mext.go.jp/b_menu/shingi/chousa/shotou/102/houkoku/attach/1352464.htm

文部科学省（2017a）.「小学校学習指導要領（平成29年告示）」文部科学省公式サイト
http://www.mext.go.jp/component/a_menu/education/micro_detail/__icsFiles/afieldfile/2019/03/18/1413522_001.pdf

文部科学省（2017b）.「中学校学習指導要領（平成29年告示）」文部科学省公式サイト
http://www.mext.go.jp/component/a_menu/education/micro_detail/__icsFiles/afieldfile/2019/03/18/1413522_002.pdf

文部科学省（2018）.「高等学校学習指導要領（平成30年告示）」文部科学省公式サイト
http://www.mext.go.jp/component/a_menu/education/micro_detail/__icsFiles/afieldfile/2018/07/11/1384661_6_1_2.pdf

山田雄一郎（2009）.「学校英語教育とは何か」大津由紀雄（編著）『危機に立つ日本の英語教育』（pp. 62–81）慶應義塾大学出版株式会社.

与那覇信恵・竹蓋順子（2013）.「英語教育総合システムに基づいた英語学習の効果の検証：LTM-CALLを継続使用した学習者群の長期的観察に基づく考察」『言語文化論叢』*7*, 43–59.

与那覇信恵・竹蓋順子・土肥充・高橋秀夫（2021）.「MoodleとCALLシステムによるオンデマンド英語授業の実践—受講者による印象評価の量的・質的分析—」『e-Learning教育研究』*15*, 37–46.

与那覇信恵・根岸朋子・阿佐宏一郎（2015）.「英語e-learning教材の学修実態に関する定量的分析」『文京学院大学外国語学部紀要』*14*, 37–48.

三ラウンド・システムに基づいて制作されたコースウェア

＊著者名にはコースウェアの執筆者を挙げている。

1. 竹蓋幸生・高橋秀夫・椎名紀久子・土肥充・竹蓋順子 (1999a). Listen to Me! シリーズ『College Lectures』, 竹蓋幸生 (監修), メディア教育開発センター.
2. 竹蓋幸生・高橋秀夫・椎名紀久子・土肥充・竹蓋順子 (1999b). Listen to Me! シリーズ『People Talk』, 竹蓋幸生 (監修), メディア教育開発センター.
3. 竹蓋幸生・高橋秀夫・土肥充・竹蓋順子 (2000a). Listen to Me! シリーズ『TV-News』, 竹蓋幸生 (監修), メディア教育開発センター.
4. 竹蓋幸生・高橋秀夫・土肥充・竹蓋順子 (2000b). Listen to Me! シリーズ『Movie Time 1』, 竹蓋幸生 (監修), メディア教育開発センター.
5. 竹蓋幸生・高橋秀夫・土肥充・竹蓋順子 (2000c). Listen to Me! シリーズ『Movie Time 2』, 竹蓋幸生 (監修), メディア教育開発センター.
6. 植村研一・竹蓋幸生・Paul Hollister・高橋秀夫・土肥充・竹蓋順子 (2001). Listen to Me! シリーズ『Medical English 1』, 植村研一・竹蓋幸生 (監修), メディア教育開発センター.
7. 竹蓋幸生・高橋秀夫・椎名紀久子・土肥充・竹蓋順子 (2001a). Listen to Me! シリーズ『College Life』, 竹蓋幸生 (監修), 千葉大学.
8. 竹蓋幸生・高橋秀夫・椎名紀久子・土肥充・竹蓋順子 (2001b). Listen to Me! シリーズ『First Listening』, 竹蓋幸生 (監修), 千葉大学.
9. 竹蓋幸生・高橋秀夫・椎名紀久子・土肥充・竹蓋順子 (2002). Listen to Me! シリーズ『Introduction to College Life』, 竹蓋幸生 (監修), 千葉大学.
10. 竹蓋幸生・高橋秀夫・土肥充・竹蓋順子 (2003a). Listen to Me! シリーズ『English for Science 1』, 竹蓋幸生 (監修), メディア教育開発センター.
11. 竹蓋幸生・高橋秀夫・土肥充・竹蓋順子 (2003b). Listen to Me! シリーズ『English for Science 2』, 竹蓋幸生 (監修), メディア教育開発センター.
12. 竹蓋幸生・高橋秀夫・椎名紀久子・土肥充・竹蓋順子 (2003c). Listen to Me! シリーズ『College Life Ⅱ』, 竹蓋幸生 (監修), 千葉大学.
13. 高橋秀夫・椎名紀久子・土肥充・Lorene Pagcaliwagan・草ケ谷順子 (2004). Listen to Me! シリーズ『New York Live』, 竹蓋幸生 (監修), 千葉大学.

14. 高橋秀夫・土肥充・Lorene Pagcaliwagan (2005). Listen to Me! シリーズ『American Daily Life』, 竹蓋幸生 (監修), 千葉大学.
15. 高橋秀夫・土肥充・Lorene Pagcaliwagan (2006). Listen to Me! シリーズ『People at Work』, 竹蓋幸生 (監修), 千葉大学.
16. 高橋秀夫・土肥充・Lorene Pagcaliwagan・竹蓋順子・竹蓋幸生 (2008). Listen to Me! シリーズ『Gateway to Australia』, 竹蓋幸生 (監修), 千葉大学.
17. 土肥充・高橋秀夫・Lorene Pagcaliwagan・竹蓋幸生・竹蓋順子 (2009). Listen to Me! シリーズ『You've Got M@il』, 竹蓋幸生 (監修), 千葉大学.
18. 高橋秀夫・土肥充・Sarah Morikawa・Lorene Pagcaliwagan・竹蓋順子 (2009). Listen to Me! シリーズ『A Bit of Britain』, 竹蓋幸生 (監修), 千葉大学.
19. 高橋秀夫・桑原市郎・土肥充・Lorene Pagcaliwagan (2009). Listen to Me! シリーズ『First Step Abroad』, 千葉大学.
20. 高橋秀夫・土肥充・Lorene Pagcaliwagan・竹蓋順子・与那覇信恵 (2010). Listen to Me! シリーズ『Canadian Ways』, 千葉大学.
21. 高橋秀夫・土肥充・Sarah Morikawa・Luke Harington・竹蓋順子・与那覇信恵 (2012). Listen to Me! シリーズ『AFP News from the World』, 竹蓋幸生 (監修), 千葉大学.
22. 高橋秀夫・土肥充・Sarah Morikawa・Luke Harington・竹蓋順子・与那覇信恵・桑原市郎・佐藤ひとみ (2013). Listen to Me! シリーズ『World Health Issues』, 竹蓋幸生 (監修), 千葉大学.
23. 高橋秀夫・土肥充・Luke Harington・Andrew Schouten・竹蓋順子・与那覇信恵 (2014). Listen to Me! シリーズ『English for Nursing Science』, 竹蓋幸生 (監修), 千葉大学.
24. 高橋秀夫・土肥充・Sarah Morikawa・Luke Harington・竹蓋順子・与那覇信恵 (2015). Listen to Me! シリーズ『Art & Design in Britain』, 竹蓋幸生 (監修), 千葉大学.
25. 高橋秀夫・土肥充・Luke Harrington・Sarah Morikawa・竹蓋順子・与那覇信恵 (2016). Listen to Me! シリーズ『Horticulture in Australia』, 竹蓋幸生 (監修), 千葉大学.
26. 高橋秀夫・土肥充・Daniel Jenks・Sarah Morikawa・竹蓋順子・与那覇信恵・桑原市郎 (2017). Listen to Me! シリーズ『Doorway to the UK』, 竹蓋幸生 (監修), 千葉大学.
27. 高橋秀夫・土肥充・竹蓋順子・Luke Harrington・Sarah Morikawa・与那覇信恵 (2018). Listen to Me! シリーズ『English around the World』, 竹蓋幸生 (監修), 千葉大学.
28. 高橋秀夫・土肥充・竹蓋順子・Luke Harrington・Sarah Morikawa・与那覇信恵 (2019). Listen to Me! シリーズ『Study Abroad in the UK』, 竹蓋幸生 (監修), 千葉大学.

29. 高橋秀夫・竹蓋順子・与那覇信恵・Luke Harrington・Sarah Morikawa・土肥充 (2020). Listen to Me! シリーズ『World Englishes in Australia』, 竹蓋幸生 (監修), 千葉大学.

付録A：3Rコースウェアの学習者を対象としたTips & Hints

第2章と第3章で解説したように，三ラウンド・システムのコースウェア（3Rコースウェア）は他の教材とは異なる独自の構造をもつため，背景にある理論を知らないまま学習を始めてしまうと，さまざまな疑問が湧いてくると思います。そうした疑問を溜めこんで自己流の学習方法で進めてしまっては高い効果は期待できません。第5章，第6章で紹介しているような学習成果を出したいのであれば，3Rコースウェアの基盤となっている理論を理解し，教材中の指示に忠実に従って学習を進めることが大切です。

ここでは，3Rコースウェアの学習者から尋ねられることが多い15の質問にお答えします。三ラウンド・システムの本質に関わる質問に絞ってあるので，学習者だけでなく，3Rコースウェアを使って指導される先生方にも目を通していただくことをお勧めします。そして，学習者が疑問や不信感を抱きながらではなく，3Rコースウェアを理解し，信頼しながら学習を進めていけるようにしましょう。

Q1. ラウンド1のタスクは「内容を大胆に推測してみよう」というものですが，推測するだけでいいのですか。もっと細部まで把握するべきではないでしょうか？

Q2. ラウンド1で聞き取れたキーワードをチェックするタスクがありますが，音声が速すぎてチェックが追いつきません。

Q3. ラウンド2の空所補充のタスクで，音声を聞きながら空所の選択肢を選びたいです。なぜ，音声を聞くことができないようになっているのでしょうか？

Q4. ラウンド3のタスクが，国語の問題のようで苦手です。

Q5. ラウンド2とラウンド3のタスクにはヒントが3つずつ付いていますが，つい全部のヒントをまとめて読んでしまいます。なぜ，まとめて読んではいけないのでしょうか？

Q6. WORDSやPHRASESの表現は，その場でしっかり覚えるべきでしょうか？また，WORDSやPHRASESに出てくる単語や語句以外で意味の分からないものを辞書で調べてもいいですか？

Q7. ラウンド3で表示されるConfirmation（書きおこした英文）を最初から読めるようにしてほしいです。

Q8. ラウンド3にある発展語彙は何のためにあるのでしょうか？

Q9. 教材で勉強した英語はラウンド3までくれば大体理解できますが，初めて聞いたときには分からないし，TOEICや映画の生の英語になるとほとんど理解できなくて不安です。

Q10. 教材をもっと活用したいと思っています。ラウンド3が終わった後，教材を使ってどのように学習すればよいか，教えてください。

Q11. タスクに答えるだけでは，完全に理解できたように思えません。一文ずつ訳してはいけませんか？

Q12. 何度聞いても聞こえない音があります。トランスクリプションが間違えているのでしょうか。それとも私の耳がおかしいのでしょうか？

Q13. 英語が速すぎて聞き取れません。音声の速度を遅くして聞いても良いですか？

Q14. だんだんとリスニング力がついてきたように思いますが，普段，ネイティブスピーカーと話すときにはどんなことに気を付けて聞けばよいですか？

Q15. 3RコースウェアはTOEIC対策の教材ですか？

Q1. ラウンド1のタスクは「内容を大胆に推測してみよう」というものですが，推測するだけでいいのですか。もっと細部まで把握するべきではないでしょうか。

A. ラウンド1で内容を推測するだけでは物足りず，細部の把握もしなければいけないのではないかと焦る気持ちはよくわかりますが，ちょっと待ってください。三ラウンド・システムでは，人間が本来持っている大きな学習力を最大限に引き出して，それを効果的，効率的な学習につなげる，という考え方の上に成り立っています。そのためには，まず皆さんのやる気を引き出さなくてはいけないわけですが，同時に，引き出されたやる気を減退させない，あるいは絶望させないことも必要になります。

三ラウンド・システムの場合，学習力を引き出すために，内容や言語構造の面で比較的高度な音声素材を使用しますし，コミュニケーションの目的を達成するプロセスというのは決して簡単なものではありません。そこで，その複雑な作業を，ラウンド毎に分割して，易しくした上でタスクに取り組んでもらっています（第2章の**表 2.3** 参照）。つまり，ラウンド1では内容を大まかに推測する，ラウンド2では細部について把握する，といった作業の分割です。そして，それらのラウンドで学んだ結果が，ラウンド3でのより高度な学習に活かされることになります。このように，ゴールを見据えた上で，スモールステップで学習を楽しく進めていけるように設計されているため，ラウンド1では，聞き取れた語句や映像，写真などから，音声素材の内容を大胆に推測するだけで十分なのです。

Q2. ラウンド1で聞き取れたキーワードをチェックするタスクがありますが，音声が速すぎてチェックが追いつきません。

A. このタスクの効果的な学習方法をお伝えします。提示するキーワードは7つ前後に絞ってありますので，まずはそれらをできるだけ頭に入れます。キーワードの発音や意味がわからない場合は確認しましょう。その後で音声素材を聞き，頭の中に入れた表現と同じ表現が聞こえてきたらチェックするようにしましょう。キーワードを目で追いながら音声を聞くなど，目と耳を同時に使用する行動は，簡単そうに見えて実は非常に負荷が高いため，避けてください。

少し補足すると，私たちが文章を読んだり，話を聞いたりするとき，読んだり聞いたりした情報は，多少の時間，頭のなかでいつでも検索できるように活性化された状態で保持されています。このような情報の処理と保持が行われる一時的な記憶はワーキングメモリ（Baddeley, 2000）と呼ばれています。このワーキングメモリには無尽蔵に情報が保持できるわけではなく，容量には限界があるとされます。もともと，ラウンド1で表示するキーワードを7つ前後（最大9つ）にした理由は，Miller（1956）の7 ± 2を考慮してのことでした。“The Magical Number Seven Plus or Minus Two” という言葉を聞いたことがある人もいるかもしれません。これは，George Millerという心理学者が書いた論文のタイトルで，人間はお互いに関係のないものを一度におよそ7つ以上短期記憶に保持することは難しい，ということを説いています。これに基づいて，ラウンド1のキーワードを7つ（最大で9つ）に絞り，すべてのキーワードをいったん頭に入れたうえで音声素材を聞く活動ができるように配慮しました。

ところが，Millerの提示した7 ± 2という数字は，厳密な実験データにより導き出された値ではありませんでした。その後，Millerの研究にヒントを得たCowan（2001）が膨大な研究データを収集し，短期記憶の容量限界は3～5個のチャンクであることを示しています。

これらのことを考慮すると，人によっては，コースウェアで提示される7つのキーワードをすべて頭に入れてから音声を聞くことは難しいかもしれません。その場合は，提示されているキーワードを半分ずつに分けましょう。キーワードは音声の中で出てくる順番に表示されているので，まずは前半の4つのキーワードだけをしっかりと頭に入れてから音声の前半部分を聞き，いったん音声停止した後に聞き取れたキーワードをチェックしていく。続いて，今度は後半の３つのキーワードを頭に入れてから音声の後半部分を聞き，聞き取れたキーワードをチェックします。このように皆さん自身で工夫することで，脳に適度な負荷をかけながら学習を進めるようにしましょう。

Q3.　ラウンド２の空所補充のタスクで，音声を聞きながら空所の選択肢を選びたいです。なぜ，音声を聞くことができないようになっているのでしょうか。

A.　ラウンド2で出てくる空所補充のタスクは，空所に入るべき単語を聞き取れるかをテストしているのではありません。これはテストではなく，学習のためのタスクなのです。ですから，20～30％しか正解できなかったとしてもがっかりしないでください。実は，そのぐらいがちょうど良いレベルの教材と言えます。なぜなら，この時点ではその教材での学習がラウンド1とラウンド2の一部しか済んでいないからです。これからラウンド2の学習を進めていくことで，空所を埋められるような英語力をつければよいのです。

ラウンド２での学習とは，空所を埋める努力をした後に，20～30％しか埋められなかった空所を含むチャンク（4語前後からなる意味のある語群）をこのタスクのヒントとして学ぶ，つまり音声言語の聞き取りのために，単語よりも大きな言語単位で聞く訓練をすることによって，いかに発音変化や倒置，省略などを含む自然な発話が聞き取り易くなるかを学ぶことなのです。その証拠に，チャンクをまじめに学んだ後には音声を聞かなくても驚くほど容易に空所が埋められるようになります。それがいわゆるトップダウンと呼ばれる音声情報の処理手法なのです。

最後に，望ましいタスク実践の手順をお伝えします。ストレッチ体操で呼吸や体の重心を意識するかどうかで効果が全く違ってくるのと同じで，英語学習もやり方次第で見違えるほど高い効果を得られるようになります。指示にしたがって，集中して取り組みましょう。

①空所のある英文を見ずに，しっかりと音声を聞く。

②頭に残っている音声と内容を念頭に，空所の前後を読んで空所を埋めてみる。
③ HINT に提示されているチャンクを繰り返し発音して頭に入れる。
④再度，空所補充にチャレンジする。

Q4. ラウンド 3 のタスクが，国語の問題のようで苦手です。

A. この質問に回答する前に，いただいた質問文について考えてみましょう。「国語の問題のようで苦手」とのことですが，これは何を問いたいのか曖昧な表現と言えます。「国語」，「問題」，また「苦手」という各表現の辞書的な意味は誰にでもわかるでしょう。ただ，「国語の問題のようで」と言われたときにはわからなくなります。長い発話の内容を記憶しておくのが苦手なのか，その要約をするのが苦手なのか，はっきりと言われていることだけでなく行間を読むのが苦手なのか，それ以外にも何か理由があるのか，といった多くの解釈があり得るからです。

このようなとき，より長い談話の中で読んだり聞いたりすれば，この発言の本当の意味が前後関係から理解できることがあります。まさに，このような時にどうすれば良いのかを学ぶのがラウンド 3 での学習目的です。したがって，効果的なコミュニケーションのためには，聞く人の立場をよく考えて発言する必要があることを考えれば，このような発言をする人には特にラウンド 3 での学習が必要になるのです。高度なレベルでの，情報の編集処理による発話の理解は，英語であろうと日本語であろうと求められることであり，苦手であっても避けては通れない学習課題なのです。

Q5. ラウンド 2 とラウンド 3 のタスクにはヒントが 3 つずつ付いていますが，つい全部のヒントをまとめて読んでしまいます。なぜ，まとめて読んではいけないのでしょうか。また，ヒントはどのように活用するのが効果的なのでしょうか。

A. 複数のヒントを一度に読んで，聞く回数を節約することはやめましょう。ひとつのヒントを読んで，その内容を意識しながら音声を聞き，さらに次のヒントを読んでは再び音声を聞く，というようにすることが重要です（第2章の**図2.6**参照）。言葉の学習には，ある程度の繰り返し学習が必要です。それに，言葉を使う技術というのは，一般に考えられているよりもずっと複雑なのです。したがって，その複雑な技術を一回や二回聞いただけで習得できると考えるのは誤りです。たとえば，30秒ぐらいの発話の中にも学ぶべきことは数限りなくあると言ってよいでしょう。単なる内容理解のテストのように見えるタスクであっても，実はそれに解答するためにしなくてはいけないことがいくつもあり，ヒントを活用することによってそれらを学べるようになっているのです。つまり三ラウンド・システムでは，ヒントによって，注目すべき箇所を変えながら，同じ発話を何回も聞くことによって，少しずつ，いくつもの必要なことが学んでいけるように配慮されているのです。そうすることによって，一つの短い発話からも驚くほどたくさんのことが学べるようになります。

「3つのヒントは一度に読まないようにしましょう」といった指示は，教材の中にも書いてあります。それに従って，頭を使いながら積極的にタスクを解いていきましょう。さらに各タスクの解説や随所に織り込まれているコラムを興味を持って読むことで最大の効果が得られるように作られています。もちろん，皆さんのこれまでの学習経歴や現在の英語力は千差万別であるため，指示から多少逸脱することはあるかもしれませんが，原則として，どの作業も飛ばしたり，加えたりするべきではありません。

Q6. **WORDSやPHRASESの表現は，その場でしっかり覚えるべきでしょうか。また，WORDSやPHRASESに出てくる単語や語句以外で意味の分からないものを辞書で調べてもいいですか。**

A. 人間は忘れる動物ですが，学んだことを忘れてしまう前にもう一度学ぶことを繰り返すと記憶が強く定着すると言われます。ですからWORDSやPHRASESも，最初に出てきたときに完全に覚えようとするのでなく，繰り返し学習することを心がけましょう。1回目の学習であれば80％程度覚えられれば十分です。Part 1で学習したのに忘れてしまった表現がPart 3を学習しているときに出てくるかも知れません。そのときはPart 1をもう一度見なおして復習してください。そして重要なことは，ひとつのUnitの学習を終了した時点で，もう一度全体をとおして復習をすることです。このように何回か繰り返して学習すると記憶に強く定着します。

WORDSやPHRASESに載っていない語でわからない英語表現があったら，ぜひ辞書で調べてください。ただし，調べる前に，まずは前後関係や写真，それまでに聞き取れた内容などから，その表現の意味を推測し，自分の推測が正しかったかどうかを確認するために辞書を引くようにしてください。そうすると，調べた結果が断然頭に残りやすくなります。

Q7. ラウンド3の最後に表示されるConfirmation（書きおこした英文）を最初から読めるようにしてほしいです。

A. 書きおこした英文を読むのは，ラウンド3の学習が終わってからにしましょう。それより前に読んでしまうと，なんとなく聞けた気分になってしまい，必要な学習ができなくなるからです。有名なことわざに，「畳の上の水練」というものがあります。泳げるようになるためには実際に水に入って溺れそうになりながらも必死に練習をすることで初めて体得できる，ということです。自転車の練習も同じです。他人が乗っているところを見るだけでは乗れるようにはならず，自分で乗って，ふらついたり，転んだりしてようやく乗れるようになるのです。

学習者が努力せず，楽をして身につけられることが科学的であるかのように言われることがありますが，それにも限度があります。必要最低限の苦労は覚悟してください。重要なのは，目の前にある教材を「聞けたつもり」になることではなく，その学習の苦労を通して応用力をつけ，教室外で話される英語が聞けるようになることなのです。

Q8. ラウンド3の最後にある発展語彙の学習は何のためにあるのでしょうか。

A. 発展語彙はコミュニケーション能力の養成には不可欠な語彙を増強するためにあります（第2章の**図2.5**参照）。語彙は，対話や読み物といった文脈のなかで学ぶのがもっとも望ましいのですが，すべての語をそのようにして学ぶには時間が足りません。そこで，3Rコースウェアでは，学習した教材の内容や機能などに関連のある語彙や慣用句を学ぶことで，現場学習の形に近づけ，効果的に学んでもらおうという意図があるのです。

Q9. 教材で勉強した英語はラウンド3までくれば大体理解できますが，初めて聞いたときには分からないし，TOEICや映画の生の英語になるとほとんど理解できなくて不安です。

A. 初めて聞いたときにはわからないけれど，ラウンド3までくれば大体理解できる，とのこと，あなたにとって理想的なレベルの教材で勉強していることにまずは自信を持ってください。なぜなら，初めは聞けないからその教材で勉強するのです。しかも，教材のステップに従って勉強すれば，聞けなかった教材が聞けるようになった，ということは，教材が教材としての役割を果たしているということを意味します。

そして，生の英語になるとほとんど理解できなくて不安だ，というのは当然です。英語圏の子供はある程度の言語力を持つ6歳になるまでに17,520時間，つまり1日8時間ずつ，6年間も，毎日英語を聞いているという事実があります。あなたは，この教材で学習を始めてからどのくらいの時間をかけていますか。どのように勉強しても応用問題の聞き取りが自信を持ってできる真の英語力をつけるには最低500時間程度は生の英語を聞き，さらに語彙力を増強する必要があるのです。それまでは，教材を信じて，毎日1時間程度の学習を継続することが大切です。これを達成したとき，あなたもきっと自信を持って TOEIC や映画の英語を聞くことができるようになっているでしょう。

Q10. 教材をもっと活用したいと思っています。ラウンド 3 が終わった後，教材を使ってどのように学習すればよいか，教えてください。

A. ラウンド3が終わった後に教材を使ってできることとして，少なくとも二つ提案できます。

一つ目は，もう一度ラウンド 1 に戻って勉強をやり直すことです。2 度目の学習では一度目ほど時間を使う必要はありませんが，答えがわかっているからといってどんどん先へ進んでしまうのではなく，やはりヒントや解説，確認のトランスクリプション等をよく読み，指示にしたがって，あたかも初めての学習であるかのように頭を使った学習をすることが大切です。きっと 1 回目には気づかなかった多くの事を発見するでしょう。また，2 回目に多くの発見が出てくるくらいに，最初の学習では完璧を期さない（80%の理解を目指す）ことも必要です。1 回の学習で完璧を期そうとすると，極端に進度が遅くなり，疲れてしまって学習効率も下がるからです。

二つ目は，いつも文字とにらめっこでの学習は退屈でしょうから，教材の音声だけを聞き，まずはその全体的な内容が理解できるかどうかを確認してみましょう。続いて，もう一度音声を聞き，その後について自分でも言ってみることです。最初は口に出して言う必要はありません。そうするとスピードについて行けない恐れもあるからです。いわゆるサイレント・シャドーイングという活動ですが，スポーツのイメージトレーニングと同様，これを行うことによってスピーキング力の向上につながります。ただし，英語らしいイントネーションやリズムで話せるようになるためには，実際に口に出して顎や舌の筋肉を動かしながら練習することも不可欠です。サイレント・シャドーイングの後は，音声を少しずつ区切りながら声に出して何度もリピートして，英語らしく話すことに慣れていきましょう。

Q11.　タスクに答えるだけでは，完全に理解できたように思えません。一文ずつ訳してはいけませんか。

A.　タスクに答えるだけでは，完全に理解できたように思えない，というのは，その通りかも知れません。教材とは，あくまで，これから行う言語活動のサンプルに過ぎないですし，教材の中のタスクもその教材を使って言語活動をするときのサンプルにすぎないからです。でも私たちは，日本人全員の顔を見なくても，何人かの日本人の顔を見ているうちに，大体その典型的な顔の概念を持つことができます。それと同じで，サンプルを使って主体的にある程度英語による言語活動の訓練を行うと，英語による言語活動の応用力がつきます。それが英語力というものなのです。心配しないでタスクを実践してください。

　一文ずつ訳すということは，効率的なコミュニケーション能力の養成を考えた場合，やってはいけないことです。どうしても日本語と英語が単語のような小さな単位ですべて対応するように思いがちですが，そうはならないことが多いですし，関係代名詞などで後ろから前へ返って意味を理解するといった無駄な情報処理もしなくてはならなくなります。しかもそのようなことをした挙句にそうしてできた訳（日本語）の意味がわからない，というケースは山ほどあります。日本語に変換したらその英語が理解できたと思い込むのは幻想に過ぎないのです。

Q12.　何度聞いても聞こえない音があります。トランスクリプションが間違えているのでしょうか。それとも私の耳がおかしいのでしょうか。

A.　自然に話された英語の平均速度は，1分間に約200語です。これは，1秒間に10～15音が発音されていることを意味します。そうだとすると，すべての言語音を人間の発音器官で正確に発音することはできませんので，自然な発話では必ず音の連結，弱化，吸収などの現象が起こります。ですから，耳がよければよいほど，何度聞いても聞こえない音があることに気がつくでしょう。

私たちは母語である日本語の場合はすべての音が聞こえているように思っていますが，実はこのことは英語だけでなく日本語にも言えることなのです。私たちは日本語の聞き取りに膨大な時間をかけてその技術に習熟していますから，日本語の発音変化に対応できる能力を知らぬ間に習得しているのですが，英語ではそのための高度な技術を意識して学ばなければならないということになります。

Q13. 英語が速すぎて聞き取れません。スピードを遅くして聞いても良いですか。

A. 英語が速すぎて聞き取れないとのことですが，実は外国人に聞いても「日本語は速すぎて聞き取れない」と言います。つまり，英語も日本語も速すぎて物理的に聞き取れないのではなく，母語以外の言語の聞き取り方に問題があって速く感じられるに過ぎないのだということが見えてきます。

そうだとすれば，ゆっくり，はっきり発音されている教材を聞いて，それが聞けるようになったところで，現実世界では通用しないこともわかりますね。Q7の回答にも書いたように，畳の上の水練では何もならないのです。溺れそうになって水の中を泳ぐ技術を学ぶことこそが必要なのです。

それでは，畳の上の水練でない聞き取り訓練とはどのようなものなのでしょうか。それは，言語音の一つ一つが正確に発音されるはずだ，と期待して待つのではなく，自然な発話の場合，先行する単語の語尾の子音と，後続する単語の語頭の母音がまとまって発音される「連結」や，連続する単語が結合する際に音が省略される「脱落」，連続する前後の音韻の影響を受けて別の音韻に変化する「同化」などの音変化があるのだということを受け入れて，それに対応できる方略を学ぶことです。三ラウンド・システムの中でチャンク単位での学習や習得を推奨しているのはそのような方略の一つだからです。また，画像や対話の流れなどから何と言っているかを推測する訓練をしているのもそのためです。発話速度を遅くしたものをいくらたくさん聞いても，そうした方略を学ぶことはできませんし，実態に即した英語を聞き取れるようにもなりません。

Q14.　だんだんとリスニング力がついてきたように思いますが，普段，ネイティブスピーカーと話すときにはどんなことに気を付けて聞けばよいですか。

A.　これは，竹蓋（1989, pp. 182-183）にもあるように，優れた聞き手になるためには，3R コースウェアで聞く力をつけていくことと並行して，いくつかの方策を身につけ，実践することをお勧めします。

〈**聞く前の準備**〉

1. 聞く内容に関する背景知識や文化的な情報，話し手のバックグラウンドなどについて下調べをする（予測力をつけるため）

〈**聞いている最中の心の持ちよう**〉

2. 心を白紙にして聞く（客観的に判断できるようにするため）
3. 話を最後まで聞く（早合点しないようにするため）
4. ことば尻や枝葉末節にとらわれないようにする（本筋をとらえるようにするため）
5. 目でも話を聞く（言語情報だけでは不十分，不正確であり，表情，声色，ジェスチャーなどと合わせて判断する必要があるため）
6. 論点を支持する材料の有無，妥当性，内部矛盾の有無に注目する（体裁の良い言葉に騙されないようにするため）

〈**聞いている最中のテクニック**〉

7. 長い話は論点を少しずつ整理しながら聞く（効果的に記憶するため）
8. 必要に応じてメモを取る（忘却を防ぐため）
9. 話しやすい雰囲気を作ったり質問を投げかけたりする（話し手から話を引き出すため）

Q15.　3R コースウェアは TOEIC 対策の教材ですか？

A.　ちがいます。本書の**第 5 章**，**第 6 章**でも，3R コースウェアでの学習効果を示すために TOEIC，TOEFL，GTEC などのスコアの上昇量を測定しているため，3R コースウェアはテスト対策用の教材ではないか，と勘違いされることがあります。これについては，竹蓋・水光 (2005) のなかで鈴木 (2005) がわかりやすく説明しているので引用します。

> なるほど本書でも，CALL の授業の効果を測る一つの尺度として，TOEIC の試験の得点の伸びが使われている。ただ，本書の実践報告を注意深く読むことで気が付くであろうが，TOEIC の成績の向上は，あくまで，付随的な結果である。本書で実践例が紹介されている CALL 教材も，またそれを活用した授業も TOEIC 対策の授業を最初から意図しているものではないということは，是非とも見逃してほしくないことである。この「結果としての実用英語」と，それ自体が「目的化された実用英語」は，似て非なるものの典型と言ってよいだろう。マルチメディアを有機的に活用した CALL の場合，英語を体験的に学ぶことがそのまま異文化体験に端緒を開き，発信力の養成につながっていくのである。その結果，その能力の一つの表れとして TOEIC の成績が向上したに過ぎない。(鈴木，2005，p.227)

以前は TOEIC や TOEFL の英語は，どちらかと言えば foreigner talk (**2.5.1 項**参照) の範疇に入る英語であり，言い淀みや言い間違えもなく，アメリカ英語以外の方言もありませんでした。ところが近年，これらのテストで使われる音声はオーセンティックな英語に近づけられる傾向にあり，アメリカだけでなく，イギリス，カナダ，オーストラリアの方言で発話されたり，話者が言い淀んだりする場面も出てくるようになりました。

このため，オーセンティックな英語を素材として採用し，そのような英語を聞き取れるようになることを目指して制作されている 3R コースウェアで学習すれば，教室外でも使える実用の英語力が身につくと同時に，結果としてそれらのテストでも力を発揮できるようになる可能性が以前よりも高まった，と言えるかもしれませんね。

付録B：3Rコースウェアを使用する指導者を対象とした Tips & Hints

三ラウンド・システム（3R）のコースウェアを使って学習すると，なぜ高い効果が期待できるのでしょうか。学習効果を示すデータだけを見せられたら信憑性を疑う人もいるかもしれません。ここでは，3R コースウェアの使用を検討している先生方から寄せられる疑問に回答しながら，3R の理念が教材中でどのように具現化されているかを説明します。

なお，各質問に複数の方向から回答していることからもわかるように，3R コースウェアには学習効果をあげるための工夫が数多く盛り込まれています。本書を参照しながら学習者として教材に取り組むことで，多くのことが見えてくるはずです。下記の回答をヒントにしつつ，第 2 章と第 3 章を読み返しながら，皆さん自身で考察してみましょう。

Q1. なぜ，難度の高い音声素材でも確実に学習できるのでしょうか？

Q2. なぜ，学習したことがよく定着するのでしょうか？

Q3. 高い効果を期待すると，それと同時に副作用が現れる確率も上がると思いますが，どうやって副作用を抑制しているのでしょうか？

Q4. なぜ，学習者が学習の継続を希望するようになるのでしょうか？

Q5. なぜ，学んだことを教室外でも使えるようになるのでしょうか？

Q6. なぜ，学習効果を増大させることができるのでしょうか？

Bonus. 3R コースウェアの制作や指導が，予想以上に時間と労力が必要で大変です。

Q1. なぜ，難度の高い音声素材でも確実に学習できるのでしょうか。

A1-1. 学習目標を深さで三分割して徐々に理解を深める進め方をしているからです。（第2章の**表2.3**，**図2.4**参照）

実態に即した音声英語を素材とした難しい教材を，絶望することなく学習させるためには指導法を工夫しなければなりません。このため，3Rコースウェアでは主に2つの方策を立ててこれに対処しています。

まずは，一つの素材を3回に分けて学習させるようにしています。3つに分割するにあたっては，素材の冒頭，中盤，終盤のように時間軸で分けるのではなく，コミュニケーションの深さで分割して，徐々に理解を深められるようにしています。具体的には，ラウンド1では大まかな理解を，ラウンド2では表面的だが正確な理解を，ラウンド3ではコミュニケーションの目的達成を目指した学習活動をさせることを目標として，各ラウンドで課される一つ一つのタスクの難度を低くし，学習者が確実にこなしていけるようにしています。

二つ目の方策として，字面通りに正確に内容を理解することを目指すラウンド2では，素材を時間軸で短く分けて提示することで，情報処理の負担を軽減すると共に，聞くべき箇所を絞りやすくして，タスクの難度を低く抑えていることが挙げられます。

A1-2. 種々の情報を適切な場面でタイミング良く提示しているからです。（第2章の**図2.4**，**図2.5**参照）

3Rコースウェアでは，事前情報，参考情報，ヒント情報，補助情報，発展情報という5種類の情報を，適切なタイミングで，適切な量を提示しています。情報は多すぎるとうまく処理されず，少なすぎても意味がありません。また提示されるタイミングが不適切だと，同じ情報であっても有益になるどころか理解や学習の妨げになってしまうことさえあるのです。

まず，ヒント情報は，各タスクの実践時に原則として3つのヒントが提示されますが，各ヒントは異なる役割を担っています。大まかに言えば，ひとつ目のヒントは，情報のトップダウン処理に必要な情報で，二つ目のヒントは情報のボトムアップ処理に必要な情報，そして三つ目のヒントは情報の編集処理に必要な情報，あるいは，どこに焦点を当てて作業をすればよいかの情報のことが多いと言えます。そして，これら全てのヒントを活用してタスクに挑むことでリスニングに必要な技術が着実に養成されるように構成されています。

3Rのラウンド2の一部にはクローズテスト形式の空所補充タスクがありますが，このタスクへのヒントとしては，4語前後の意味ある語群（チャンク）が提示され，実態に即した音声言語の聞き取りに欠かせない，音や単語よりも大きな単位に注目することを学ばせて，その効果を実感させています。チャンクを学ぶことで，英語特有の音変化を体得できることに加え，教材以外の場面での応用力を培うこともでき，学習者の達成感や自信に繋がります。

A1-3. タスクを適切に配列すると共に，タスク間に有機的な関連があるようにしているからです。（第2章の**表2.3**，**図2.4**参照）

3Rでは各ラウンドの学習作業が有機的に関連するように定義されており，比較的容易で基礎的なラウンド1の学習作業をまじめにやればラウンド2の学習が容易になり，ラウンド1と2の学習をまじめにやれば応用レベルのラウンド3のタスクも容易になるようになっています。スモールステップで達成感を感じながら着実に学習を進められることは継続学習への意欲にも繋がるため，長期的な学習が必要となる英語学習にとって欠かせない要素と言えます。

Q2. なぜ，学習したことがよく定着するのでしょうか。

A2-1. 分散学習される構造になっているからです。（第2章の**図2.4**参照）

3Rの構造は，ひとつの素材についてラウンド1，2，3まで連続して学習するのでなく，各ラウンドでの学習の間に別の素材での学習を挿入することでひとつの素材を断続的に学習するように設計されています。つまり，各素材を忘れかけた頃にあらためて学習するという分散学習を採用することで，学んだことが確実に定着するように設計されています。

A2-2. 音声や映像を活用しているからです。

人間の記憶には一般的に，文字より音声，音声より映像という具合に記憶の優位性があります。そこで，3Rでは，精選された音声，静止画，動画を適材適所に盛り込むことで学びやすく，そして学んだことを忘れないようにしています。

A2-3. ゲーム感覚で繰り返し学習できるように設計されているからです。

ゲーム感覚と言っても，タスクに正解したときに派手な音が鳴ったりするようなことではなく，あくまでも知的好奇心を喚起し，維持できるような仕組みを作っています。具体的には，3Rコースウェアでは，一つ一つのタスクの難度は低く抑えられており，さらに各種情報がタイミングよく提示されるため，タスクをクリアすることで成就感をおぼえながら，音声言語の聴解という複雑な技術が習得されるように構成されています。

Q3. 高い効果を期待すると，それと同時に副作用が現れる確率も上がると思いますが，どうやって副作用を抑制しているのでしょうか？

A3-1. マルチメディア情報の提示による過大な負荷を抑制しています。

たとえば，WORDSやPHRASESでは，文字情報，音声情報，意味情報を同時に提示するのでなく，学習者が調べたい語を選択すると，少し遅れてその語の音声表現が聞こえ，さらに遅れて意味が表示されます。マルチメディア情報は多く与えれば与えるほど良いように思われがちですが，一度に大量の情報が与えられてしまうと人間はそれらをうまく処理できなくなります。そのため，このような時間差を設けて音声表現や意味を表示させることで学習者の認知負荷を減らす配慮をしているのです。

また，通常の辞書では，多くの語義が表示され，その中から文脈に合った適切な語義を学習者が見極めなければなりませんが，WORDSやPHRASESでは素材で使われている語義のみが表示されます。ラウンド2では，詳細な内容の正確な聞き取りを目指すので，提示する素材を幾つかに分割することで難度を下げています。そして，素材に出現する新語の数が原則として7語以下となるよう配慮しています。これらのことは全て，認知負荷の軽減を意識した方策の一部です。

A3-2. 無理のない学習計画，学習量を推奨しています。

これは，3Rコースウェアの「学習の進め方」の中にも書かれていますが，休憩せずに長時間続けて学習するのは非効率です。たとえば，週一度，3時間続けて学習するのであれば，30分ずつ毎日学習するほうが，総学習時間は同じでもはるかに学習効率は高くなります。後者のほうが各学習回の集中力は高く，前回学習した内容を忘れることなく学習を積み上げていけるからです。そのため，学習する時間帯を決めるなどして学習を習慣化することをお勧めします。3Rコースウェアはソフトウェア自体にそのようなスケジュール機能や強制力はありませんが，この助言に従って学習した学習者が高い効果を上げていることは第6章に示されています。

Q4. **なぜ，学習者が学習の継続を希望するようになるのでしょうか。**

A4-1. 3Rコースウェアでの学習で成就感を得られるからです。

難度を調整したタスクに取り組むことと，タスクの実践を助ける5種類の情報を活用して学習を進めることが，成功体験や成就感に繋がります。また，これまで長年にわたる3Rコースウェアを用いた指導実践においても，高い指導効果が繰り返し検証されており，それらの検証結果を知ることにより3Rへの信頼が生まれ，もっと学習を継続しようという気持ちになる学習者もいます。

A4-2. 自習できるように教材がコースウェア化されているからです。

3Rコースウェアは，インターネット教材として作られたものも多く，その場合，インターネットに繋がったパソコンさえあれば，時間や場所を選ばず，かつ自分のペースで学習を続けることができます。このため，自分が達成したい目標を持っているモチベーションの高い学習者などは，長期間自習で学習を継続することが可能です。

また，3Rコースウェアで採用する素材は，対象となる学習者が興味やニーズを感じられそうなものを選定することで，学習者が「これを聞き取れるようになりたい」と思いながら意欲的に取り組めるように配慮しています。現在までに24種の3Rコースウェアが完成しており（第4章の**表4.8**参照），幅広い興味，認知レベル，習熟レベルの学習者がそれぞれに適した教材で学習を継続できるようになっています。

Q5. なぜ，学んだことを教室外でも使えるようになるのでしょうか。

A5-1. 真正性の高い素材を使用しているからです。（第2章の**2.4節**参照）

日本人英語学習者のために作られた素材で学習すると，実際の英語とのギャップが大きくなってしまいがちですが，3Rでは実態に即した音声素材を使用しているため「使える英語」が習得できます。

たとえば，アメリカ，カナダ，イギリス，オーストラリアなどの大学を取材して撮影した動画を使用している3Rコースウェアでは，大学の教職員や学生が，研究内容，授業，クラブ活動，キャンパスの施設などについて話している素材が扱われており，学習者が留学した際には現地での留学生活で多いに役立つ内容となっています。

A5-2. 実用となる語彙の学習をしているからです。

実用となる語彙とは，単語レベルに限らず，コロケーション，句動詞，イディオムを含むチャンク（4～7語からなる意味のある語群）なども含みます。このチャンクは，適切な文脈で瞬時に活用できる形で習得しておくことでリスニングやスピーキングにかかる認知負荷を軽くすることができるため，たとえば，ラウンド2の空所補充問題では，ヒントとして空所に入る語を含んだチャンクの学習を課しています。

Q6. なぜ，そんなに学習の効果・効率が高いのでしょうか。

A6-1. 転移の方向を重視することにより学習効果・効率を高めています。

3Rコースウェアは，リスニング，スピーキング，リーディング，ライティングという言語の4技能のうち，もっとも指導が困難だと言われるリスニングの技能を養成することを主目的とした教材です。このため，音声を何度も繰り返し聞くことが要求され，一見すると非効率に思えるかもしれません。でも実際は，**Q1 ～ Q5**への回答のなかで説明してきたような数々の方策が盛り込まれているため，学習中には成就感を得られ，学んだことがよく定着し，実際に役立つリスニング力が養成されることが確認されています。また，3Rコースウェアで学習することで，リスニングだけでなく，リーディングやスピーキングの技能も高まる（転移する）ことが検証されているため，結果として効果，効率が高い学習法と言えるのです。

A6-2. 上記**Q1 ～ Q5**への回答内容の組み合わせにより学習効果・効率を高めています。（第2章の**2.1節**参照）

3Rは，効果的な外国語教育に必要な数多くの要素を収集し，それをシステム科学の考え方に基づいてひとつの指導法として構築したものなので，効果が高まるのは必然と言えます。ここに記した要素のうち，どれか一つだけ組み込まれているのではなく，実態に即した難度の高い素材を使用しながらも容易だと感じながら学習させる方策，学んだことを忘れさせない方策，副作用を抑制することで学習者を絶望させない方策，長期的に継続して学習したいと思わせる方策，それに，学んだことが実際の場面で使えるような方策などが適切に組み合わされて一つの指導システムになっているからこそ，学習効果・効率を高めることに成功しているのです。

Bonus. 3Rコースウェアの制作や指導が，予想以上に時間と労力が必要で大変です。

A. たしかに大変だと思いますが，我々教師が苦労すればするほど，学習者には喜んでもらえる結果に繋がるのです。10年経てば，この意味が分かるでしょう。

私は，学習者に心から喜んでもらえるのが，教師としての最大の喜びと考えています。学習者が喜ぶのは，自分が掲げる目標に到達したときです。我々はそれを実現させるために学習者を全力でサポートするわけですが，そのサポートの中のひとつがコースウェアの制作と学習者への提供です。このコースウェアを使用して高い効果を安定してあげるためには，第2章，第3章で解説した理論に忠実にしたがって制作する必要があり，その過程で妥協は許されません。教師は，学生が楽をするために苦労しなければならないのです。つまり，教師の仕事は，時間や労力を惜しまず，コースウェアを制作するための最高の音声言語素材を探して教材化し，学習方法や指導法を研究して，より良い英語教育総合システムを構築することです。そして，学術界の国際語である英語の運用能力を高めたい，あるいは仕事で必要となる高度な英語力を身につけたい，といった学習者の目標に，達成感と充実感を持たせながら，できるだけ短期間で到達させられるよう，あらゆるサポートをすべきだと考えます。

こうした教師の努力は，すぐには学生に伝わらなかったとしても，卒業して10年経つ頃に理解してもらえることが多いです。私の英語教師としての長年の経験上，大体10年経つと「先生，あの時はわからなかったけれど，今は本当に感謝しています」と笑顔で言ってくれるのです。教え子からのその一言で，それまでの苦労が一気に報われる気がします。

付録C：3Rコースウェア制作時のチェックリスト

このチェックリストには，3R コースウェアを制作する際の素材選定時の検討事項（6 項目）に始まり，コースウェア化の準備（8 項目），コースウェアの執筆（12 項目），そしてコースウェア全体の校正（15 項目）にいたるまで包括的にリストアップされています。

すべての項目に言えることですが，ここには 1 ～ 2 行で簡潔に書かれていても実際の作業には何週間もかかることがあります。また，一度チェックボックスにチェック（☑）を入れたらその項目を完了とするのではなく，自分以外の人々に自分とは異なる視点で確認してもらうことに加え，自分自身でもしばらく時間を置いてから客観的に見直すことが大切です。そして，コースウェアの使用開始時期と，そこから逆算して計画した全体スケジュールを念頭においたうえで，多少の余裕をもって作業を進めることで質の高いコースウェアを完成させましょう。なお，各項目の詳細については，第 2 章，第 3 章に戻って確認してください。

1.　素材選定時の検討事項

- ☐ (1) 指導の目標
- ☐ (2) 素材のジャンル
- ☐ (3) 素材のトピック
- ☐ (4) 素材の発話の機能
- ☐ (5) 素材の難度
- ☐ (6) 優れたラウンド 3 のタスクの作り易さ

2.　コースウェア化の準備

- ☐ (1) このコースウェアでどのような課題の解決を目指しますか。
- ☐ (2) どのような学習者を対象としたコースウェアを制作しますか。
- ☐ (3) どのような協力体制でコースウェアを制作しますか。
- ☐ (4) 使用開始時期から逆算して全体スケジュールを立案しましたか。

□ (5) どの音声言語素材を使用しますか。
□ (6) 収集した素材のなかの，どの部分を使用しますか。
□ (7) 使用する素材を必要に応じて分割しましたか。
□ (8) 素材の英語は正確に書き出してありますか。

3. コースウェアの執筆

□ (1) 素材の英語を話し手の意図も含めて正確に理解しましたか。
□ (2) 事前情報を作成しましたか。
□ (3) キーワードを選定しましたか。
□ (4) 参考情報（辞書）を作成しましたか。
□ (5) ラウンド１のタスク・解答例を執筆しましたか。
□ (6) ラウンド３のタスク・解答例・補助情報を執筆しましたか。
□ (7) ラウンド２のタスク・解答例・補助情報を執筆しましたか。
□ (8) ラウンド２のヒント情報を執筆しましたか。
□ (9) ラウンド３のヒント情報を執筆しましたか。
□ (10) 発展情報を作成しましたか。
□ (11) ユニットテストを作成しましたか。
□ (12) 学習者への声かけ文を執筆しましたか。

4. 執筆内容の確認とコースウェア全体の校正

□ (1) タスクの文は，簡潔でわかりやすい表現になっていますか。
□ (2) タスクと解答例はかみ合っていますか。
□ (3) 各タスクのタスク・ヒント・解答例・解説の流れは自然ですか。
□ (4) ヒントは，HINT 1, 2, 3 と進むにつれて解答例に近づくような配列になっていますか。
□ (5) WORDS と PHRASES に含まれている表現は指導対象に設定されている学習者にとって過不足ありませんか。
□ (6) ラウンド１での学習がラウンド２のタスクに取り組む際のヒントになっていますか。

- □ ⑺ ラウンド１と２での学習がラウンド３のタスクに取り組む際のヒントになっていますか。
- □ ⑻ コースウェア内のすべてのタスクを俯瞰したときに有機的な繋がりはありますか。
- □ ⑼ コースウェア全体を俯瞰して，情報が重複したり欠落したりしていませんか。
- □ ⑽ 映像・音声・画像は，適切な場所・タイミングで提示されていますか。
- □ ⑾ 表示されている画像がタスクに取り組む際のヒントになっていますか。
- □ ⑿ 事実と異なる内容，誤解を招くような表現，差別的な表現はありませんか。
- □ ⒀ 英語，日本語ともに誤字脱字はありませんか。
- □ ⒁ 使用するすべての動画・静止画・音声において，著作権や肖像権を侵害しているものはありませんか。
- □ ⒂ タスク・ヒント・解説文などに剽窃はありませんか。

おわりに

竹蓋幸生先生とこんなに早くお別れをしなくてはならなくなるとは思ってもみなかった。先生が息を引き取られたと聞いたときは，本当に悲しくて，仕方なかった。思い起こせば45年前，千葉大学に入学したときから，学部，修士，高校教員，博士，大学教員時代を通して，ずっと先生にご指導をいただいた。修士，博士ともに一回生だったこともあり，他の方々からは，高橋は竹蓋先生の一番弟子と呼ばれることもあったが，それは一番優れた弟子と言う意味ではなく，私が竹蓋先生に一番叱られた不肖の弟子であるという意味であった。本当に何度も叱られた。教室で，研究室で，先生のお宅で，そして時には電話で。怖くて，怖くて仕方なかった先生だが，本気で叱ってもらえたことを恨む学生はいない。先生の研究・学問に対する厳しく，真剣な姿勢を目の当たりにし，先生の研究室の門をたたき，教えを乞うた学生は，数知れない。私もその一人に過ぎなかった。

科学とは何か，研究とは何か，システムとは何かということを厳しく説かれる怖い先生という存在だけではなく，竹蓋幸生先生は本当に心優しい先生でもあった。厳しく指導され，しょげている私に「なあ，高橋。俺は叱っても意味のない奴には叱らないんだよ。君にはまだ見込みがあるから叱るんだ。俺から叱られなくなったら，終わりだと思え。」と特有のレトリックで，慰めの言葉をかけることを忘れることはなかった。先生にそう励まされ，少しずつ元気を取り戻していった自分を，つい昨日のことのように思い出す。「仏の顔も3度までと言うだろう」と声を荒げながらも，何度も，何度も私たちの過ちを許し，私たちを研究の道へ導いてくださったのが先生だった。

研究・学問の方法論，そしてその厳しさについてご指導いただいただけでなく，竹蓋幸生先生には人生についてもいろいろと教えていただいた。ある日教室で，先生は「人は何のために生きるか」と私たちに問われたことがあった。「人間は生きているだけだったら，酸素を消費し，二酸化炭素を放出し，食料を消費し，環境を汚し，良いことはひとつもない。それでも人間に生きる価値があるのだとしたら，それは他の人の役に立つことができるからだ。」先生のこの言葉は今でも私の心に響き，今でも私を支えている。

「困ったとき人に助けてもらえるのは，こんな幸せなことはない。でもね，人を助けられるのは，人に助けてもらうことよりもっと，ずっと，ずっと幸せなことなんだよ。」先生はこうおっしゃって，教師を目指す我々の道に明かりを灯してくださった。竹蓋幸生先生のこのようなことばを胸に，教師の道を歩み続けている教え子たちは数知れない。先生は我々の父でもあった。

病気と闘いながらも，本書編者の竹蓋順子先生と著書の執筆活動をされていたことは以前から，存じ上げていた。奥様から「様態がよくないので，会ってあげて欲しい。」とご連絡をいただき，駆け付けた私たちに竹蓋幸生先生は，薄れそうな意識の中で「三ラウンド・システムは人に誤解されている。その誤解を解くために本を完成させなければ」と苦しそうにおっしゃった。病を患い，どんなに苦しくても，辛くても，体が痛くても，先生の学問，研究，そして執筆に対する情熱は失われることはなかった。「大部分は俺と順子で書く。ただし教材を実際に開発している君たちでなければ書けないところがある。それを一章分，君たちで書いてくれ。」私たちがうなずくと「そうか，わかってくれたか。ありがとう。」とおっしゃって，先生は一筋，涙を流された。先生と会話ができたのはこれが最後だった。

竹蓋幸生先生からいただいた愛情に何のお応えもできないまま，お別れとなったことは本当につらく，悲しい。何もできなかった我々を，どうかお許しいただきたい。恩師や親から受けた深い愛情は，ことによるとどんなに頑張っても同じ分を返すことはできないのかもしれない。しかし，恩師や親から受けた愛情を自分たちの生徒，学生，子供に注ぐことはできる。それが先生に対して，唯一，私，そして，数多くの教え子たちのできることだと信じる。そう信じて，これからの研究活動・教育活動に真摯に向かって行こうと思う。

空の上で本書に目を通された先生は何とおっしゃるだろうか。「俺はこんな内容を書いてほしかったわけではない。」という声が聞こえそうである。叱られてもいい。せめてもう一度先生の声が聞きたいと思うのは私だけではないと思う。

高橋　秀夫

執筆者紹介と分担

高橋 秀夫（たかはし ひでお）

4章，6章3節担当

千葉大学教授，大学院国際学術研究院所属。千葉大学大学院自然科学研究科博士後期課程修了，学術博士。専門は英語教育工学。三ラウンド・システムに基づいたコースウェア，CALL教材の開発，および，それらを使用した指導実践を行う。

椎名 紀久子（しいな きくこ）

5章3節担当

千葉大学名誉教授，名古屋外国語大学名誉教授。千葉大学大学院自然科学研究科博士後期課程修了，博士（学術）。専門は英語教育。三ラウンド・システムに基づいた教材と指導法の開発，および，CEFR-JのリスニングのCAN-DO作成と効果の検証に携わった。現在は，批判的思考力（日本語と英語によるクリティカル・シンキング）養成のための指導法開発と教材を制作している。

土肥 充（どい みつる）

5章1節，7節，6章2節，3節担当

國學院大學教育開発推進機構教授。千葉大学大学院自然科学研究科博士後期課程修了，博士（学術）。國學院大學英語教育センター副センター長。千葉大学非常勤講師。専門は英語教育，CALL。CALL教材の開発，カリキュラム開発，CALL授業の実践，テスト結果やアンケート評価結果の分析などを行っている。

長谷川 修治（はせがわ しゅうじ）

1章担当

植草学園大学教授，発達教育学部所属。千葉大学大学院自然科学研究科博士

後期課程言語システム工学教育研究分野修了，博士(学術)。専門は英語教育。英語の語彙（語・イディオム）の分析と指導，小学生用デジタル教材の開発，学力差のある大学生対象の効果的な指導法の開発などを行っている。

竹蓋 順子（たけふた じゅんこ）

2章，3章，6章3節，付録A，B，C担当

千葉大学教授，大学院国際学術研究院所属。千葉大学大学院自然科学研究科博士後期課程修了，博士（学術）。千葉大学英語教育開発センター副センター長。専門は英語教育学と教育工学。三ラウンド・システムに基づいたリスニング及び語彙のコースウェア制作，英語語彙力診断テストの開発，英語語彙学習支援ツールの開発，またそれらを使用した指導実践と効果検証などを行っている。

武谷 容章（たけたに よしふみ）

5章5節担当

星野高等学校教員，英語科・情報科所属。千葉大学大学院教育学研究科修了，修士（教育学）。専門は英語教育学。高校生を対象に英語や情報の授業を担当。主な研究分野はリスニングや語彙の指導法，およびICT環境を活用した英語学習法。

与那覇 信恵（よなは のぶえ）

5章2節，6章1節，3節担当

千葉大学准教授，大学院国際学術研究院所属。文京学院大学大学院外国語学研究科修了，修士（英語コミュニケーション）。専門は英語教育学。三ラウンド・システムに基づいた聴解力養成教材の開発，語彙教材の開発，教材を使用した指導実践とその効果の検証を行っている。

桑原 市郎（くわばら いちろう）

5章4節担当

千葉県公立高校英語科教員。千葉大学大学院教育学研究科修了，修士（教育

学)。三ラウンド・システムに基づいた高校生向け聴解力養成教材及び語彙教材を制作し活用するとともに，教科書を使った通常の授業でも同システムに基づいた指導を実践してきた。現在は柏市教育委員会に勤務。

岡崎 伸一（おかざき しんいち）

5章6節担当

熊本大学准教授，大学院教育学研究科所属（教育学部併任）。千葉大学大学院教育学研究科修了，修士（教育学），昭和女子大学大学院文学研究科博士後期課程単位取得満期退学，文京学院大学大学院外国語学研究科修了，修士（英語コミュニケーション）。専門は英語教育学。元東京都公立中学校指導教諭。教員養成，教員研修を行っている。三ラウンド・システムに基づいたコースウェアの制作，リテラシー指導を研究中。

阿佐 宏一郎（あさ こういちろう）

5章2節，6章1節担当

文京学院大学准教授，外国語学部所属。横浜国立大学大学院環境情報学府博士課程修了，博士（学術）。University College London MA in Linguistics修了，修士（言語学）。専門は英語教育学・言語心理学。三ラウンド・システムに基づいた聴解力養成教材をカリキュラムや高大連携プログラム，集中講義等へ導入し，入門から上級レベルの学生に指導実践を行う。

竹蓋幸生先生（1935-2014）の履歴と業績

竹蓋幸生先生は，長年にわたり，英語音声学，英語教育学，システム工学等の研鑽に努め，日本の高等教育機関における英語教育に貢献すると共に，大学並びに学会の運営及び社会的な活動に生涯を通じて尽力した。氏が構築した独創的な英語教育総合システムの核を成すリスニング指導理論，「三ラウンド・システム（3R）」を基盤として開発された3Rコースウェアは，多角的な評価を受けた結果，従来の教材に比べて学習の効果，効率が極めて高いことが検証され，東京大学や京都大学を始め全国の高等教育機関で使用されている。本書の第2章，第3章，第6章6.1，6.3，付録A，付録Bは，竹蓋先生の遺稿を参照して執筆されたものである。

◇主な職歴

1959年9月～1966年6月	千葉県立匝瑳高等学校教諭（英語）
1963年10月～1966年12月	米国オハイオ州立大学社会行動科学部音声言語学科助手
1967年1月～1968年6月	米国オハイオ州立大学社会行動科学部音声言語学科研究員
1967年9月～1968年6月	米国オハイオ州立大学社会行動科学部音声言語学科交換・客員助教授
1968年7月～1969年10月	千葉大学教育学部講師
1969年10月～1977年12月	千葉大学教育学部助教授
1970年9月～1971年1月	米国ハワイ大学文理学部（修士課程）客員準教授
1978年1月～2001年3月	千葉大学教育学部教授
1978年4月～1979年3月	大阪大学教授（併任）
2001年3月	千葉大学名誉教授
2001年4月～2009年3月	文京女子大学（現・文京学院大学）教授
2003年4月～2005年3月	文京学院大学外国語学部長

2005年4月～2009年3月　　文京学院大学外国語学研究科長

◇功績

(1) 教育及び研究面について

47年の長きにわたって，英語音声学，英語教育学，システム科学という複数の分野において独創的な研究を精力的に続け，数多く引用される著書，論文を発表した研究者である。また，他に先駆けて，国際的に活躍するグローバル人材の育成を目標に掲げ，学部及び大学院において，国内外で活躍する多数の有能な若手研究者，人材を輩出した。

科学的な英語教育の基礎となる関連諸分野の研究をまとめた『日本人英語の科学』，『ヒアリングの行動科学』両著の出版に対して，大学英語教育学会より1984年度大学英語教育学会賞が授与されている。

1991年には，それまで氏が実践してきた基礎研究を基盤に，英語聴解力と英語語彙力の養成に極めて高い効果，効率をもたらす「三ラウンド・システム(3R)」と呼ばれる独創的な指導理論を構築した。3Rは，広範な学問分野の知見を総合的，学際的見地からシステム科学の手法で一つの指導システムにまとめたもので，画期的な研究成果と言える。

千葉大学外国語センターに採用された氏の研究室の修了生らが，3Rの理論に基づいて開発した3Rコースウェアを使用した指導実践に対しては，大学英語教育学会より大学英語教育学会実践賞（1996年）が授与され，さらに氏が教育学部の学生を指導した実践報告には，千葉大学 Open Research‘99において学長からポスター賞を授与された。その後，2000年度から3年間にわたり文部科学省科学研究費補助金による特定領域研究「外国語CALL教材の高度化の研究」（課題番号12040205）の研究代表者を務め，そのプロジェクトで開発された3Rコースウェアは2001年度から現在に至るまで数多くの教育機関にて活用されている。

このように，英語教育研究における理論と実践との関係を明確に定義した上で，基礎研究を重ねて構築した自らの理論をもとに効果的な実践研究を遂行した例は稀である。「三ラウンド・システムの構築，その検証と教育実践」という一連の研究に対して，2007年に外国語教育メディア学会より学術賞が授与された。

⑵ 教育行政面について

1982年4月の教育学研究科，及び1986年4月の工学研究科生産科学専攻（博士課程）の創設にあたっては，千葉大学教育学部大学院設置副委員長，千葉大学総合大学院問題特別調査委員会の学長指名の委員を務めるなど，大学の研究科の充実・発展に寄与した。

千葉大学の教養部の改組に際しては，吉田亮千葉大学学長（当時）の要請により，CALLによる指導を中心とした外国語センターの設置を提案し実現させるなど，大学改革にも積極的に尽力した。

1989年4月から1994年3月までの5年間にわたり千葉大学教育学部附属中学校長を務め，大学における教育，研究の発展及び改善のみならず，教育学部附属学校の発展，充実及び運営にも貢献した。これらの地方教育行政への尽力及び顕著な功績に対して2008年10月文部科学大臣より表彰された。

⑶ 学会，社会的活動について

日本音声学会評議員，大学英語教育学会評議員，外国語教育メディア学会関東支部運営委員，評議員等，諸学会，研究会において要職を歴任するとともに，国内外の学会において数多くの研究発表を行い，その独創的で顕著な学会活動によって学会の発展に寄与した。

千葉県高等学校改編推進協議会副会長，千葉県産業教育審議会委員，千葉県高等学校将来計画協議会会長，千葉県進路指導に関する中高連絡協議会会長，千葉県公私立高等学校協議会会長，千葉市民文化大学運営委員，そして千葉市教育委員会教育委員長を務めるなど，地域社会の教育の振興に尽力した。

文部省（現・文部科学省）の長年にわたる英語教育指導者講座講師，情報教育指導者養成講座講師，メディア教育開発センター（現・放送大学オンライン教育センター）のメディア教材開発事業委員会委員，メディア教材制作チーム・アドバイザー，参議院国民生活に関する調査会の参考人なども務めた。

米国の学術誌Journal of Psycholinguistic Researchの編集委員を務め，米国オハイオ州保健局のコンサルタント，米国オハイオ州立大学準教授，米国ハワイ大学の準教授として招聘され，さらにフルブライト制度による留学生試験口頭試問審査員を務めるなど，国境を越えた教育の振興にも貢献した。

◇主な著書

竹蓋幸生（1981）『コンピューターの見た現代英語』エデュカ出版.

竹蓋幸生（1982）『日本人英語の科学』研究社出版.

竹蓋幸生（1984）『ヒアリングの行動科学』研究社出版.

竹蓋幸生（編著）（1986）『英語教師のパソコン』エデュカ出版.

竹蓋幸生（編著）（1987）『英語科のCAI』エデュカ出版.

竹蓋幸生（1989）『ヒアリングの指導システム』研究社出版.

竹蓋幸生（1997）『英語教育の科学』アルク.

竹蓋幸生・水光雅則（編著）（2005）『これからの大学英語教育――CALLを活かした指導システムの構築』岩波書店.

続・英語教育の科学　三ラウンド・システムの理論と中高大での教育実践

2022年 1 月18日　初版発行

編著者　竹蓋順子

発行所　学術研究出版
〒670-0933　兵庫県姫路市平野町62
［販売］Tel.079(280)2727　Fax.079(244)1482
［制作］Tel.079(222)5372
https://arpub.jp

印刷所　小野高速印刷株式会社
©Junko Takefuta 2022, Printed in Japan
ISBN978-4-910733-34-0

乱丁本・落丁本は送料小社負担でお取り換えいたします。

本書のコピー、スキャン、デジタル化等の無断複製は著作権法上での例外を除き禁じられています。
本書を代行業者等の第三者に依頼してスキャンやデジタル化することは、たとえ個人や家庭内の利用でも一切認められておりません。